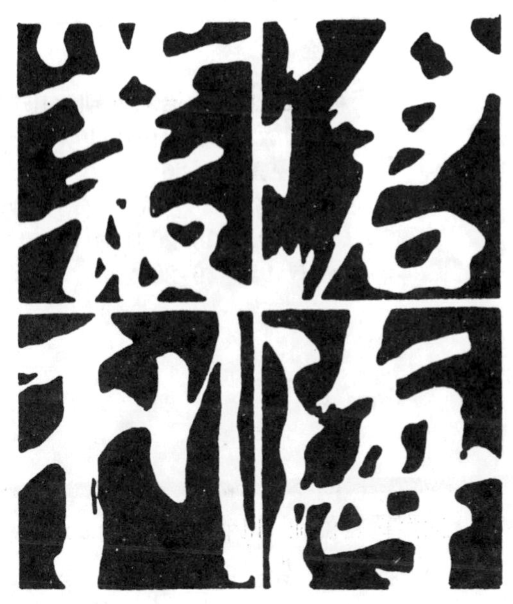

交織的邊緣

康正果 著

東大圖書公司 印行

國家圖書館出版品預行編目資料

交織的邊緣：政治和性別／康正果著
.--初版.--臺北市：東大發行：三民總經銷，民86
面； 公分.--(滄海叢刊)
ISBN 957-19-2091-6 (精裝)
ISBN 957-19-2092-4 (平裝)

1.書評

011.69 86003293

國際網路位址 http://sanmin.com.tw

——政治和性別

著作人 康正果
發行人 劉仲文
著作財產權人 東大圖書股份有限公司
臺北市復興北路三八六號
發行所 東大圖書股份有限公司
地 址／臺北市復興北路三八六號
電 話／五〇〇六六〇〇
郵 撥／〇一〇七一七五──〇號
印刷所 東大圖書股份有限公司
總經銷 三民書局股份有限公司
門市部 復北店／臺北市復興北路三八六號
重南店／臺北市重慶南路一段六十一號
初 版 中華民國八十六年五月
編 號 E 81079
基本定價 肆 元
行政院新聞局登記證局版臺業字第〇一九七號

ISBN 957-19-2092-4 (平裝)

致謝

感謝陳淑平和孫康宜二位友人的鼓勵，是她們共同的想像和熱心提議促使我把近幾年發表在報刊上的一些文字編成了這本集子。

感謝余英時先生對我的獎掖和幫助，是他的誠意推薦直接促成了本書在台灣的出版。

康正果

自序

本集所收的文章多數都是以書為中心而展開的評論，是我在閱讀中偶然發現了話題才趁勢說了出來的話。並沒有預先定好什麼調子，只不過伴隨著閱讀自發地寫了起來而已。天下愛讀書的人雖未必個個都有興趣和機會從事寫作，但一般來說，一個人最初總是在閱讀中受到了啟發，或讀得也有心要用文字表達自己的時候，才慢慢地嘗試起了寫作。寫作可被視為一種反芻閱讀的行動，它是對單向接受式閱讀的超越，是不甘心只做個讀者的衝動，是試圖按照個人的表達方式對所讀的東西做一番複述或改寫的努力，是在駕馭文字的練習中使思想的模糊狀態得到澄清的一個發現過程。而就我個人早年的寫作經驗而言，獨自在課外寫一些自己愛寫的東西，還特別是對我討厭的作文課所做的一個對抗的行動。

我的中小學生活是在五、六〇年代的西安度過的，回憶那時候所作的命題作文，我常常覺得課堂上的寫作練習更多的是訓練你學會用陳詞濫調說話，而非開發一個人潛在的寫作能力。因為當時的語文教育是和政治教育緊密結合在一起的，讀和寫的訓練在很大的程度上都被政黨國家納入了思想專政的體系，對表達方式進行嚴格的控制，就是要通過統一全民的口徑來扼殺每一個人獨立思考的能力。那種枯燥刻板的訓練確實堪稱為切割思想的手術，他同當時眾多的政治運動一起構成了對民眾的全面洗腦。現在回想起來我才醒悟到，課外的自由閱讀之所以在當時受到限制，正是因為它能喚起表達的慾望，而一個人一旦養成獨立寫作的習慣，在表達上獲得一定的解放，他就不會完全受思想專制的束縛了。

我對學校裡的政治活動一般都缺乏興趣，由於沒有其他更有意思的事可做，只有把所有的剩餘時間用於閱讀家裡的藏書。這使我能在較少受到課堂教育影響的情況下，同我喜歡的作者在文本上交談，使我從一開始就勤於寫讀書筆記或隨想之類的東西。其中有些是為了便於記憶而對讀過的東西做一些歸納和總結，有的則是在閱讀中受到激發而借題發揮一通。還記得上中學的時候，讀了《莊子》寫過一篇〈莊周論〉，讀了哈代的小說寫評論談其中的女性人物，讀了《黃帝內經》竟撰文討論陰陽五行的問題等等。寫所有這些東西都好像是在做自己給自己編書的排演練習，常常是積累起許多篇文章，我就把那些寫上了文章的稿紙釘成厚厚的冊子，把它們作為我的文集在幾個朋友中傳閱。後來全部手稿都在歷次運動中燒得一乾二淨，而且還因此倒了大霉。但我依然樂此不疲，再往後還是繼續積累這樣的冊子。長期以來，這樣的寫作練習已經成為我為了能夠保持用不同的方式思考和表達而做的一種努力。如果按照政黨國家的流行話語來給我定性，我應該算是從小思想上就很「反動」的人物了。因為自從我開始為求知而讀書起，我總是對被批判的書籍產生自發的興趣，不知為甚麼，越是被指責為唯心的或有資產階級毒素的東西，我讀起來越是有味。只是在後來我才認識到，實際上並不存在所謂的「反動」或「反革命」，我和我的很多同時代人被扣上政治罪名的言論，實質上都不過是在表達方式上表現了同當局的對立。而正是這一立場使我在社會生活和學術上長期落在了邊緣的地位上，讀和寫似乎成了某種不祥的事情。

好在今日中國知識分子的邊緣地位已完全不同於舊時代的文人那種懷才不遇的處境了，邊緣不再是單向的放逐，它正在成為應該選擇和固守的立場，日益壯大起來的陣地，邊緣上的仙人掌已經開始以其堅韌的蒼翠包圍起中心的荒漠了。如果說在起初我只是由於渴求獨立的閱讀和寫作而惹上了政治的禍，而到了後來，則是在那種「為淵驅魚」的拙劣做法促使下，乾脆把批判的筆鋒對準極權政治下心態和生態雙重受害的問題了。這一方面的話題構成了本書所收文章的主要內容。此外，從性別視角出發討論婦女和文學的相關問題，也是貫穿這些文章的一條主線。之所以把性的或女性的論題做為深入中國這個大問題——特別是觸及其當前現實狀況的緊迫問題——的切口，可以說既是學術的策略，也是順應今日的一股潮流。因為，隨著女權在世界範圍內越來越多地被納入人權的範疇，在人權狀況依然很成問題的中國大陸，男女之間——特別是知識分子男女之間——自然就有了更多共同的話題。正是在這種錯綜的情況下，政治和性別兩大主題組成了本書特有的邊緣立場，故題名曰《交織的邊緣》。

現在，在提筆為這本即將付印的評論集寫序言的時候，我一再想起了那些曾裝釘成冊而早已燒掉的手稿。我為我能在寫作上有過一個過分延長了的學徒階段而感到僥倖，我慶幸我長期都在作為一個普通的讀者談論我喜歡閱讀的書籍，或通過談書說出我想說的話，我高興自己還有興趣和精力繼續做這種反芻閱讀的事情。正是上述的經歷和興趣決定了我後來在寫作上的追求和特徵。我至今還沒有學會用定好的調子去寫正經八百的書評，我喜歡寫得更隨興一些。我總覺得自發地去寫，還是比為特定的要求趕約稿更好一些。但不管怎麼說，如今能夠把這些不會再有被焚之災的文章集在一起出版，畢竟是令人倍感興奮的。在此，我特別要表示，我願意把這些變為鉛字的文字獻給那些都化成了灰燼的紙張。

康正果

一九九七年三月十日於康州榆城

交織的邊緣——政治和性別

目次

輯二

輯一

一部滑稽模倣的悲劇

——讀《動物農莊》

喬治・歐威爾被稱為斯威夫特以來英國最優秀的政治作家，他自己也明確指出，「使政治性的寫作成為一種藝術」，乃是他長期以來堅持的創作方向❶。有一次，歐威爾漫步在鄉間的小路上，他目睹一個趕車的小男孩揮鞭驅趕駕車的高頭大馬，這平淡的一幕卻使他想到了這些問題：牛馬若自知力氣很大，人類就難以制服牠們；人利用動物，一如富人剝削無產者❷。受到這個機緣的感發，他後來寫成一本傳統形式的「動物寓言」，該書名叫《動物農莊》，故事的開頭便是從動物造反引發的。

世代被人豢養的家禽家畜，牠們行屍走肉地活著，從生到死，從未留下任何自己的故事。只是在牠們開始不滿現狀之時，牠們才有了真正的經歷。一天夜裡，曼納農莊的動物在穀倉中聽了

❶《我為什麼寫作》，見Bernard Crick《喬治・歐威爾生平》，企鵝叢書，一九八二年，頁一六。

❷《動物農莊》烏克蘭文譯本作者序，《喬治・歐威爾生平》，頁四五〇～四五一。

雄豬老麥哲所講的夢，彷彿受到了福音的召喚或一堂生動的啟蒙教育，任人宰割的動物從此認清了受人剝削、被人奴役的處境。此後不久，牠們便群起暴動，趕走了主人瓊斯，自己當家作主，推行起牠們的「動物主義」了。動物農莊建立伊始，動物們便一致同意，把凡屬人的生活方式全列為必須禁忌的罪行，並為全體動物規定了平等的權利，開始了動物農莊的嶄新生活。

顯而易見，作者的興趣不是在於繪聲繪色地描摹動物世界的趣聞，而是旨在借用這個「人們喜聞樂見和易翻譯成其它文字的故事「揭露」蘇俄神話」❸。要了解這個故事的意義，正如作者所說，讀者必須擁有「外在信息」，即對俄國革命事件的了解。長期以來，蘇聯一直對此書諱莫如深，而中國讀者知之更少。社會主義國家對此書的禁忌也主要拘泥於事實的解釋。如有人指出老麥哲影射馬克思，拿破崙影射史達林，而斯諾鮑則影射托洛斯基。甚至還有人把書中兩隻羊的坦白一事（見該書第七章）與高爾基的秘書克魯奇科夫在大清洗中被迫交代其罪行的事聯繫在一起，作其索隱的文章❹。解釋者不外乎要在書中找出影射的細節罷了，這樣的閱讀實質上是無多大區別的兩種反應：或讚揚它諷刺了史達林，或抨擊它誣蔑了社會主義制度。兩種反應都企圖把一部「融政治目的和藝術目的為一爐」❺的小說縮小為政治影射，最終從兩個相反的方向走到一

❸《喬治・歐威爾生平》，頁三五〇。

❹參看David Wykes《歐威爾津梁》，朗曼公司，一九八七年，頁一二九。

❺《喬治・歐威爾生平》，頁四五〇。

起：把一部虛構作品當成反蘇宣傳的小冊子去讀了。這也許正是該書在西方非常暢銷，而在社會主義國家仍受到冷遇的原因。我們並不否認該書已經產生，並將繼續產生的此類社會效果。我們也不否認上述的解釋與作者最初的創作意圖和動物寓言這一體裁本身的局限性有一定的關係。本文並不打算繼續證實或駁斥某些評論重複已久的東西。筆者以為，對中國讀者來說，《動物農莊》的價值在於它所表現的普遍的政治批判。只要我們不再將書中的人物對號入座，我們就會從中看到，被壓迫者在革命後重建政權的過程中始終面臨著危機，一切暴政都在利用政治的婉語蒙蔽群眾，正是芸芸眾生的政治麻木為專制的逐步升級墊起了臺階。正如革命往往發生在貧困落後的國度，或某個社會經濟崩潰的時期：在農場毗連的英格蘭，動物造反也是在經濟不善、面臨破產的曼納農莊爆發的。在我們的日常用語中，做牛做馬本來就是被奴役的直喻，讀者不難由動物造反聯想到民眾的暴動。造反者的動機通常都很直接和單純，或出於壓迫激起的仇恨，或為革命後就能過上幸福生活的許諾所吸引，於是便鋌而走險，天真地盼望過上好日子，以為只要剝奪了主人的財產就會獲得當家做主的權利。這種目光短淺的經濟目的和平均主義使大部分盲動的革命者從一開始就缺乏對個人自由和人權的認識。他們把舊政權解體過程中所碰到的良機全歸結為某個人的功勞，在集體主義的狂熱淹沒個人的意志時，他們暫時還看不出集體內部不公正的事實。在動物農莊中，僅僅以吃一頓飽飯為樂事的動物很快就走向了飢餓，而奪得財產的勝利者竟然漸漸發現自己又失去了一切。那些連幾個字母也學不會的雞鴨牛羊根本不懂得如何爭取管理農莊的權利，而正是在這個貧乏空白的攤子上，拿破崙及其豬類「憑著非凡的學識，很自然地承擔了領導工作」。(該書第二章) 從此牠們便獨攬了管理大權，以動物農莊的創立者自居。黑格爾曾說，每一個民族都有一個它應得的政府，正如惰性的動物縱容了豬的專政，政治麻木和社會冷漠的民眾便是專制政體最穩定的群眾基礎。

特別是在革命後的社會尚為一種大家庭式的溫暖氣氛所熏陶的時候，自上到下都習慣於把剛剛組織起來的群體視為一個全新的、與垮了臺的前朝毫無共同之處的社會。然而不幸的是，就在群眾任勞任怨地積極工作，甚至忍受委屈，遷就現實中的缺陷時，當權者已經假借革命的名義撈取特權了。正如我們在小說中讀到的細節所示，拿破崙之流之所以能得寸進尺，瞞天過海，未嘗不是鮑克瑟的忠誠，班傑明的容忍和群羊的愚昧縱容起來的。新主人最拿手的好戲就是把動物農莊與從前的曼納農莊做今昔對比，從而使動物們相信在同類的管束下無論如何都勝似受異類的剝削。因而斯奎拉常說的「你們沒有誰想看到瓊斯捲土重來吧」這句話，也就像個緊箍咒似的對一切異議和不滿造成了有效的威脅。因為愈是把過去的處境描繪得可怕，很成問題的現狀就愈加顯得可以欣然接受。

所謂語言的政治工具作用，關鍵就在於此。語言總是根據政治需要被用來掩蓋和粉飾現實，它直接構成了蠱惑民心的藝術。真正的政治小說不應局限於影射個別的人和事，而應揭示語言的墮落。歐威爾認為，作家的基本作用是說真話，所以作家必須培養自主的個性，在為自己的拯救和真誠承擔責任的意義上做一個抗議者❻。他早已看出，「當今的政治混亂與語言的退化有關」，因而在自己的政治性寫作中，他始終堅持創造一種「作為揭示的語言」，用以暴露政治謊言一直掩蓋著的和歪曲了的真相。在〈文學的受阻〉（一九四六年）一文中，歐威爾對極權主義政治的深入剖析即可視為《動物農莊》的最佳注釋。因此，我在此不避繁冗，把其中一段摘譯如下：

極權主義認為，歷史是被創造出來的，而非有待認識的東西。一個極權主義的政府實際上就是一種理論專政，為了鞏固這個專政，其統治階層必須被說成是絕對正確的。但事實上世間並無不犯錯誤的人，所以，為了讓人們看到這個或那個錯誤似乎並不存在，或者這個或那個勝利確已取得，重新編造過去的事件就在所難免了。這樣一來，每一次在政策上發生了重大變化，就得相應地改變理論教條，乃至重新評價主要的歷史人物。這類事情當然隨處可見，但在那些任何時候都只允許有一種觀點的社會中，它顯然容易導致公開的弄虛做假。極權主義其實就是要求不斷更改過去，它最終還可能不承認客觀事實的存在。極權主義的朋友通常總認為，既然不可能達到絕對的真實，彌天大謊與撒點小謊同樣都無關痛癢。在極權主義看來，整個的歷史記載都是偏頗不確切的，或者從另一方面說，現代物理學已證實我們視為真實的世界乃是幻象，因而相信感覺便是低下庸俗。一個故步自封的極

❻《歐威爾津梁》，頁一〇五。

權主義社會往往要建立一種精神分裂症的思想體系，很多常規雖在日常生活和某些特定的科學中行之有效，但政治家、歷史學家和社會學家卻可以對其漠然視之。

歐威爾寓莊於諧，以可悲而又可笑的細節在小說中向我們呈現了令人驚訝的欺騙。斯奎拉是群豬中專為拿破崙文過飾非，在動物們面前指鹿為馬的理論家。牠總是強辭奪理，以巧辯說服缺乏理解能力的牛馬，讓牠們在一系列怵目驚心的變化前，呆頭呆腦地接受合理化的解釋。其中最典型者也許要數豬把牛奶和蘋果留給自己享用，為平息其他動物的不滿時，斯奎拉說的一席話。作者本人也曾指出，此段為書中的畫龍點睛之處。斯奎拉對其他動物說：

> 你們不會把我們豬這樣做看成是出於自私和特權吧？我希望你們不。實際上我們中有不少豬根本不喜歡牛奶和蘋果。我自己就很不喜歡。我們食用這些東西的唯一目的是要保護我們的健康。……我們豬是腦力勞動者。農莊的全部管理和組織工作都要依靠我們。我們夜以繼日地為大家的幸福費盡心機。因此，正是為了你們，我們才喝牛奶，才吃蘋果的。

這就是歐威爾所說的「理論專政」。斯奎拉先讓動物們接受一套漂亮的理論，隨後迫使牠們容忍不合理的分配。在此後發生的很多事件中，語言一面篡改過去，一面設計現在，最終把必須容忍的殘暴和無恥強加給動物們，致使牠們不再相信自己的判斷能力，而只聽從被告知的結論。鮑克瑟可謂中毒最深者，「拿破崙同志永遠正確」的口頭禪成了輸入牠心中的指令，它控制了牠的反應，消解牠的疑惑，麻痺牠的意識，把牠變成了幹活的機器。於是，「我必須努力工作」又成了牠自虐的口頭禪。這個以馬的形象出現的人物，真是一匹名副其實的老馬。

逃之夭夭的斯諾鮑則代表了一個虛擬的靶子，必須被杜撰出來的對頭和替罪羊，因為革命變質的整個過程都需要有個這種角色來轉移群眾的視線。凡與斯諾鮑相關的跡象在周圍出現，施暴者就抓到了藉口，就藉機指控、懲罰；而每當牠們露出了破綻，又順手拿斯諾鮑作擋箭牌，因為這個假設的敵人永遠也不會出來反駁。如果說瓊斯先生的存在常被作為對比或恐嚇，使動物們相信牠們畢竟生活在革命後的農莊中，那麼關於斯諾鮑的種種鬼話，便是用來顛倒是非，進而證明「拿破崙同志永遠正確」了。任何一個專制的重建，都少不了這樣的公共污水溝。

但是，無論是合理化的巧辯，還是詛咒、嫁禍他人，語言的掩飾作用總有其限度，一旦瞞不下去，平息不了不滿，猙獰面目便露了出來。九條惡犬狺狺狂吠，公開殺害無辜，禁唱《英格蘭獸》，刷掉七戒，把「四條腿好，兩條腿壞」的口號改成「四條腿好，兩條腿更好」，最終把「動物農莊」又改為「曼納農莊」。不再存在真話，也不允許講一句真話。一切都在不斷被修改，其目的就是為了磨滅動物的記憶，讓倖存者不再對暴政、非正義和公開的醜劇產生絲毫驚奇。在故事的結尾，群豬豎著兩條腿走起了路，與其他的農莊主舉杯聯歡。這時候，其他動物默默待在窗外，「從豬看到人，又從人看到豬，再從豬看到人；但牠們已分不出誰是豬，誰是人了。」

在敘述了這篇動物寓言故事及其政治批判意義後，我們有必要進而討論它的藝術表現。動物寓言要通過對動物的敘寫將人類的生活方式和情景描繪出來，作者常用擬人化的手法在動物身上體現人類的品質。用如此簡練而明晰的體裁來揭示「蘇俄神話」，不只是為了強化悲劇的氣氛，而且也為了超脫複雜的具體事件，有助於讀者將欣賞的距離稍稍拉開，從那陌生而又似曾相識的情景中看出平日熟視無睹的現象來。但是，寓言的擬人化常常遵循一定的文學常規，它過多地把動物的外貌按人們對其形成的印象與故事中的人物本性聯繫在一起。如馬誠實勤勞，羊愚蠢且無主見，驢子頑固，豬貪婪自私等等。這樣一來，寓言中的人物就趨於類型化，牠們以各自的單一性格分裂了複雜的人性，也簡單化了歷史的悲劇。因此，這些人物的形象就成了機械而抽象的諷喻。為了更加貼近小說所諷刺的現實，歐威爾在故事的構思和細節安排上使用了滑稽模倣的手法。「這種手法通過具有破壞性的模倣，著力突出其模倣對象的弱點、矯飾和自我意識的缺乏。」（《現代西方文學批評術語詞典》，「滑稽模倣」條）不過歐威爾在此所模倣的對象卻非常見的某一作品或某種風格，而是他經歷的革命和人們熟悉的政治婉語。這些被變了形的漫畫描寫竟然起到了顯示原形的效果，這正是《動物農莊》的高妙之處。

由此也導致了這篇寓言的某些特點。革命的失敗是十分複雜的現象，在不同的時期和地區，革命的經歷都有各自的特殊性。如上所述，我們承認小說中突出的普遍傾向極有認識價值，但若拿它簡單地比附我們熟悉的事實，或把革命歷程中的某一個階段和某一局部等同於我們經歷的生活，也會造成另一種歪曲。貪婪自私是人類社會中長期存在的消極因素，在簡單化的動物寓言中，可以把革命的失敗歸咎於拿破崙之流的「豬性」，但要剖析蘇聯的現實中出現特權階層的問題，卻不是用心理、精神或「人性」的原因所能解釋清楚的。我們面臨的情況實際要複雜得多。無論在蘇聯，還是在中國，革命的挫折和悲劇都有其歷史的、地理的、經濟的和文化的特殊原因，個人悲劇往往是民族悲劇的體現。《動物農莊》成書於納粹猖獗，史達林主義流行之日，作者過於誇大了黑暗，故事的淒慘結尾無異於告訴我們：一切革命都是以暴易暴。

失敗肯定要導致進一步的革命，以往的實踐已經證明，隨著人民不斷覺醒，在民主與專制鬥爭的過程中，人民必然要和官僚政體決裂。時至今日，政治婉言已逐漸喪失魅力，革命的神話也快真相大白了。在改革中的蘇聯和中國，自上而下都在呼籲公開性和透明度。紙是包不住火的，一場更為徹底的語言革命必將為現代人贏得更大的精神自由。

載自《書林》，一九八九年三月

土原上的蟻民

——兼談楊爭光小說的土味

楊爭光寫他的乾溝旱原，前後已有好多年了。起先他寫詩抒發對這塊土地的懷念，全都是質白的口語，土味兒淡淡的，像拉家常話一樣平實地講起故鄉的人和事，連莊稼人世代相傳的口頭格言都能信手拈來，穿插其中。很難說清這些常用的詞語何以被他組成那樣的敘事性語調就會生出一種氛圍，讀著讀著，不覺便受到了感染。他後來越寫越自如，不再局限於自傳性的素材，與故土鄉情也漸漸拉開了距離，想換個角度還原過去的經驗，於是便轉向了小說創作。

可以明顯地看出，楊爭光選擇這種新的表達形式與他創作態度上的轉變有很大的關係。他還在寫自己熟悉的生活，但深情回憶的詩興已經退潮，他不再把過多的審美同情投向養育過自己的土地，而是以它為基礎搭起了戲臺。在這個時代背景不太明顯的臺子上，他可以盡興推出一幕幕土裡土氣的雜耍和荒謬的慘劇，趁機也把始終吸引著他的蕪雜印象編排進去。他一方面從外在的立場出發，冷漠地講述他人的故事；而他的講述所關注的方面似乎又讓人覺得，他熱中於在講述的過程中一再體驗一種化腐朽為神奇的興奮。也許他記憶的汗毛孔裡過多填塞了往日經歷的塵垢，以致他渴望在一次次的創作中洗個熱水澡，好在臭汗與污垢排出之際嘗到某種痛快的滋味。也許正是受到這種衝動的鼓勵，他才懷著近乎執拗的心理去寫他反覆在寫的東西，甚至不惜走向極端。我們當然很難根據一個作家書寫的本文確定他的創作心理，但從楊爭光的小說至少可以看出，上述的傾向有助於他從開始創作小說就甩開了多餘的文化負擔。彷彿從未聽說過書本上那些對生活的既成的看法，他始終堅持按照生活留給他的本來印象寫自己熟悉的人和事，而且毫不顧忌他筆下的生命形態會讓別人覺得多麼寒傖，多麼鄙陋。正是這種獨特的視角以及由此而形成的文體，顯示了楊爭光小說特有的土味。

但是，楊爭光與眾不同的地方在於，土味並不是他刻意追求的趣味或風格，而是他的小說所呈現的形而下世界給人的一種感覺，或者說「土」就是那個世界本身，是人被自然吞沒的境況。在楊爭光的小說中，「土」的實質就是生態與心態的雙重貧瘠。因此，乾溝旱原既是寫實性的景物素描，也是他構築的生態環境。他試圖在一個單調而生機匱乏的總體背景上寫惡劣的自然條件對人的限制，寫人的掙扎與徒勞。被山梁溝窪割裂的黃土地把生存的可能性壓縮到了極小的範圍內，同時又給生活的內容留下了太多的空白。長期以來，人對這種環境的適應使人滯留在自然的狀態中，他們也像山坡上那些歪歪扭扭的樹木，活得很頑強，卻總是活不旺。當然，人畢竟不是草木，人的活動中始終表現出力圖改變自身狀況的願望，但對每一個平庸的個體來說，尋求變化的衝動更多地體現在日常生活的瑣事中，而不是在重大的社會變革中。所以，楊爭光不再用浮在歷史潮流表層的素材敷衍陳舊的主題，他把目光轉向了尋求變化的行動與缺少變化的可能性之間的衝突，而衝突總是導致沒有出路的結局。

　　楊爭光的小說一般都不注重人物性格的塑造，人物只是事件的經歷者，是一批被拋入存在的舞臺而幾乎無戲可演的角色。一個小孩子在鎮上讀書，他父親因家裡沒有勞力來學校接他回去。父親不好意思把他的打算告訴孩子，孩子也預感到失學的前景，因而在歸途上父子二人的心情都很沉悶。事件本身很簡單，幾乎不足以構成「故事」。作者只把它作個引子，在由此而展開的過程中填入了一些可讀性的細節和片斷。吸引讀者的並非情節的推進和結局，而是在隨意性很大的敘述中呈現的一個情境，一段心緒，人物在此時此地所處的某種狀態。讀者完全可以像讀詩一樣孤立地玩味貌似閒筆的幾句對話或個別白描的文字，而作者也正好趁機把很多難以寫入小說的零碎經驗插入了敘事的空隙。就拿這篇〈從沙坪鎮到頂天峁〉來說，對失學這個農村普遍存在的社會問題，楊爭光的處理就顯示了他的小說在敘事結構上的獨特性。回家的「路」既展現了敘事的進程，又構成了一個有意味的實體。在父子二人途中斷斷續續的對話中，他有意留下了敘事的空白，卻在對話的語氣和節奏上流露出陰影一樣投下來的前景。無論是孩子滿懷委屈的抱怨和對山路的厭煩，還是父親措辭的為難與拙澀，都讓人直接從語境上感受到他們無可奈何的處境。另一方面，歸途上的荒涼景色始終被表現為父子二人命運的客觀對應物。離家越近，孩子的心情越沉重；天色越黑，他越害怕。因為去沙坪鎮上學如果可算作尋找出路，那麼此刻腳下的路就意味著他被迫又返回了原來的世界。

返回這個世界注定要走父親的老路，就像另一篇小說〈洼牢的大大〉中父子二人的命運。洼牢從小跟父親上山坡，在應該有玩具玩耍的年齡，他只能一邊看父親鋤地，一邊在地頭玩土，連父親從地裡掘出的碎玻璃片都玩得那麼新奇。在這篇小說中，土地也是一個有意味的實體。它既養育人，又束縛著人；人與它的關係既是親密的，又是可厭的。因為人一無所有到只擁有一把土的地步，所以洼牢的父親悶得發慌，憋得難受，就用手摳地裡的土，甚至把土往嘴裡塞。一面是不懂世事的兒子在地頭玩土，一面是窮愁潦倒的父親在土中尋找發泄的渠道，父子二人的行動形成了強烈的對比。但土地始終是冰冷而堅強的，面對它不變的物質性，人只能發出入地無門的哀號。最後，洼牢的父親愁悶而死，他的臉上還蒙著一層塵土。洼牢父子的一生是被黃土土化的一生，正如俗話所說，「哪裡的黃土不埋人」，人從呱呱墮地起，土就開始一點一點地埋人了。

也許由於楊爭光從小在旱原上長大，他更了解缺乏社會保障的村民與有較多社會保障的城裡人完全不同的生存境況。所謂「靠山吃山，靠水吃水」，就是說一個人在缺乏社會保障的條件下不得不孤立地面對大自然，在他腳下的土地上索取自己需要的一切，他的處境與大自然中自生自滅的野獸是差不多的。〈石頭〉中講了一個發財夢破滅的故事，主人公互助窮極生瘋，忽然幻想在自己承包的地裡挖出財寶，結果一無所獲，還落下了終身殘廢。互助的可笑行動既反映了貧窮的莊稼人每日每時都可能產生的痴念，也可以被視為一個寓言。互助的痴念是完全可以理解的，他的不幸在於他確實認為溝畔上兩根土柱間夾的一塊石頭下埋有他想找的東西。我們從他的蠢動自然很容易聯想到一個可悲的事實：當人被迫從他腳下的土地上榨取賴以生存的資料時，即使是一塊石頭，他也會視同珍寶。就這個意義而言，互助的狂想和幻覺不過是現實中每一天都發生的事情被推到極端的一個誇張性事例而已。

貧窮的確能迫使人生出各種古怪的愚蠢念頭。這並不是說人生活在富裕的狀況下就不幹傻事，而是說人由於貧窮而陷入目光短淺的打算時最容易暴露出人類的愚蠢。南鳥的蠢動始於她的喉嚨眼發癢，我們也可以把這個生理上的不適視為她心中突然產生的慾望在肉體上引起的症候。用純生理的感覺表現人物的情緒變化，這是楊爭光在小說中最常用的一種手法。由於杜絕了心理化的描寫，由於很少用情感化的詞語，由於有意使敘述的語言形式對應於人物的行為方式，楊爭光在他的小說中取得了一種使閱讀與敘述同步進行的效果。他幾乎總是讓人覺得他不知道他的人物在想什麼，而只是向讀者感性地展示他們所處的狀態。正是借助於這樣的效果，他的小說向我們呈現了一種原生態的經驗。這是一種生態和心態雙重貧瘠的生命形態，人總是在食色文化所設計的基本需要上對外界的信息作出反應，而衝動的表現形式大都為純生理的感覺，如喉嚨發乾，渾身燥熱，肉發脹，骨頭發癢等。南鳥到底渴求什麼，似乎在一開始連她自己也不清楚，只是在以下她斷斷續續的自言自語中才漸漸讓人感到，有一個隱秘的興奮鼓勵她關心好善他媽的死訊。原來她一直盼望能在人家辦喪事的時候去吃一頓。(《南鳥》) 物質的貧困竟使人活得如此卑賤，以致別人家裡辦喪事都能在村民心中引起一種期待節日氣氛的興奮。在這裡，去吃一頓的欲望總是與湊熱鬧的興趣聯繫在一起的。只要有一個人群聚集的場所可去，只要其中發生了什麼事情而自己又能廁身其間，他們就會感到從中分享了某種快樂。

有時候，單調的生活還會使人對未知的遠方產生虛妄的想像。花花當初嫁給向富僅為找個能吃飽飯的地方落腳，只是多年後才發覺自己的婚姻並不美滿。有一天她站在窰門外向遠處眺望，溝岔上一棵孤立的樹成了召喚她從自己的狹小天地中走出去的目標(《那棵樹》)。那棵樹始終兀立在遠處，它不向花花傳達任何信息，好像一塊界石立在可能與不可能的分界線上。它既使花花受到誘惑，又使她感到害怕。結果，她的尋覓以一次沒趣的野合而告終，似乎她心裡暗中渴求而又一直害怕的就是在那棵樹下隨便找一個男人把她佔有一次。楊爭光常常在他的小說中通過人物的蠢動表現人的不可把握性，所謂「人是個說不清的東西」，這不僅是楊爭光不自覺地傳達給讀者的一種感覺，也是他有意要呈現的一種生命形態。作者無法用理性化的語言說清的東西正是我們的文學很少正視的原生態經驗，即在不存在價值理想的形而下世界中，芸芸眾生在意識上處於渾渾噩噩的狀態。他們已習慣於按食色文化所設計的行為模式對外界的刺激作出反應，以致完全缺乏自省的能力，所以說不清自己到底需要什麼。生命的原動力平日被抑制在精神的混沌中，一個人不是在意志的操縱下理性地做出明確的選擇，而是在突然失去心理平衡時為模糊的慾望所支配。所以衝動總表現為莫名其妙的煩悶，肉體上的躁動。

綜觀楊爭光的小說，我們不難發現充斥於其中的有關小便的描寫。從電影「牧馬人」到「紅高粱」，中國公眾的審美趣味已多次受到了小便的挑戰，但真正集寫小便之大成的人還要數楊爭光。是否他對莊子所謂的「道在屎溺」有所領悟？昆德拉曾經指出，在抽水馬桶像水百合花一樣升起來的現代社會中，隨著人類把體內的排泄物交給下水道暗中處理，糞便不只是不衛生的東西，而且也被視為一種不道德的形象。但是在可以隨地大小便的黃土地上，並不存在西方人形而上地否定糞便的問題。我們完全可以想像，對那些整年與農家肥打交道的村民來說，糞便絕不是人類生存中不能接受的髒東西，它毋寧被視為日常生活中司空見慣的內容。我想，只有在正視這樣一種現實背景的前提下，我們才有可能理解楊爭光筆下的人物動輒小便的場景。寫小便既是對構成日常生活內容之一的寫照，也是用人物的生理感覺表現其情緒變化的一個手段。小便有時表現興奮和激動，有時表現緊張、焦急和恐懼，特別是在小說〈老錢〉中，小便甚至成了語言貧乏的補充。老錢的遺尿和他的木訥形成了滑稽的對比，像他這樣見了人只會說一句「好你哩」的老實人，用排泄宣泄無法用語言表達的感情，其模糊的意味的確是無從闡釋，無法歸納的。惠施曾反問莊子怎麼能知道游魚的快樂，莊子說：「我知之濠之上也。」也許正如惠施無法否定莊子對游魚之樂的心領神會，我們也很難理解小便對楊爭光筆下的人物到底意味著什麼。不管怎麼說，我還是認為楊爭光在小說〈老錢〉中把小便寫到了極致。他通過誇張的手法無情地暴露了人的貧瘠心態。

但就楊爭光已經發表的所有小說來看，過多的小便描寫已不能不讓人感到，小便正在成為楊爭光式人物故作的姿態。如果繼續這樣沒有節制地寫下去，我真擔心楊爭光的人物會反過來使作者本人也感染上敘述上的「遺尿症」。

楊爭光的一些小說還涉及性的日常生活化現象。與其說他把人物的性行為表現為不道德的或反道德的，不如說他企圖讓我們在他所寫的性行為中看到，我們的現實中的確存在著一種性的非道德化態度。楊爭光已注意到，在人口素質偏低的地方，可悲的事實並不在於舊禮教對人性的壓抑（我們的作家最喜歡把農村的落後現象歸咎於舊禮教），而在於越是文化滯後的地方，越是缺少約束行為的道德規範。道德是在肯定人的自然慾求的前提下把慾求的滿足納人和諧的秩序，它要求人明辨是與非、善與惡，它培養人的榮譽感和羞惡之心。性的日常生活化則具有泛性的傾向，它傾向於在性活動中盡可能多地宣泄其他非性的衝動。它是非色情的，反羅曼蒂克的，它從不把性的滿足導向夢想和觀賞的世界，而使它只指向肉體。所以滿足肉慾總被認為是一件好事情，滿足的行動幾乎不涉及道德問題。在這裡愛與罪並沒有地位，衝動始終頑固地要求發泄。讓我們把〈乾旱的日子〉中牧羊人的獨白抄在下面，看他把這種性的非道德化態度表達得多麼赤裸：「毬，好的不是手，是身子。歌都是他娘胡編的，哄人哩。還有電影，那些個人，毬，不抵我和來米一半好。男人和女人在一塊，不是那個樣子，還抱哩，抱個毬，一看見就想解褲帶，還能顧上文氣，文得像個先生！」

楊爭光的部分作品還涉及暴力，但他的旨趣似乎不在於製造恐怖場面或渲染血淋淋的慘狀。他不是像莫言那樣從視覺上讓人震驚、刺激，恰恰相反，他讓你無動於衷。因為他很少寫暴力的細節，而只淡淡勾畫一下它的過程。暴力常常成為他簡單處理故事結局的程式，彷彿為了在樂曲的末尾把音調彈得更嘈雜而「嘣」的一聲弄斷了琴弦。所以，故事中的暴力一般都缺乏明確的意圖，像車禍一樣猝然而發。它很少受外部社會關係的制約，而更多為個人偶然的念頭所決定。施行暴力的人物都不是巨惡元凶，而是一些沒有是非善惡觀念的庸碌之輩，他們的智力甚至低下得如同白痴。與其說楊爭光旨在揭露一種無法無天的罪行，不如說他更傾向於呈現在生態與心態雙重貧瘠的境況中人對罪惡完全無知的態度。犯罪既是尋求出路的蠢動，也是沒有出路的下場。其次，楊爭光似乎還想強調一種很少引起人們注意的生存境況，即越是在貧困而缺乏價值理想的形而下世界中，人越是輕視生命——無論是自己的還是他人的——的價值。殺機往往起於執拗的心理，一個人僅僅為在一件小事上爭一口氣，就會起殺人或自戕之念。甚至已經幹下了犯罪的事情，他還沒有從發泄的快感中清醒過來。耳林已打死了馬道連，還在後者的臉上猛搧幾下。他「不知道馬道連倒了以後是個什麼模樣」，所以他「記著的一直是馬道連坐在地上的那種笑模樣」。楊爭光當然沒有加繆的荒誕感，他一直在他有限的理解力範圍內寫一些楞頭楞腦的人物，他們其實膽子都很小，只是在鬼迷心竅的時候才闖下了亂子。殘殺也好，排泄也好，容易引起色情嫌疑的性活動也好，在楊爭光的筆下都不再是那麼一回事情，反而有一種土味十足的幽默感從中生發出來，使消費性質的閱讀心理得到了滿足。其所以如此，就是因為楊爭光以非道德化的態度呈現了他的人物。在此，楊爭光小說的土味與今日文學的後現代性有了暗中的契合。

由於篇幅的限制，我很難在此對楊爭光的創作道路做曲終奏雅的總結和指點了。小說家總是在企圖揭開自己面貌的同時，把他眼中的世界呈現在我們的面前。直到今天，小說的作者和讀者對農村題材的關注和興趣仍然被籠罩在中心文化對邊緣文化的主觀投射中，不管後者在多大的程度上得到了藝術的反映，已經使用過的處理是否能夠反映與它異質的東西，近來正在成為引起爭論的問題。因為隨著越來越多來自農村的作家介入小說的創作，情況早已發生了變化。邊緣文化一旦開始用自己的語言說話，問題就不僅是用既定的文學規範評價這類寫作的得失了，新的本文還要求批評理論對它的非規範性予以理解和分析。

楊爭光的小說正是從邊緣文化中土生土長出來的。它不僅向我們顯示了只有入乎其中的人才可能提供的經驗，而且由於建構了一種與所呈現的經驗同構的文體，在如何嘗試「新實新寫」的問題上初步提供了值得認識的經驗。我並不想在此肯定楊爭光的小說有多大的價值，我也不諱言其中有很多文字的「排泄」，也許這正是他為剔除那些磨損了信息的文字裝飾所付出的代價。因為處於暗啞狀態的「真實性」終於開始說出自己的情況時，總是結結巴巴的，前言不搭後語的，有時還得輔之以粗鄙的動作和姿態。

載自《上海文學》，一九九一年八月

荒原上什麼事都會發生

——漫議《為了告別的聚會》

艾略特式的荒原

故事發生在捷克邊境附近的小鎮上。那是一個「伯利恆似的和平環境」，由於流蕩著生命之源的泉水而成為療養勝地，許多不孕的女人為獲得生育的能力，都來到鎮上接受醫療的施洗。其時秋色正濃，藍天和月夜也很迷人，可惜在如此優美的自然環境內，鎮上的生活氛圍卻隱隱約約令人聯想到艾略特(T. S. Eliot)式的荒原。

當然，這裡並沒有患病的漁王在統治，它的土地也未受到神秘的詛咒，更毋需預言中的騎士來完成拯救的任務。這裡完全是一個世俗化的世界，即一個沒有宗教意義的世界。作者米蘭・昆德拉(Milan Kundera)並沒有在他的故事中派一個牧師模樣的人物出來佈道，他知道那是杯水車薪的徒勞，而且他向來把此類舉動視為媚俗。但是，透過小說中很多插科打諢的對話和閃爍其詞的暗示，我們還是能夠感覺到，他在小說的字裡行間佈下了散發著福音書氣味的疑陣。正是在這一系列荒誕的並置、對比中，昆德拉揮灑戲謔的筆墨，讓我們驚訝地看到一個被政治毒化的社會中人的存在境況。本文所說的荒原，基本上即為這一存在境況的隱喻。

小鎮人物

小鎮的荒原性首先表現在它那種被成群不孕的婦女填塞的枯燥生活中。她們每天懶洋洋，定時去溫泉沐浴，在攝影師掠艷的鏡頭前厚顏地展覽自己的裸體。昆德拉幾乎總是在有意敗壞讀者的艷趣，在他筆下的浴室場景中推出與一般的閱讀期待根本不同的東西：並沒有什麼出水芙蓉，有的只是一堆沒有生氣的肉體漂浮在浴池中。沐浴成為煩悶的例行公事，而執行施洗儀式的女護士茹澤娜則名不副實，不安其職。她壓根兒就不想扮演人間的天使，她的舉動更像一個迷途林沼的寧芙(nymph)。她嫉妒、厭惡她的患者，這種女人之間常有的敵意最終迫使她盲目地投入了男人的懷抱。不幸的是，男人對她的愛——無論是弗朗特執著的愛還是克利馬假裝的愛——到頭來反化為同謀，把她推向了死亡的邊緣。

於是，各種陰差陽錯的事件構成了昆德拉小說中常見的錯位現象，在五天之內展開了一連串生與死的爭奪。眾多的丈夫把不孕的妻子送到療養地治療，膽小怕事的克利馬沒想到會搞大了茹澤娜的肚子。可憐的護士照顧他人早生早養，她自己卻不得不選擇墮胎。繁殖與殺嬰的並置鬧出了一場惱人的喜劇。她被一個男人追獵，同時她又死賴著糾纏另外一個，那個窮追不捨，這個一推再推，兩個拉鋸似的力量一步步扣緊了她脖子上的絞索。就這樣，通過一條無形的謀殺之線，昆德拉順手牽出了小說《為了告別的聚會》(*The Farewell Party*)中更重要的人物。

表面上看，頗討女人喜歡的小號手克利馬很有魅力，實際上他的處境並不令人羨慕。他絲毫沒有自我奉獻的願望，所以最害怕承擔責任，無論與妻子或情人相處，他都為一種疏離感所困擾。對他來說，性就是聯結兩個陌生肉體的唯一紐帶。至於掛在他口頭的愛情，不過是掩蓋和填補其人格分裂的托辭而已。在他與女人的關係中，性只是赤裸裸的行為，以致他早已喪失了富於激情的慾望。他的妻子也是一個不能生育的女人，與其說她愛自己的丈夫，不如說持久的醋意迫使她一心要把丈夫的身心像物件一樣佔據起來。為了對付丈夫的欺騙，她不惜用偵探的手段，弄得克利馬如同驚弓之鳥。他們的夫婦生活已成了互相的威脅，以致想要建立做愛上的合作都感到很困難。一種行動的癱瘓和孤立感使克利馬常常恍然若失。例如，「他覺得被一種無法抗拒的疲勞抓住。」「他躺在愛米蕾身邊，知道非常愛她，但他卻心不在焉，他摸著她的臉，卻感到他們相隔很遠，很遠。」這時候，他竟然產生了與可憐的普魯弗洛克(J. Afred Profrock)相似的感覺：覺得他們的臥榻如一張手術檯。為了讓半死不活的婚姻苟延下去，為了藉此證明他觀念中的愛情，他把頻頻的豔遇當作暫時起到療效的輸血。正如他為自己辯解時所說：「隨著每一次新的不忠，我反而越來越愛她了。」結果，對於茹澤娜的渴求，他也僅能支付「疲憊的摟抱」。

一面是克利馬之妻不能生育的事實；一面是他誘勸情人墮胎的努力，兩者的並列突出了愛情與性和生育之間日益加劇的分裂。

醫學倫理失序

醫師斯克雷托儼然在執行使荒原恢復生機的使命，他在這個療養地主治不孕症，為了把「生育從愛情中解放出來」，他力圖用科學給無愛之性賦予新的活力。這位身披白大褂的白日夢者頗以聖徒自詡，實際上他正在進行的實驗是把人工授精技術推向極端的一種生育專政。只有上帝才是萬民唯一的聖父，斯克雷托居然敢憑著技術手段僭越上帝的寶座。他用自己的精液充當回春的靈藥，把它裝入注射器，再按單一的操作程序注入千萬個患者的陰道內。結果，在他的治療下恢復生機的婦女全都生出了長著斯克雷托式大鼻子的孩子。昆德拉真可謂滑稽之雄！請不要把這一虛構的醫學惡作劇視為玩笑，應該進一步看到其中潛在的醫學危機。醫學的發達若不受醫學倫理學的限制，醫術便可能變成顛倒造物的魔術。它將打起優生學的旗幟，按照複製的程序把大自然無限的豐富性壓進一個標準化的模子。斯克雷托手中的注射器就是一個塑料製的陰莖，它冷冷冰冰，在柔和的燈光下把強姦納入了治療的過程。在純粹用科學的肥料澆沃的荒原上，生的繁榮很可能會變成一場惡夢。

但斯克雷托自有其聳人聽聞的宏旨，他給他的魔術賦予了神聖的意義。他說：「我總在夢想著有一個世界，在那裡一個人將不是生在陌生人中間，而是生在兄弟中間。」這話聽起來倒像是要實現古聖先賢的理想，彷彿醫學的發達最終能創造「四海之內皆兄弟」的奇蹟。然而，這句古諺與斯克雷托的計劃在語言表層的相似卻產生了辛辣的反諷。原來按照他的意思，「兄弟」一詞有其具體的含義，「兄弟們就是那些至少有一個共同父親或母親的人。」是不是眾多的人群共有一個父親或母親就能兄弟般地相處呢？也許只有在生育烏托邦才會出現那樣的事情。斯克雷托的醫術僅造成了這樣的事實：他的眾多的孩子全都與他素不相識，他們全長著相似的大鼻子，他們之間卻如陌路人。斯克雷托只能想像自己在生物學上的父親身分，而在精神上反倒感到自己是個棄兒。他一直作為父親在別人身上製造生育的奇蹟，到頭來卻不得不給自己認個乾爹。他請求巴特里弗收他為養子，而這位美國佬的妻子剛生下來的兒子正是他手中那枝注射器的產物。現在，斯克雷托終於求得了與眾多的小斯克雷托之一的認同，實現了所謂「生在兄弟們中間」的夢想。在他的面前，法律上的弟弟與血緣上的兒子在一個大鼻子小孩的身上合二而一了。通過這一不倫不類的關係，昆德拉讓我們看到了「存在的一種可能（人與他的世界的關係的可能），並因此讓我們看見了我們是什麼，我們能幹什麼。」❶

斯克雷托的狂悖妄誕應該對現代人產生警戒，現代人對性革命的誤解和對其成果的濫用業已滋生了許多古怪的現象。事實越來越證明，性革命並不能完全解決必須由人與社會的健全化才能

---

❶ 昆德拉：〈小說家是存在的勘探者〉，《文藝報》（一九八九年一月七日）。

解決的問題。那麼一個人究竟如何才能感到自己不是生活在陌生人中間，答案是很明確的。

裝在玻璃管內的藥片也很耐人尋味，這片由雅庫布投放的毒藥與管內原有的鎮靜劑同為藍色。這個不幸的巧合讓我們看到了存在的另一種可能：醫療與殺人之間的模糊分界。過於緊張的現代人已越來越不懂得如何撫慰自己的心靈，他們更少在祈禱中尋求支持，而更多依賴化學的力量：乞靈於麻痺神經的藥物。其實，迷信鎮靜劑與吸毒成癮並無本質的區別，化學作用造成的睡眠也可以被理解為暫時的死亡。這樣看來，依靠鎮靜劑安睡的茹澤娜早已開始飲鴆止渴了。她的死是自殺還是他殺，幾乎很難完全說清楚。

善惡二律的詭秘

與滑稽的斯克雷托不同，投毒者雅庫布頗顯示出悲愴的崇高。他早年狂熱地參加了共產黨的革命隊伍，也信仰過推翻舊世界的正義和理論，不幸他為之獻身的革命後來也沒有放過他。「歷史時常使人們面臨某種無法抵抗的壓力和圈套。」曾幾何時，雅庫布自己也成了革命的敵人，差點在他早先的革命同志手中斷送了性命。經過了幾十年的風風雨雨，他逐漸看清了那偉大的事業中有許多殘忍和不義，如今他終於獲准離開這個危險的國家，特意來小鎮上與朋友和故土告別，也向過去的怨恨和痛苦告別。

雅庫布的某些態度似乎傳達了昆德拉自己的觀點：強調超越狹隘的政治立場去批判政治災

難。他認為，不應該把極權政治的暴政僅歸罪於某些個別的迫害者，從根本上講，整個社會的不人道乃是政治毒化了人心的結果。因此他宣佈：「那些受害者並不比他們的迫害者更好。」他深深地鄙夷群氓，又欲泯沒怨恨，原諒他們的自相殘殺。有一個同志曾以革命的名義宣判他有罪，後來此人又被其他同志送上了絞架。雅庫布出獄後並沒有報復死者受株連的女兒，反而收留了她，做了她的監護人。他此行的主要目的即為向她告別。歷史留下的憎恨並沒有淹沒他的同情心，他不願意把怨毒發洩在無辜者身上。他想用他對奧爾迦的父愛洗刷心頭的私憤。

我們並不懷疑雅庫布的寬容精神，一個人只要能通過施惠他人擺脫自己的孤立處境，他就是在做向善的努力。但這只是雅庫布的一面，確切地說，只是他想像中的自己的一面，實際上他還有與此完全不同的一面。在一個「上帝已死」的世界中，人甚麼事情都幹得出來。而這正是昆德拉所勘探的存在：「存在並不是已經發生的，存在是人的可能場所，是一切人可以成為的，一切人能夠的。」❷政治的毒化畢竟在雅庫布身上留下了許多陰暗的東西，當他以善自勉時，心裡卻念念不忘人性中有著基本的惡。由於他完全漠視生育著的同胞，所以他與斯克雷托正好相反：不但不讚賞生育，而且要求「把愛情從生育中解放出來」。在斯克雷托吹噓其生育計劃，巴特里弗因身為人父而興高采烈之際，他長篇大論，對做父親的各個方面表現了十足的厭惡。從他那儼然要剝奪凡夫俗子生育之權的口氣不難窺測出某種恐怖的傾向：有朝一日生育控制也許會被用於純

❷ 同前。

化道德和剷除敗類！此外，雅庫布還宣揚一種生物唯美主義，他厭惡生育的另一個理由是嫌惡它破壞了女性的美。在他看來，僅就考慮到照顧男人的審美趣味而言，女人也應該放棄生育的打算。

富有諷刺意味的是，他寄予父愛的奧爾迦卻是個醜小鴨，面對她的挑逗，他始終感到興味索然。這個奧爾迦頗有點刁鑽古怪，她放肆，故意偏離強加的觀念，從不讚美崇高的事物，似乎有貶低了那一切才能給她帶來樂趣。雅庫布的父愛不斷使這個少女想作為女人而被他人另眼看待的野心受到挫折，於是她故意撩撥那父愛的尊容，公然用妓女般的厚顏把雅庫布拖入了肉慾的泥坑。

昆德拉在小說中的性描寫幾乎全採取了非浪漫化的處理，他既不屑於渲染色情，也不願意炮製平庸的詩意，他更喜歡描繪性愛的漫畫。他的目的顯然是消解文學的愛情神話，讓我們從局外一瞥在一起做赤裸遊戲的男女顯得多麼可笑。彷彿是一幅超現實主義的繪畫，初嘗禁果的奧爾迦在父愛崩潰的雅庫布懷裡慢慢顯出了原形：「一個細瘦顫動的花莖般的身軀，頂上一朵大花球似的腦袋。」對於想用父愛超渡自己的雅庫布來說，這個笨拙的合歡之夜不啻為一次地獄的考驗。現在，作為觀念形態的愛在雅庫布的心中萎縮了，奧爾迦的搗亂獲得了勝利。她終於通過把自己丟給一個她敬慕過的男人而掙脫了他的陰影，從此她再也不依戀他了。

讓我們繼續考察雅庫布的真實面目。這位往日的共產黨人並沒有意識到，當他竭力抖掉舊生活的積塵時，一種隱秘的怨毒已在無意識的某個角落凝聚起來。那片藍色的毒藥豈不就是物化了的憎恨結晶？他此行的另一個目的便是把當年準備用來自殺的毒藥歸還給它的製造者斯克雷托，以便在出國之前把舊賬一筆勾銷。然而，歸還的儀式並未完成，或者說歸還只是藉口，尋找投毒的機會才是真正的動機，結果就在茹澤娜身上找到了機會。投毒可以被理解為一種象徵性的行動，它就是怨毒的發洩，是對迫害者及其幫兇施加懲罰。現在，雅庫布在茹澤娜裝鎮靜劑的玻璃管裡找到了罅隙，於是就把「他過去的全部生活，他對人們的全部憎惡都容納進去，從而獲得了平衡」。謀殺似乎被他賦予了除惡的意義。然而，上帝並沒有賜予任何人懲罰他人的權利，所以耶穌反對眾人用石頭砸死一個犯姦淫罪的女人。受害者固然有其並不比他們的迫害者更好的一面，但一個人若把雅庫布的理論推到極端，並認為自己有權懲罰更壞的人，他就有墮落為迫害者的危險。任何人不管憑著多麼崇高的理由蔑視同胞的不義，他都沒有資格自封為手提鞭子的超人。拉斯柯爾尼科夫為正義的目的殺死了放高利貸的老妖婆，事後尚且恐懼不安，雅庫布毒死了可愛的女護士，竟毫無負罪之感。究其原因，就在於前者不認為個人有權懲罰他人，而後者卻堅信自己可以這樣去做。顯然，對於往昔的經歷，雅庫布不過略有反省而已，但他本性難移，他畢竟來自革命的陣營，迫害者的狂妄依然在他的身上作祟。同樣是背井離鄉，薩特筆下的希臘英雄厄瑞斯特斯(Orestes)把光明與解放留給了阿爾果斯城的同胞，他以自身的受難帶走了復仇女神的成群蒼蠅，悲壯地走向天涯海角。雅庫布卻是一個逃犯，他像傾倒垃圾一樣把仇恨膽怯地丟在祖國的土地上，自己卻輕鬆地奔向了遠方。他通過毒害他人而解了自己身上的毒。

上述的人物身上都有不同程度的瘋狂氣味，獨有巴特里弗與他們和而不同，他游弋於他們之間，殷勤招待一切來客，始終只是一個友好的幫閒者。他喜歡用風趣的口吻談論神聖的事物，常常在不著邊際的閒談中散佈關於愛的話語。隨著存在的維度的變化，他總是從容地調整著某種始終不變的東西。每當故事中潛伏的殺機發展到緊張的關頭，他的介入總是帶來緩衝，儘管他最終沒有阻止不幸事件的發生，但他的出現畢竟使事情變得好了一些。例如，聽到雅庫布為希律王的屠殺大作翻案文章，他立即強調指出，倖存下來的基督長大後教人們彼此相愛。又如，奧爾迦按照學校灌輸的觀點指責修道士的生活方式，他便以古代聖徒的故事為例，肯定他們渴望被世人讚美的熱情。正是通過這一切，昆德拉讓我們看到了基督教在當代復興的困難，以及它對荒原世界的無能為力。樂觀的巴特里弗年老而多病，他的熱情掩蓋不了他的衰弱。茹澤娜與他結束了小夜曲般的合歡，忽然看見了「他青筋畢露的小腿」，「他的灰色鬈髮很稀疏，頭皮已經露了出來。」但她對此並不在乎，反而由於他的老態得到了安慰。荒涼的青春在蒼老的溫情中暫時得到了滋潤，儘管她行將萎謝。

餘論

要按照現實主義的典型論理解昆德拉的小說，可能會認為那些故事既不合邏輯，也不道德。這當然是對昆德拉的誤解。他一再強調，他的人物是為揭示存在的可能虛構出來的，是「一個實驗的自我」，是為引起疑問而推上前臺的。因此，他的小說不講究傳統的敘事性，而追求反抒情的詩意，只勾畫輪廓，不細描枝節。同時，他還有意把隨筆性的議論、哲理的探討、荒唐而又寓意微妙的夢境拉扯到小說的敘事中，形成了一種龐雜的綜合性文體。他更關注情緒的捕捉，思想的抽繹，其目的在於滿足現代讀者對想像和夢想的渴求，故無意再現社會的歷史。

在一次講演中，昆德拉曾提到一句猶太諺語：「人們一思索，上帝就發笑。」他接著又說：「小說藝術就是上帝笑聲的回響。」由此可見，他不主張小說家從預定的觀念出發編故事或刻意給作品塞進一個主題。自然，他的小說也不會給任何既定的批評模式和死摳字眼的讀解提供方便。試圖對他的作品進行闡釋，無異讓自己面對新的挑戰。本文所做的便是這樣的嘗試，即探討一種與他的小說敘事相應的批評文體，通過改寫和重構小說的某些方面，把個人的閱讀反應提升到再創作的層面上。只能說它僅有助於讀者對這本小說的理解，絕不能說這就是確切的注釋。

真不知道我在此一思索，會不會也引得昆德拉在一邊發起笑來？

載自《二十一世紀》，一九九四年四月

護生與護心

——重讀《護生畫集》有感

五〇年代初期，故里西安尚未全面經歷現代化的改造，與當年中國大陸上很多舊式城鎮的情況大致相近：西安城在封閉和破敗中保持了頗能令人產生懷舊感的古樸風貌。還清楚地記得，在我家的四合院裡，灰藍色的野鴿子常常落在屋脊上咕咕鳴叫，喜鵲最喜歡在正午時分飛到窗前噪晴。特別熱鬧的是冬日的黃昏，滿天的鴉群一時間從城外飛來，落得門外的大樹上黑壓壓一片，一直到夜靜時分，還能在屋裡聽到從枝頭傳來一陣一陣的撲棱聲，沒有人騷擾這些飛入尋常百姓家的鳥兒，也從來沒有聽誰提到有所謂「害鳥」和「益鳥」的劃分。打從學習說話起，很多有關鳥兒的故事和童謠便向我灌輸了大量愛鳥的話語。在天真的想像中，鳥兒是有靈性的動物，是我們的居住環境中最可親的成員，是使這個世界顯得生意盎然的主要因素。

大概是初次拿起毛筆在描紅格上學塗鴉的年齡，有一天祖父給了我一本新書。我並不認識封面上的書名，只記得那上面畫著白描的蓮花，書裡面則是一些稚拙的毛筆畫。在一個兒童的眼裡，畫中的世界自然比描紅格上的筆劃更為有趣。就這樣，我翻開了此生接識的第一本書。雖然在我那樣的年紀還不懂得什麼叫「仁愛」，但目睹了那些人類傷害動物的畫面，幼小的心便不由得感到非常酸楚。若按照孟子的性善論來解釋，這大概就算是人皆有之的「惻隱之心」。直到很久以後，我已長成大人，還能清楚地回憶起某些感人的畫面：被牽去屠宰的母羊固執地回顧幾隻從欄中伸出頭嘶叫的小羊，老牛流著淚跪在屠夫的刀下，被擊落的飛鳥，被倒提的雞鴨……所有的景象都流露出生命對殘忍的無聲怨訴。我吃驚地發現，平日裡很多司空見慣的行為，如今一經漫畫的剪輯，竟然都露出了殺機。

後來識字漸多，讀完了《緣緣堂隨筆》，才知道那些用毛筆畫的護生畫出於豐子愷之手，才知道他善畫能文，而且虔信佛教。再往後，世事蒼黃反覆，此身亦自顧不暇，遑論書畫，更遑論蟲鳥和草木！白蓮封面的畫冊早已丟到腦後，不知讓紅衛兵糟蹋到了何處。在西安這個從小生長的地方，環境更是隨著城市化的進程而日益變得嘈雜和擁擠。早在二十多年以前，鳥群已很少在城市的上空出現。我們一家人局促在高樓上的小單元裡，回想童年時四合院內一片人鳥相安的景象，竟覺得好像是在想像某個童話世界裡的角落。環境與世態就是在這樣的漸進過程中發生了變遷。你不知不覺習慣了周圍的一切，就會慢慢地忘卻失去了的東西。只是當意識偶然從麻木中清醒過來，撫今追昔，才隱約有了恍若隔世的感覺。不久以前，我從書店裡買回了海天出版社新出的六冊《護生畫集》，展玩之餘，心裡長期潛伏的缺憾感再次抬頭，從模糊變得明朗，使我迫切地感到了今日中國生態與心態的危機。

古書上有一個廣為人知的故事：故事的主人公住在海邊，他喜歡狎鷗，常與鷗群在一起嬉戲，天長日久，人與鳥便漸漸忘掉了異類間的嫌猜。由此產生了「鷗盟」這個典故，古詩中常用以代指人與自然和諧相處的境界。如稼軒詞所云：「凡我同盟鷗鳥，今日既盟之後，來往莫相猜。」遺憾的是，住在海邊的狎鷗者並未將「鷗盟」維持到底。有一天，他的父親忽然無事生非，要求他帶一隻海鷗到家裡來玩。結果，他再次來到海邊，鷗群全體遠避而去，再也沒有回到他的身邊。

動物大概並不像世俗所想像的那樣蠢然而動，任人宰割。牠們也有牠們的敏感，也知道警惕人世的殺機。因為自然界既外在於我們，又內在於我們，人的心態的變化必然相應地引起生態的變化。幾乎所有的古老文明都把自然視為有生命的，與人息息相關的存在，都企圖在物我一體的境界中探求理想的生存方式。千百年來，正是這一古老的信念起了約束的作用，在一定的程度上限制了人對大自然的過分破壞。在向大自然索取生活資源的過程中，無數的經驗教訓使人懂得了護生的意義，使人對生命存在的不可侵犯性產生了敬畏之心。懷著莊嚴的敬畏，人自覺地約束自己，對萬物和環境持愛惜和保護的態度，從而形成了淳樸的社會風尚。直到五〇年代初期，也就是像《護生畫集》這樣的人道主義藝術作品尚能在中國大陸上自由流通的時候，在大多數中國人的心目中，暴殄天物依然是一種有犯罪感的行為。

然而社會上的形勢很快就發生了驚人的變化，弘揚佛法開始遇到前所未有的困難，護生畫的續集不得不移到海外出版。當時，很多傳統的觀念都作為封建糟粕受到了批判，各種宗教思想往往被簡單地等同於迷信，一律予以嚴厲的譴責。在這種情況下，豐子愷依然信守弘法的永恒盟約❶，硬是冒著極大的風險，趕在病歿（一九七五年九月十五日）之前，完成了餘下的四、五、六集，使擬定中的護生畫得以陸續在新加坡如期問世。

需要指出的是，護生的意義絕不局限於勸善戒殺的一般性說教，豐子愷曾反覆強調，護生之道在於護心。這就是說，護生的實踐不只單方面地指向被保護的動植物，同時還涉及愛心的培養，即在使自然更加人化的同時，全面促進人性的發展。反對無端地傷害動植物，是有鑑於殘忍的行為易使人養成殘忍的心，這絕不意味著必須要求一個人慈悲到不食人間煙火的地步。因為，這樣的徹底性，即使釋尊也沒有完全達到。在這個世界上，人與眾生都生存在一個複雜而又和諧的食物鏈中，為了維持個體的生命，弱肉強食乃是動物生存的基本方式。就動物而言，對他體的殺傷

❶ 豐子愷〈護生畫三集自序〉云：「弘一法師五十歲時（一九二九年）與我同住上海居士林，合作護生畫初集，共五十幅。我作畫，法師寫詩。法師六十歲時（一九三九年）住福建泉州，我避寇居廣西宜山。我作護生畫續集，共六十幅，由宜山寄到泉州去請法師書寫。法師從泉州來信云：『朽人七十歲時，請仁者作護生畫第三集，共七十幅；八十歲時，作第四集，共八十幅；九十歲時，作第五集，共九十幅；百歲時，作第六集，共百幅。護生畫功德於此圓滿。』……我覆信說：『世壽所許，定當遵囑。』」見《護生畫集》（深圳，海天出版社，一九九三年）第三集，頁四～五。

只能被理解為受飢餓驅使的機械活動，無所謂道德與不道德，也無所謂殘忍與不殘忍。人類對動物的殺害卻遠遠超出了這種「動物式的」需求。動物的生命有時被當作不斷掠奪的財富，有時又被當作必須消滅的災害，甚至被當作發洩瘋狂的靶子，製造惡作劇的犧牲品。在中國古代，大規模的田獵總是被作為荒淫行為而受到指責，人們普遍相信，傷了天地的和氣，必然會給人間帶來災難。我們完全可以想像，當一個社會公然號召全民去殺害動物，其成員怎能重視人的生命！

■

五〇年代中期以後，中國的社會神經發生了紊亂。勞動者的「當家作主」曾一度提高了他們的勞動熱情，但經濟活動的政治化又使得這種熱情變得十分盲目。科學知識的普及確實消除了幾千年來的某些愚昧，但膚淺的唯物主義也助長了革命群眾的狂妄。那是一個用豪言壯語武裝起來的時代，人們懷著與天地奮鬥其樂無窮的衝動，把大自然的神聖殿堂完全當成了征服的對象。「要掃除一切害人蟲」的雄心到處尋找革命的對頭：從人群中的「五類分子」（地、富、反、壞、右）直到動物中的「四害」（老鼠、蒼蠅、蚊子、麻雀），被歸類的人和物都在經過特殊的命名之後成了人民公敵。毛主席常常教導我們「要像解剖麻雀一樣」研究事物，不知我們的科學家何以並未解剖麻雀的肚子，弄清牠到底吃的什麼蟲子，便緊緊抓住牠吃糧食的罪過，給戴上了「害鳥」的帽子。

一九五八年，我剛上初中，記得全市人民停止了一切正常的活動，在市政當局的指揮下突然向麻雀發動了圍剿。這場人海戰役是在全國的範圍內同時打響的：只見城市的屋頂、牆頭和大樹上站滿了鏖戰的群眾，一時間鑼鼓喧天，吶喊聲此起彼伏，到處都揮動著拴上了布縷的長竿子。茫茫大地，頃刻化作無邊的刀山，可憐的雀群再也找不到落腳的地方。從這邊被驅趕到那邊，又從那邊被吆喝到這邊，終於昏天黑地，精疲力盡，一頭栽入人海，就像被高射炮打中的飛機。當然，落網的不只是麻雀，所謂火炎昆岡，玉石俱焚，喜鵲、烏鴉、鴿子等各種鳥類，凡進入圍剿勢力範圍之內者，都紛紛受到了株連。殺聲是壓倒一切的，群體的中毒絕對地堵住了異議之口。大文豪郭沫若在黨報上發表了讚揚這場戰役的詩歌，更有意思的是，茅盾先生在他一九五八年所作〈夜讀偶記〉一文的結束語中自稱其文於「四月二十日，首都人民圍剿麻雀的勝利聲中寫完。」在御用文人的筆下，殺戮的鬧劇竟被誇飾成人民的盛大節日！

那一年到底消滅了多少「害鳥」，手頭沒有詳盡的統計數字，但從此以後，倖存的飛禽全都成了驚弓之鳥。或繼續受到追擊，或遠遠逃到無人的地方。我們的城市於是成了無鳥的世界。從象徵的意義上講，這只是一次殘殺的排演，討伐的操練。一九六六年，曾經向鳥兒宣戰的群眾終於在自己的同類間展開了更凶殘的屠殺……。「嗚乎！可以人而不如鳥乎！」鳥可以遠走高飛，人卻不得不坐以待斃，即使是共和國的主席。

對生命的蔑視和踐踏至此達到了極端。

曾經整人的人在嘗夠了走資派、黑幫的滋味之後，才有點懂得了尊重人和愛護生命的重要性。面對嚴酷的事實，我們不能不承認，階級鬥爭不僅干擾了社會主義建設，干涉了私人的生活，破壞了生存的環境，而且敗害了好幾代的人心。相比之下，後一種惡果顯然最嚴重、最麻煩。對環境的保護可以通過立法來實行，但要清除精神上的中毒卻十分艱難。近些年來，迫於全球性的環境危機，中國政府已經有所警覺，制定了一系列的法令和規定。麻雀似乎早已給平了反，這些小生命現在又漸漸多了起來。很多地方列為自然保護區，很多珍稀動物列為國家保護的動物，對於捕殺禁獵動物者繩之以法的報導也偶爾見於報紙。總之，無論從立法的內容，還是從輿論的導向來看，護生之計總算重新被提上了議事日程。

然而，隨著中國社會的熱點從政治狂熱轉向經濟過熱，全民的貪欲總爆發又令人憂慮地看到生命面臨的另一場浩劫。在今日的中國，品嘗野味和熱中大補的飲食風尚正在口袋裡剛有了幾個錢的庸人中流行起來。市場的需求調動了供給的積極性。於是，窮極生瘋的農民便不惜傷天害理（赤貧者向來缺乏仁慈！），從深林、洞底、水下捕來了飲食史上從未填過庖廚的動物，送到酒店老闆處去換錢。金錢的魔力遠勝過政治的總動員，如果說五〇年代的圍剿麻雀只是心血來潮，對飛鳥發動了幾次掃蕩，如今的濫殺則轉入了游擊，是每日每時，無政府狀態，防不勝防的。幾千年來，中國人在飢餓的壓迫下什麼都吃，以致林語堂稱之為「地球上唯一無所不吃的動物」❷。

❷ 林語堂：《中國人》（杭州，浙江人民，一九八八年），頁二九七。

而今天才基本上解決了溫飽問題，不知感謝天地養育之德，竟然群體地饕餮起來！正如肺病患者臉上的潮紅，火爆的飲食業構成了當今市場的虛假繁榮。在形形色色的酒樓上，暴發的和寄生在公款宴請上的美食家們越吃越饞，吃紅了眼：

・一個從海南回來的大亨告訴我，在那裡，只要肯花錢，什麼都能吃到，從鴿子肉到天鵝肉，從熊掌到穿山甲，山珍海味，應有盡有。

・有記者報導，在湖南某旅遊景點，猴子被活生生地敲開頭蓋骨，現場供應鮮猴腦。

・報載，大量的珍稀動物被不法分子走私到國際黑市，屢屢被海關截獲。

・一九八八年夏，筆者去張家界旅遊。在一家小飯館裡，老闆詭秘地打開冰箱，拿出一塊凍肉勸筆者購食，並慫恿說那是美味的娃娃魚。當筆者厲色告訴他這是國家二級保護動物時，他不以為然地擰頭而去。此刻，一個來此參加官方會議的高校教師在一旁誇耀自己的口福，談起了前兩天他們吃娃娃魚的經驗。原來，會議的組織者考慮到與會議者有意一嘗索溪峪地下暗河的特產，便向地方當局打了報告，請求對貴客破例一次。當局慷慨特許。於是，會議的筵席上合法地大嚼起明令禁殺的娃娃魚。據說，這是一種叫聲像嬰兒的兩棲動物，呱呱而叫者竟忍食之，孰不忍食！打報告可以破例吃禁獵的動物，就有可能打報告破例向無辜的同類開槍！殘忍心之不可放縱有如是之甚者……。

事實告訴我們，對於不知自覺護心的國民，法律是無可奈何的。護生的意義至今沒有明確地貫徹到學校的教育中，也沒有受到社會輿論的普遍重視，在原先對個人行為起約束作用的古老信念和習俗已遭徹底破壞的情況下，護生的工作在目前便顯得處境十分艱難。民眾剛剛獲得了給個人撈取好處的機會，都在趁機努力營建自己的巢，卻不知同時又在集體地毀壞共同依托的大樹。在談到人如何喪失「本心」的問題時，孟子曾舉過一個生動的例子：齊國的牛山上長著茂盛的草木，每到白天，牧人便趕牛羊上山噬食。受到夜氣的滋潤，白天被啃殘了的枝條很快又長出了新葉。但由於牛羊日日啃食，草木新生的能力漸漸不足以補充白天的損失，很久以後，牛山終於成了禿山。幾十年來，中國人的敬畏之心和愛物之心難道不也就是這樣日漸喪失掉的嗎？

■

每當強烈地感到周圍的空間總是填滿了人，而始終不見有蟲跡鳥影時，我便如對光禿的牛山。梭羅 (Henry D. Thoreau) 的生活方式是令人嚮往的：有人把沒有鳥兒的居室比為沒有調味料的肉食，梭羅不同意這樣的趣味。他說：「我不要與籠鳥作伴，我只願獨自遁居在有鳥的地方，偶然而生與鳥為鄰之感。不只與那些常來園子裡的鳥兒為鄰，還要與那些很少或根本不近村落的深林鳴禽為鄰。」❸這樣看來，城市裡一大批有閒的養鳥者只是偽愛鳥者，他們的愛好是很成問題的。

❸ Henry David Thoreau, *Walden and Other Writings* (New York, 1962), pp.168~169.

他們準備了精緻的籠子，花高價在鳥市上買回畫眉、鸚鵡……欣賞囚禁的煩悶所激化的音樂效果，通過佔有一個生命的自由而獲得滿足。從某種意義上說，他們的作為等於把自己對獄吏那種職業的愛好轉化成了業餘的消遣。這正是上述人與海鷗的故事所諷刺的玩樂。

不只不允許把人當成玩意兒，也不應該把動物當成玩意兒。人與動物的理想關係——正如莊子所說——應該像「魚相忘於海，麋鹿相忘於林。」對於野生的動物，無需寵愛到要用籠養來保護的地步，最主要的是創造適合牠生活的環境，不要製造干擾，古代詩人種樹招鳥的情趣應該成為今日環境美學的原則。令人喜出望外的是，今年暑假去耶魯開會，我偶然在美國找到了久已喪失的「鷗盟」：

・在紐海文鬧市中心的草地上，鴿群一天到晚來往不絕。除了我以觀光客的眼光注視牠們的活動，幾乎沒有任何行人試圖向牠們靠近，去驚動牠們的棲息和覓食。牠們長久地呆立在綠草上，遠遠望去，我還以為是草上散開著藍白相間的花朵。

・在康涅狄格河的入海口，天鵝悠閒地在水上浮游，旅客或在一邊閒看，或給天鵝餵食。帶頭的母天鵝把水面上漂的食物留給後面排成隊的一群「醜小鴨」吞嚥，自己則昂首緩游，旁若無人。一片祥和之氣瀰漫天水之際，人鳥之間。

・在紐約曼哈頓的街心公園裡，松鼠跳上竄下，活躍地接受行人餵給的核果。其中有一隻竟大膽地從我手中接過一顆杏核，近得能聽出杏核被咬裂的脆聲。

無需多餘的解釋，那裡的動物顯然很有安全感。城市化並不意味著絕對排斥田園風味，問題在於如何治理城市，如何教化居民，如何使人們懂得護心。其實，在北美的開發史上，也有過狂捕濫殺的時代，對野牛的滅絕性狩獵便是與屠殺印第安人的拓邊同時進行的。但是，這個國家向來善於在不斷的自我檢討和自我糾正中尋求發展，爭取健全。親眼目睹的景象證明，那裡的生態和心態已經得到了極大的改善。由此可見，中國目前的不良狀況並非不可救藥，至少，六冊《護生畫集》能在中國重新出版，並有大量的讀者購買，便顯示了情況有可能好轉的前景。

現在，我們可以對佛教的「眾生平等」作出新的現代闡釋了。佛教的「眾生平等」觀是同「眾生皆有佛性」聯繫在一起的。所以，在豐子愷後期創作的護生畫中，充滿了描繪動物也通人性的故事，所有的案例大都取材於古書上的異聞。如義犬救主、靈蛇送珠、烏鴉反哺等故事，幾乎毫無例外地用人與人之間的理想關係來理解動物與人，以及動物之間的關係，把人的道德觀念主觀地投射到動物世界中。護生畫本為一般的公眾創作，不可避免地帶有舊時勸善書的局限性，處處流露出對行善的許諾：被救護的動物一定會向救護的人報恩。人始終處於中心，居於主體，動物的形象在很大的程度上只是道德觀念的體現。護生於是或多或少地被表現為行善的手段，大有趨於為行善而行善之勢。正如豐子愷所說：「護生是護自己的心，並不是護動物。……護生實在是為人生，不是為動植物。」❹這些話主要是基於向世俗多開方便法門而說的，是為了爭取更多的人護生，但歸根結底，仍有分裂護生與護心的語病。而這一語病正表現了某種觀念上的不徹底性。從生命的本體來說，物與我、主體與環境本是互相依存的，因而護生與護心、生態與心態乃是一體不二的關係，將其分為主次兩個方面，必然導致其中一方的手段化。就這個意義而言，人只是萬物中的一員，而非其中心；人並沒有被賦予佔有其他生命的特權，他只是大千世界中芸芸眾生的鄰居。也許從進化論的角度講，我們可以指出生物的高級和低級之分，但就生命的終極意義講，每一個存在的個體都有其不可被他物所替代的價值。護生就是要維護這樣的存在，護心就是要樹立這樣的態度。這就是我所理解的「眾生平等」。

載自《當代》，一九九三年十一月

❹《護生畫集》第三集，頁七。

我和《齊瓦哥醫生》

世上恐怕很少有什麼聲音能像音樂那樣，一再重複而依然動聽，且能喚起遙遠的記憶。

聽著美國電影「齊瓦哥醫生」的主題音樂，我想起了自己的生活中一段與此相關的經歷。

一九五四年，小說《齊瓦哥醫生》首次在意大利出版，四年之後，作者帕斯捷爾納克獲諾貝爾文學獎。他因此被蘇聯當局開除出作家協會，書也受到了公開的批判。五〇年代的中國一切都跟「老大哥」跑，那裡視為反動的小說，自然在這裡也是毒草。社會主義國家總有這樣的怪事，很多書籍都是由於受到批判而出了大名。對一本書的批判反成了該書的廣告，使更多的讀者對它產生了好奇心。很早很早，我就對《齊瓦哥醫生》懷有類似的興趣。

一九六七年五月十二日，《人民日報》登了一篇批判文章，針對蘇聯當局不久前公開出版《齊瓦哥醫生》之事發表了評論。當時的情況已發生了很大的變化，此書在那裡剛開始被官方接受，這裡依然把它列為反動書籍。所以，那裡的鬆動便在這裡引起了指責。

那時正值文化革命搞得如火如荼，經過了多次抄家，我家的藏書只剩下《魯迅全集》和幾本俄文書。因為無事可幹，也無更多的書可讀，便入迷地搞起了俄文翻譯。偶然看到報上的那篇評論，提起筆來就用俄語給莫斯科大學寫了一封索取《齊瓦哥醫生》的短簡，匆匆跑到郵局發出。讀禁書的衝動使我鬼迷了心竅，當我還在盼望收到這本俄文小說的時候，羅網已經在背後張開。書還未寄來，人已關進了監獄。事情很明白，信早被人截獲，那上面的地址和姓名正好給前來抓我的人提供了準確的靶子。結果，我被以「妄圖與敵掛鉤」的罪名判了三年。十年之後，我才得到平反，甄別之後的結論是「熱愛蘇聯文學」。

僅僅為想讀一本書，竟付出了如此慘痛的代價，而那本書最終還未讀到。後來讀了柯切托夫的《你到底需要什麼?》，才知道七〇年代在蘇聯，《齊瓦哥醫生》仍然是一般的蘇聯公民不易搞到手的東西。據說，它在黑市上的售價高達四十盧布。由此可見，我當初的寫信索書之舉是何等的幼稚而糊塗！真可謂much ado about nothing。

一九八一年，我已初步具備了英文的閱讀能力，便從一個美國人手中借到了該書的英譯本，不久，有位友人又從香港寄來了中譯本，接著國內也開始大量出版。我擁有了不同版本的《齊瓦哥醫生》。多少年尋覓之物終於一旦到手，欣喜展玩之餘，不禁有世事蒼茫之感。可悲的是，一點點個人的精神需求常磨得你白了華髮才能如願以償，一個再平常不過的行動也會招致飛來的橫禍。

讀書之難難於上青天！

帕斯捷爾納克是傑出的俄羅斯詩人，他的小說也寫得很富有抒情意味。書中沒有戲劇性的衝突，沒有扣人心弦的懸念，因為作者並不想塑造什麼典型性格的人物，他只是向我們真實地再現了一群處在那個特殊歷史時期的人。他們被革命的洪流捲入了動亂的海洋，在風浪中掙扎，慌亂地尋求避風港，他們沉溺，又浮出，終於被完全淹沒。那是一個舊的世界正在崩潰，新的社會正在形成的痛苦年代，面對突然的巨變，資產階級驚慌失措，很多大學生在打倒沙皇時貢獻過熱情，但他們在新政權建立之後找不到自己在生活中的合適位置，很快便對革命失去了信心。他們不敢正視新生兒分娩時的血污，只有在災難蔓延的時刻一逃再逃。

一列諾亞方舟般的列車載著齊瓦哥醫生一家人去烏拉爾避難，在漫長的旅途中，齊瓦哥目睹了戰亂和饑饉造成的大地瘡痍：交通阻塞，食物短缺，村莊焚燒，強迫移民，革命的鎮壓和反革命的反撲。匪徒與良民混在一起，懲罰和濫殺沒有界線，到處都在追捕，都在審查，天地間確實布滿了羅網。小說的主人公活像驚弓之鳥，他躲藏起來，旋即暴露，逃脫，又復陷落，終於妻離子散，在埋名隱姓中度過了寂寞的晚年，無聲無息地倒斃在鬧市的大街上。

齊瓦哥醫生的形象有一定的自傳成份，他的悲劇體現了舊一代的知識分子在蘇維埃政權下的命運：他們不得不揹上那個並非判給某一個人的十字架，他們只能為時代並不憐惜的美好事物和珍貴感情唱一曲哀傷的輓歌。

評論界一致認為帕斯捷爾納克的詩篇尤長於愛情和俄羅斯大自然的題材，小說《齊瓦哥醫生》也顯示了詩人在這一方面的才華。齊瓦哥與拉拉的愛情是這部悲愴交響曲的主旋律，他們兩人的交往始於童年，後來風雲變幻，各有所屬。戰爭和動亂中斷了他們的任何聯繫，離異與丟失又使他們漂泊到異鄉邂逅相逢。一個特殊的歷史時期賦予人們處理婚姻和愛情的特殊方式：由於經歷了苦難，人們變得又無情又堅韌，他們也感染了時代的瘋狂，有時又放任自己沉溺於熱情。就這樣，兩個戀人在荒村的舊屋中對著爐火盡情地銷魂，一任群狼在風雪中悽嘷，把天塌地崩置之度外，簡直就像是要趕在他們的葬禮之前舉行婚禮……。

帕斯捷爾納克出身於帝俄時一個高級知識分子之家，早年遊學德國，長期從事翻譯歐洲古典作品的工作，因而是一個西方文化修養很深的蘇聯作家。他是站在西方自由主義的立場上看待蘇維埃政權的，對列寧主義的暴力革命論完全持否定的態度。正因為如此，該書一問世便受到官方的指責，也引起了廣大讀者的興趣。如今事過境遷，更有趣的書讀也讀不完，再翻閱這本厚書，竟然不勝沉悶、平淡之感。往事如煙，人生易老，只有那首主題音樂依然動聽而感人，每一次打開錄音機，我都從中聽到一個來自遙遠年代的回聲，很模糊，但總是很有力。

載自《明報月刊》，一九九四年十一月

淡漠中的繁榮

今日的中國社會，一切似乎都在發生戲劇性的變化。作家的頭銜已失去了原有的魅力，以精英自居者便開始抱怨書刊市場的疲軟和公眾趣味的低下。評論界於是同出版界聯合起來，人為地製造轟動效應，活像舉辦新產品展銷會，熱鬧一陣之後，便門庭冷落起來。

布景已在背後更換，一切在前臺繼續扮演舊角色的人一時間都產生了爽然若失的感覺。自悲之餘，也該冷靜地思考一下前前後後的情況了。

我們知道，空白的視野上出現任何景象都是引人注目的，經過幾十年的禁錮，公眾自然很容易對當時那種缺乏選擇的文化市場僅有的一些讀物投入過多的興趣。相對地說，八〇年代初的作者群也沒有形成當今這樣富於競爭的陣勢，一些作家之所以蜚聲於一時，在很大的程度上沾了得風氣之先的光。然而，當他們把當初的幸運全視為個人的本領，甚至在情況已經大變樣的今天依然守株待兔，自然就難免產生文運沒落之感，因而也就提出了所謂文學危機的話題。

必須指出，昔日的文學——無論是嚴肅文學還是通俗文學——一直都承擔了過多的功能：要作政治宣傳，要進行社會教化，要滿足人們的求知慾，同時也提供閱讀的消遣。總之，在那個文化生活遠比今日單調的年代，文學被賦予了過多的人們期待於它的東西。它的形象被抬得愈高，它被工具化的程度也愈甚，它對官方文化的依附也愈強。

如果說前些年的轟動效應與這種依附有密切的關係，那麼轟動效應的日漸喪失則可被視為政治文學失勢的象徵。文學正在擺脫依附的地位，因而也漸漸卸下了附加於其上的過多功能。這樣看來，公眾的淡漠態度毋寧是我們的文化事業正在走上正軌的一個徵兆。很多作家大概都曾憤慨於自己的依附地位，都一直在為寫作的自主而努力。遺憾的是，他們似乎很少意識到自己同時又寄生在那種依附關係上，自主的現實並不是單獨而完美地降臨的，它同時還惹來了很多困擾主體的麻煩。

我們日益迫切地感到，豐富多樣的文化生活正在使文學面臨挑戰和競爭。大眾傳媒佔據了大片的領地，從前讀書消遣的人如今進了歌舞廳；從前讀書滿足求知慾的人現在上了各種業餘學校；而大多數人乾脆坐在螢幕前，通過改編的電視劇了解他們不再有耐心去通讀的長篇小說。顯而易見，人們原先傾注在文學上的興趣和熱情目前已有不少分散到文化生活的其他方面。與其說文學本身發生了危機，不如說寄生在文學上的職業工作者感到了生存的危機。

我們吃驚地發現，不知從何時開始，所謂純文學一類的文學期刊已消失得無蹤無影，雨後春筍般冒出來的暢銷雜誌佔滿了所有陳列架。它們的封面十分花哨，版式也很別致，內容更是五花八門。這些讀物不只把更多的讀者和作者引向新開闢的園地，而且它們確實在一定的程度上鼓動了更多的普通讀者參與寫作的熱情。

文學正在變得不純，人們的閱讀興趣已遠遠超出了傳統的小說、詩歌、戲劇和散文，我們似乎很難再用舊有的文學分類概念來劃分文學與非文學的界線了。分散的文化熱點開始在混亂中重構新的文化格局，它勢不可擋地瓦解了舊日的依附關係。文學的身價看起來似乎降低了許多，但它同時也甩掉了很多包袱。通過委派的階層為公眾配給文化口糧的機制日趨萎縮，越來越多的人得到了表現自己的機會，社會允許每一個有興趣寫作的人發展其寫作的能力，寫作終將成為人們自我表現和同他人交流的一個普遍方式。你可以憑個人的努力選擇寫作為一種自由職業，但不會再有來自上帝的糖果保證任何一個前詩人的穩固地位了。

載自《文友》，一九九四年四月

當代中國佛教與佛學

自古以來，宗教在中國的勢力從來也沒有達到與政權分庭抗禮的地步，更沒有強大得足以左右政治。在缺乏宗教氣質的中國文化中，還沒有任何一種宗教曾擁有過廣大的民眾基礎。一般的情況是，只要有什麼宗教活動狂熱到被認為妖言惑眾的程度，它就會引起政治或道德的嫌疑，以致遭到當局的取締。帝王與官員的個人好惡在很大的程度上影響了各種宗教的存亡和興衰。像佛教這樣外來的宗教，自從它傳入東土，能在一個只重視俗世禮教的社會中站穩腳跟，廣泛傳播，以致同本土的儒、道融為一體，構成了傳統文化的一個主要組成部分，顯然與最高統治階層的扶持和提倡有很大的關係。除了唐武宗滅法那樣的反常現象，歷代帝王，不管他們對佛法信仰和了解的程度如何，可以說無不樂於做這樣或那樣的「功德」，即使那只是把弘法當作另一種形式的投資。儘管佛陀當年並沒有向眾生許諾功利色彩的彼岸或來世，但我們不能不承認，正是利用了中國人重功利的世俗心理，佛教才贏得了帝王、貴族的支持和布施，得以在這片完全異質的文化土壤上扎下了根。精神的不幸常常在於，它不得不寄生在多少有點歪曲了它的形式中。因此，自從佛教傳入中國，其日益嚴重的世俗化正是它本土化過程的必然趨勢。

但在一九四九年中華人民共和國成立以後，佛教和中國境內其他宗教面臨的形勢卻發生了根本的變化。中共政權本質上是反宗教的，佛教的物質存在形式——寺院、經像及僧尼——之所以還允許存在和受到保護，只是出於政策的考慮：如統戰的需要，對少數民族的信仰之照顧，還有利用國內佛教團體與日本及東南亞佛教國家建立友好關係等。另一方面則基於保護文物的原則，很多著名的寺院不過被視為同其他名勝古蹟一樣的供人參觀遊覽的地方加以維修和管理而已。佛教的存在或流於點綴，借以體現黨的宗教政策；或成為工具，通過它來加強政府在某些領域的影響。

與此同時，佛教還在有計劃的限制之下被迫接受社會主義的改造。黨領導一切的專制政體當然不容許任何團體獨立於黨的控制之外，因而寺院的一切活動開始受到了主管機構——宗教事務處的管轄。同時，還通過由黨牽頭組織的佛教協會，在佛教界內部安插下黨的代理人。設在北京的佛教學院名義上是僧尼深造佛學的地方，實際上它也是一個類似於幹部訓練班的機構：讓一批從僧尼中挑選出來的積極分子接受政策的教育，畢業後派往各大寺院擔任領導工作。寺院也被納入了行政管理，而寺院中掛銜的僧尼則成了官員化的出家人。在中國社會全面政治化的過程中，非宗教的和反宗教的因素就這樣逐步滲透到了寺院及其宗教活動中。

實際上寺院已在逐步被政府變相地沒收。一般的情況是，著名的大寺院均被闢為參觀遊覽的景點，其中有些也部分地成為宗教事務處或文管機構的所在地。本來是寺院主人的僧尼，日漸淪入寄居寺院的境地，從某種程度上說，他們只是一群填充寺院的人物，不過以其不同於俗人的外貌在遊覽者面前扮演著使寺院還像個寺院的角色而已。在那些分布在廣大農村地區的寺院中，本來都有自己的田產來維持僧尼的生活，但隨著合作化運動的高漲，出家人也被編入了生產隊形式的組織，他們實際上已經成了寺廟裡的社員。

我的祖父是陝西有名的居士，也是佛協的成員。記得在五、六〇年代我尚年幼的時候，我家常有和尚、居士來往，他們經常談到佛教界配合社會上的形勢，搞政治學習和階級鬥爭的事情。那些宗教事務處的幹部就像派到佛教界的工作組一樣，就是在他們的安排組織下，一些靠攏黨的佛教徒成了揭發者和批鬥者，而個別因忠於信仰、堅守修持而被認為不服從指揮的法師，幾乎無一幸免地在運動中受到打擊和迫害。我的祖父對佛學深有研究，不知是真的洗了腦，還是出於自我保護，使我驚訝的是，他常常援「馬」入佛，力圖從佛法中發現可以同馬克思主義哲學攀比的東西。然而就是如此歸順的態度，也沒有使他幸免於難。當他在佛教界的活動使當局覺得必須把他打倒時，他便被推上了在佛教界組織的批鬥會，而鬥爭他最激烈的，正是那些熱中在寺院裡爭權奪利的和尚。接著就是「文革」浩劫的降臨，韓愈早在唐代號召的「人其人，火其書，廬其居」，終於在千餘年之後被全面推行，我的祖父以及千千萬萬佛教徒在抄家、遊街的浪潮中死去。很多寺院都被單位或居民強佔。佛教在中國大陸已被推上了滅絕的邊沿。

從五〇年代到「文革」，在逐步限制和改造之下，佛教本已成為退縮在寺院中的存在，它很少或不能再對社會發生積極的影響。對這個反宗教的新社會來說，似乎只剩下了時間的問題，等到年齡日益衰老的一代信徒漸漸死去，佛教就會自行消亡。「文革」的風暴人為地加速了這一批人的死去。在激烈的階級鬥爭中，優亡劣存的規律似乎更為普遍。與相繼死去的老一代佛教徒相比，僧尼中更年輕的倖存者無論在修持上還是在學問上，都明顯地呈現出退化的現象。因為要在一個非宗教和反宗教的社會中生存下去，你在適應的同時，它也在內化你。當代中國的政治毒化已到了無孔不入的程度，一切倖存下來的舊事舊物無不在它的作用下發生變質：其潛在的積極作用被大量地消解，而某些固有的消極方面總是變本加厲地發展。在我的印象中，到了「文革」的後期，中國大陸的寺院生活基本上處於冬眠的狀態，能還俗的人都已紛紛還俗了。那樣的環境自然不可能再產生印光、太虛之類的大法師了。

寺院和僧尼只是弘揚佛法的核心，其存在的使命是對外界不斷產生積極的影響。五、六〇年代以降的中國佛教最大的危機在於，不僅那一核心在限制、封鎖和殘蝕之下趨於萎縮，而且整個的社會也被政治毒化得幾乎失去了向善的生機。在我的記憶中，五〇年代初期，不管基於什麼思想，人們普遍對神聖的事物都懷有敬畏之心，而經過多次的運動及反覆的政治宣傳之後，人心已無復敬畏。學校裡灌輸的馬克思主義教育首先把一切宗教簡單地等同於迷信，把信神貶之為愚昧，將其與代表了革命、進步、科學的世界觀對立起來。自然界純粹被解釋成一個被人征服的和供人利用的物質世界，而社會人群則被分為敵我兩大陣營。除了忠於黨和革命事業以外，一個人的存在不再有其他更高的價值，因此也不再有個人的心靈之問題。連一個最基本的、固有的善惡、是非之分也被一筆勾消。在大量的不甘被恥笑為封建腦袋瓜子的人的心目中，信教或參與任何宗教儀式的活動都是落伍的表現。「宗教是人民的鴉片」這句話被宣傳得深入人心，自然佛教也被說成是麻痺人民鬥志的封建思想，在任何公開的場所散佈佛教的言論都有被打成思想反動的危險。總之，佛教的精神完全被片面地曲解，幾代人都失去了對最基本的佛學知識了解和學習的機會。

很多在五〇年代還存在的民間佛教團體逐漸被強行取締，佛經的出版和流通陷於停頓，《弘化月刊》、《海潮音》等佛教刊物也相繼停刊，截至「文革」的前夕，大陸上只剩下一種佛教刊物：中國佛協的機關刊物——《現代佛學》。佛教與佛學的研究被官方的學術機構納入了馬克思主義統帥下的社會科學研究。佛教和佛學在很大的程序上都成了被批判的對象，各宗派的思想全被貶之為唯心主義，在有名的歷史家范文瀾的著作中，唐代的佛教完全被描繪成迷狂和欺騙。佛學研究和佛教的信仰完全分離：研究佛學的人不但不具備絲毫的信仰，甚至是站在反宗教的立場上發言，把佛學研究作為一種肅清其影響的工作。由於缺乏最起碼的佛學教育，致使大量低層次的佛教信徒分不清民間迷信與佛法的根本區別，在很多場合下，佛教已被弄得面目全非。

八〇年代初以來，在百廢俱興的局面下，佛教呈現了日漸復興的面貌。仍然是在落實宗教政策、保護文物和發展旅遊事業的多種因素下，大批的寺廟得到了重修和保護，僧尼也恢復了正常的寺院生活。對於出家人來說，昔日的政治壓力幾乎已不復存在，但在經濟大潮中滋長起來的種種不良風氣卻正在侵蝕佛門的淨土。我去過很多佛寺，我發現那些地方的和尚對他們靠佛寺得來的收入比對他們自己的修持更感興趣，改革開放使他們也自我改革開放了。王朔式的痞子精神遍及年輕的僧人之中。我多次看到，站在寺門口收門票或坐在大殿上為叩頭的善男信女敲鐘的和尚大模大樣地口叼煙卷。在西安終南山的敬業寺——中國佛教律宗的祖庭，竟然住著一群像電影「少林寺」那樣只練習打拳，從不念經的和尚。一九九二年的夏天我在那裡住過幾天，我的印象是，與其說他們在這裡出家，不如說是在這裡辦了一個武術訓練班。出家正在變成一種賺錢的職業，其中的一個和尚告訴我，等他攢夠了錢，就準備回家蓋房結婚。我去該寺的時候，該寺的住持剛從寺中潛逃，原來一個香港的施主給寺裡布施了數千港幣供修寺之用，住持竟挾款而去了。一九九三年和一九九四年，我兩度在中國佛協所在之地——北京的廣濟寺——的招待所住宿，兩度遇見了比俗人還俗的和尚同屋。一個是某大寺院的外交，專同各種有權勢的人物打交道，另一個來自富裕的福建，正在北京旅遊。有趣的是，他們都是煙鬼，而且都抽洋煙「萬寶路」。因為他們也像國內社會上常見的煙民那樣，每到自己抽煙時候便拿一根向我的懷裡拋扔過來，以示好意，因此我印象尤其深刻。最使我感到驚訝的是，他們不但沒有因自己當生人的面抽煙感到有失和尚的身份，反而有意顯示自己闊氣。

上述事實雖僅為我個人所見之一斑，然已足以說明今日大陸放辟邪侈之社會風氣影響的深廣了。寺院的重修和僧尼人數的增加固然是好事，是佛教在近年來迅速復甦的一個表現。但是，僧尼素質整體上的低下，則是值得注意的另一危機。僧尼依然寄生在他們的寺院裡，而沒有走向社會，沒有以任何主動的宣傳方式向日益高漲的物慾施加有益的影響。在現代社會中，如果出家人僅守候在寺院裡，僅以接待者的身分與前來參觀或燒香的俗人接觸，佛教的存在仍然是徒有其名的。

在寺院以外，由於全民對共產黨和社會主義失去了信心，轉而信仰各種宗教的人近十幾年來大量增加，向佛門尋求寄託的人數也大大超過了從前。但是，在形形色色的燒香拜佛、皈依法師的信徒中，仍然有大量的人懷抱著各自實惠的請求走向佛門，本來他們寄希望於共產黨，把請求的手伸向政府，大概是在求之不得，進而發現不可能求得時，才轉向了菩薩。在這類人的心目中，佛、菩薩大概同關帝、財神並沒有什麼本質的區別。賄賂之風遍及中國社會的各個角落，很多可憐的老百姓也帶著賄賂神的心理走進了廟門。正因為各有不同的所求，廣大的佛教信徒是分散的，自發的，缺乏組織的，至今似乎尚未形成像基督教會那樣的團體。信徒甘願把錢獻給自己親近的僧尼，卻不知把眾人的錢收集起來，辦基金會，組織弘法的社會活動。

中國大陸未來佛教的生力軍不在寺院，而在社會，因為多數的僧尼文化水平都很低，他們中有弱智者，有懶惰者，有失敗者和逃避某些責任者，其素質偏低的人數遠大於素質高者。傳統的寺院生活極大地束縛著他們，他們仍然是寺院的看守人。

在重估傳統文化的學術潮流中，佛教對中國文化的影響，特別是向現代人顯示了無窮魅力的禪，越來越受到一些學者的注意。近年來，出了很多佛教與中國文化的著作，與此同時，新版的佛經和有關佛學常識的通俗讀物也成了很暢銷的書籍。佛教曾被歪曲的形象正在通過剛剛開始的佛學啟蒙重新得到認識。在重重的危機中，我們依然能看到一線新的轉機：社會腐敗到極點的時候，佛法抬頭的機會也就到了。

當然，這不是從天上掉下來的拯救，而是國人的自救。不是對神的迷信，而是對自我作業的深刻檢討，是重新喚起慈悲之懷與愛的精神，是面對人類憂患的深刻覺悟。在今日的中國，必須把弘揚佛法從向寺院佈施轉向社會實踐活動：如保護生態環境，反對濫殺動物，開展素食運動，以及對暴力、迫害、不正義和侵犯人權之類的社會現象給予應有的譴責等。佛教從來都不是為金碧輝煌的寺廟，達官貴人的參拜，以及合唱團般的法會而存在的，因為它不是盛世和繁榮的點綴，而是對這個苦難世界的正視和消解。面對世紀末的深重危機，清醒的佛教徒應該再次調整佛教的方便法門，從功利的投資和一切徒具形式的宗教活動中解脫出來，為建立一個佛化的社會多做實事，像勇猛精進的羅漢和菩薩那樣去介入苦難，而不是僅僅滿足於在皈依中為個人求得什麼東西。不具備這樣一種自新的努力，恐怕中國的佛教也會同那個腐敗的社會一同腐敗下去。

曾宣讀於康州三一學院一次學術會議上，一九九四年十一月

理清傳統和現代銜接的脈絡

——余英時《中國知識分子論》編序

幾十年來的話語專制對我們常用的語彙造成了極大的政治污染，很多文言的或外來的詞句反覆經過革命的處理，逐漸都喪失其原有的正面涵義，最終衰變成僅用來劃分類型的標籤。比如像「知識分子」這樣常用的名詞，長期以來，由於它所指稱的人群或階層在政治上一直處於受壓挨批，動輒得咎的地位，該詞便與這類人身上被強加的弱點和屈辱聯繫在一起，以致包含了很多的貶義。指稱於是有了詛咒的作用，不光彩的名稱一旦規定了你的身份，你就被那扣上的帽子壓得抬不起頭來。話語專制就是如此地橫暴，你接受了它的指稱，便認同了它對你的規定，讓它內化了你。

只是在很久以前，我讀到了余英時論述知識分子的文章，才初次從中讀到了完全不同的解釋。他說，「知識分子」除了泛指教師、工程師、科學家、文學藝術工作者等知識技術專業人員以外，它在西方還有特殊的涵義，它更強調這些人超越其職業範圍的追求，如自由批評的精神，對人類基本價值的維護，「有勇氣在一切公共事務上運用理性」……這些話就像劃了一根火柴照亮了禁錮在「知識分子」一詞中的黑暗。孔子曰：「必也正名乎，名不正則言不順，言不順則事不成。」正名之意義大矣哉！在眾口鑠金的專制語境中，一個不同的聲音不但能產生解咒的作用（disenchantment），進而還能召喚出新的可能性來。在我看來，對於國內的讀者，余英時論述知識分子問題的文章中最值得注意的方面就是，他善於用現代的闡釋把傳統中有生命的成分導向今日中國文化的重建，並能自覺地在其專業的學術研究中盡量釋放出幾分啟蒙的光照。

凡是熟讀他的論著的人大概都會覺得，他的文風十分平易，你甚至看不出他幾十年來一直是在哈佛、耶魯和普林斯頓那樣一些洋理論和新方法叢生的學府裡執教。他在西方理論和方法的使用上確實十分節制，他是一個向來不喜歡在思想和學術上唱高調子的人。他自己說過，他做學問喜歡「大處著眼，小處著手」。這個「大處」就是「尋找傳統與現代銜接的內在理路」，是一種「通古今之變」的工作。當然沒有輕車熟路可走，不能只滿足於把中國思想安排在現成的西方理論之中，不能用比附或攀比的方式從傳統中硬套出現代的成分來。而「小處著手」則要求立足於中國傳統及其原始典籍所呈現的脈絡，從史學的觀點研究中國傳統的動態，去觀察它循著什麼具體途徑而變動，並盡可能地窮盡這些變動的歷史曲折。

比如在「士」的專題研究中，余先生便通過考察這一古代的知識階層在不同歷史階段的特殊面貌，向我們歷史地呈現了中國思想的獨特體系。其中最富有現代意義的揭示就是，強調了「士」

的理想典型在中國史上的具體表現。他承認「士」作為具體的「社會人」的身分，但揚棄了現代一般觀念中對「士」所持的社會屬性決定論，肯定了「士」的超越性。沒有這樣的超越，就談不上「德」對「位」的對抗和規定。「說大人，則藐之，勿視其巍巍然。」面對王位及其權勢，孟子的道德勇氣顯然是來自以「道」自任的信念。流行的觀念習慣把儒家的士大夫籠統地劃入封建統治階級的隊伍，余先生則從複雜的歷史現象中描述出「道統」與「政統」抗衡的趨勢，並以悲憤的史筆點染了「道」與「勢」較量的悲劇。如儒家的法家化如何助長了反智傳統的壯大，「曲學阿世」的俗儒如何加強了「君尊臣卑」的專制政體，兩千多年來，承擔社會良心的「道統」如何難以真正實行其道，而僅成為個別士人窮則獨善其身的追求。觀古而知今，「周因於殷禮，所損益，可知也。」思考古代儒士的命運，今日的中國知識分子不難認清自己的困境。

但是，反顧一百年來中國的文化變遷，余先生還十分尖銳地指出，今日中國知識分子的困境也同知識界中的思想混亂有關。從某種程度上說，正是知識界全面打倒傳統的激進思想激活了傳統中非理性的力量，使中國社會上原有的邊緣人物掌握了話語的專制；正是知識分子對政治變革抱了過多的期待，結果觸發了中國社會的全面政治化。這確實是一個沉痛的教訓。在去年發表的一篇英文論文中，余先生總結說：

在中國革命史上，真正的悲劇在於，總是思想激進的知識分子先傳播革命的種子，而收穫革命果實者卻毫無例外地屬於反知識分子的人物，只有他們懂得如何為抓權而操縱革命。於是對知識分子來說，革命的種子反成了使他們自身毀滅的禍種。（〈二十世紀中國的激進化〉）

相信讀了余先生這方面論著的人都會對中國社會及文化的現狀有所反省：在現代化上急於求成的狂熱，對激進思潮的情緒性響應，企圖通過政治變革來解決一切社會問題的舉措，請允許我在此借用一個佛教的術語，所有這些「作業」(karma)都在不斷地加劇我們的社會煩惱。不認清這一歷史的因果，我們就很難有效地改善當前的處境，無論是個人的處境還是國家民族的處境。

順便在這裡提出，作為一個專治中國思想史的學者，余先生還在他書寫的思想史上為一批過去並不受到重視的知識精英立下了學術與風範的列傳。我們知道，自古來惺惺惜惺惺。余先生本一偏愛淡泊之人，自然對於陳寅恪之類的「狷者」，他尤其懷有「讀其書，想見其為人」的求知興趣。他讚賞他們的文化守成主義精神，他還頗費心思地運用實證和闡釋相結合的方法，把他們的微言大義一一剔抉出來，讓我們看到，幾乎天下之人全在大勢所「驅」之下一齊說「是」的時候，還有人敢用微弱的聲音說「不」。這正是知識分子的精神。二十世紀的中國，否定的太多，破壞的太多，直到現在我們才發現，真正的建樹太少太少。應該允許更多的獨行特立之士固守他們自己的價值，遁世而無悔的不選擇也勝過浮躁地去湊熱鬧。基於這樣一種情懷，余先生有時還寫了一些揭露名流中曲學阿世者的文章。

縱觀余先生論述知識分子的文字，我以為，他的寫作和研究本身即構成了一個知識分子的行動。而正是基於上述的印象，今年夏天在北京與〈中國知識分子叢書〉的主編見面，他囑託我到了美國多為叢書組稿，我首先就想到了余英時先生。說來事情也算湊巧，等來到耶魯我才得知，余先生原來曾在這裡執教多年。不久，他當年的一位同事，也是我現在的同事，與我一起去了普林斯頓。我們在一間窗外長滿了綠竹的書屋裡和余英時夫婦無拘無束地談了一個下午，談中國的現狀，談古典詩詞，還談到了各自的研究計劃。離開那座樹林中的小白屋時，我心中留下了主人的幾分情誼，背上的包內還裝了不少余先生送給我的中英文新舊著作。現在，收到這本論集中的文章即選自我得到的那些書刊。讀者將會看到，從七〇年代直到不久以前，余先生討論知識分子和中國文化的主要論作，大體上都已囊括在內了。

載自《讀書》，一九九四年六月

情慾的力量

《紅杜鵑》(*Red Azalea*)是一本用淺顯的英文寫成的自敘作品，喜歡此書的歐美讀者也許會像讀一個少女的日記一樣，欣賞其敘事的單純和語言的儉樸；而凡是在毛的中國經歷過那一場歷史謬誤的人，我相信，當他們在作者閔安琪講述的故事中一再讀到那些中文句式的文革用語，大概都會對其中的反諷意味有或多或少的領會。

六〇、七〇年代的中國大陸，整個地是由惡夢和鬧劇構成的世界。除了歐威爾(Geroge Orwell)在《一九八四》一書中預言的那個反面烏托邦社會，人類歷史上還沒有任何一個政權像無產階級專政那樣，把政治控制擴張到使所有人都不復有私人生活的程度。歐威爾筆下的恐怖僅為機器對人的全面檢查和監視，只要被監控的人群中一旦建立了私人之間的「人」的關係，極權強加給他們的孤立便在無形中消解。然而，閔安琪從一懂事即步入的社會卻充滿了人對人的敵視，到處都是被挑唆起來的批判和揭發，背叛他人，切斷自己與他人之間的親密關係——從家庭關係直到朋友關係——於是就成了個人免受別人攻擊而不得不採取的生存方式。人們從此不敢再相信別人，同時也不敢再維持自己的獨特形象。為了把革命的火燒得更旺，所有人都或被迫或自願地視自己的生命為燃料，任其毫無價值地耗損。

勞動本來是勞動者為社會和自己創造物質財富的實踐活動，現在則由於革命的需要而被組織成一種生產鬥爭的形式，被從人們的經濟行為中分離出去，被編排成對勞動者的筋肉和精力進行殘忍折磨的偉大演出。勞動於是有了苦役的性質，它最終成了接受改造的人們在身體上自虐的宗教。譬如在「紅火農場」那樣的鹽鹼地上墾荒，是否能種成莊稼或打多少糧食已經不是首先考慮的問題，它更像是被建制為軍營或勞改隊那樣的機構，主要是用來容納從城市中撤退出來的知識青年，讓他們在與人奮鬥之後，再與天地奮鬥。這確實是一極大的諷刺，曾經在學校裡大造其反的革命小將，如今面臨的竟是一場自我改造的考驗。就是在這樣一種非人化的環境中，敘述者以第一人稱的口吻向我們講述了她的情慾歷險。

創造性的勞動，或者說創造了勞動成果和使勞動者得到了自我實現的勞動，乃是人性的活動。而苦役性質的勞動則是純粹的體力消耗，它使人降格為工具，退化到牲口的層次。由於革命已經否定了文明的種種成果，貧窮、卑賤和粗礪的生活境況所帶給人的不文明狀態反而被拔高成革命化的象徵。閔安琪告訴我們，她和她的墾荒戰友不但已被疲勞搞得對骯髒和儀表上的不體面習以為常，而且他們中的積極份子還刻意把不講衛生和不講究修飾捧為思想純潔的表現。生活現在已經嚴酷到不准女人表現出過多的女性特徵。於是，像小翠這樣依然要將自己固有的生活習慣維持下去的人——如喜歡在工餘之後口裡哼起小調，每天晚上把泥污的手指洗得乾乾淨淨，再把換洗的繡花內衣晾在床頭——便成了被批判的對象。愛美的追求，讓自己輕鬆一下的情趣，最終都與墮落和犯罪聯繫一起。有天夜裡，小翠同農場的一名男工在野外幽會，探清了情況的顏隊長帶領大家把他倆當場「捉姦」，男的被判強姦罪處死，小翠隨即發瘋，後來淹死在河裡。

我們這些在五〇、六〇年代成長起來的人，基本上都是在革命化的禁慾氛圍中形成自己的性觀念的。很多人都曾被革命的教育造就得十分無知，遂將人性中至為美好的東西視為邪惡。只是後來經歷了太多的失望和痛苦，知道了一些被暴露出來的事實，才逐漸認識到，共產黨人其實並沒有建立甚麼全新的道德理想。在性的問題上，他們最初也曾有過「一杯水主義」的開放態度，但後來為了政治的需要，才對革命隊伍內的男女關係有了嚴厲的管制。總的來說，他們始終把道德從屬於政治，並沒有為道德賦予獨立的價值。所以，整個社會對性的嚴格控制，可以說一直都是全面對人進行控制的一個組成部分。極權主義者深知，在人與人之間的所有關係中，性關係是最危險的。把性犯罪定性為反革命固然荒謬之極，但就極權主義的邏輯而言，它也自有它的道理。

小翠只是一個晴雯型的犧牲品，心雖好強，人實軟弱。《一九八四》一書中的茱麗亞則是一個自覺地用性來顛覆專制的女人，她公然揚言要以她的淫蕩與那個社會的全面封閉對著幹，結果她把驚弓之鳥一般的溫斯頓從無比的孤立中拉入了自己的懷抱，與他一起超過了界線，在專制強加給個人之間的鐵壁上戳了一個小洞。《紅杜鵑》一書的敘述者也頗有一點茱麗亞的刁鑽古怪，正是在小翠悲劇的導演者顏隊長感情最脆弱的時候，她同這位長相和作風均像男人的女戰士掛上了情慾的鉤。

顏本人也是一個不幸被那個時代扭曲的人物，一個被革命俘獲去的狼孩，女性的情懷被她扮演的角色死死地禁錮起來。只是在小翠受害而死之後，她才在若有所失中有了動搖，人性的需求才得以趁機抬頭：她有了暫時離開人群，去找一個幽僻之處清靜一下的衝動。怪不得極權的統治總是要在人與人的緊迫摩擦中製造每一個人的孤立，原來一個人一旦有了獨自而處的時候，他／她那被群體毒化的自我就會自動地得到了一定的解毒。顏背著人拉起了二胡，用音樂洗滌自己，同時也感召了偷聽的閔安琪。閔說：

> 我通過二胡感受到了她的真實的自我。我也被她喚醒。在一塊陌生的土地上，我面對著一個我至今尚不認識，卻如此驚喜地發現了的自我。（頁八七）

接下來的故事在今天看來也許有幾分荒唐和滑稽，但我們應該理解，是精神的極度貧乏把人對情愛和友誼的樸素渴求弄成了那麼可笑的樣子。顏在閔面前承認，她也像小翠那樣暗暗喜歡上了其他生產隊中的一個男子。她向閔談論他，又讓閔代筆給他寫信，通過分享關於一個異性對象的秘密，兩個同性開始相好起來。真不知道她倆是把談論一種異性戀的單相思當作引子，好在排演的當口兒轉入同性戀的關係，還是限於男女大防的嚴密，不得不在同性的懷抱裡尋求代償性的滿足。總之，對於一個所愛的對象的迫切需求，已使她們顧不上細究性別的選擇。由於不准公開地表達人與人之間在身體和語言上的親密，這一對突然陷入了同性戀情境的女人便如脫繮之馬，冒險在集體工棚的牀鋪上幹起了互相親吻撫摸的事情，而遮掩著她們的只是稀薄的蚊帳。諷刺的是，那蚊帳上由於被顏綴滿了毛主席像章，才較好地發揮了掩蔽的作用。後來發生的事情向我們證明，這一危險的關係之所以最終沒有敗露，完全是因為閔的情人身為生產隊的隊長和黨的支書。閔簡直弄不清她扮演的是什麼角色，到底是顏所想像的男人，還是她自己。趁機釋放的情慾把她們拖入了沉溺的滿足，她們不敢正視，也完全不懂得她們所作的事情。當閔問顏她們在幹什麼的時候，顏竟用一句毛主席的語錄來回答她的問題，說她們是「在戰爭中學習打仗」。

從今日美國的lesbian視角讀解閔和顏的情慾歷險，恐怕是會導致誤讀的。她們並不是為了逃避男人才廝磨在一起，而是由於生活的全面政治化把人壓迫到一種宣泄情慾的極端形式中以求吐一口悶氣。本來年輕人完全應該不分男女地友好交往、坦誠交談，如今這些正常的人際關係統統成了禁忌，人與人都成了一棵棵孤立在地面上的樹，只能在黑暗的地下讓各自的根鬚糾結在一起，情慾於是就噴出了焊接的火花。為維護意識形態的純潔性而一再防範的感染，如今居然在它最純潔的核心起了病灶。閔在讓自己身上的人性伸張起來的同時，也觸動了顏身上的人性。在那個青春過於荒涼的歲月裡，她們的結合畢竟開出了一朵慘淡的小花。

自敘的後半部把我們引入了卡夫卡(Franz Kafka)那樣的荒誕世界，從某種程度上說，它比卡夫卡筆下的審判和城堡更讓人驚心動魄，因為無論是上海電影廠內一群女演員的政治競爭，還是和平公園裡的窺淫癖社群，全都是真實發生的事情。想像出來的鬼並不可怕，真正可怕的是活鬼，是讓人像鬼一樣活著，或者說把人置於非人的狀態。閔安琪幸運地被選中去演江青主持的革命樣板電影，卻不幸在後來的角逐中被淘汰。又是在從集體中游離出來的時候，在情緒最消沉的情況下，閔同另一個黨領導掛上了情慾的鉤。那是在暗淡的休息室中，在兩個人都吸菸的時候，兩個菸頭發出的暗紅使他們對上了火。這一次她找到的情人是個男人，有趣的對比是，這位由北京最高當局派來的總監卻一副十足的女性模樣。是身分和地位撐起了他的首長的架子，只是在同閔的相處中，他才露出了他的病態和頹廢，以及政治上的異議。人與人的親密常會傾向於削弱他們對黨和領袖的忠誠，我想，這就是最高統治者一再在他的臣民間挑起鬥爭的主要原因。

極權已經使極權社會的全體成員中魔，連操縱政治控制的一群也對控制所產生的威力感到非常恐懼。總監不得不和閔溜到偏僻的公園裡幽會。中國的城市儘管很大，城裡的情侶唯一可去的地方卻只有公園，公園反而成了很擁擠的地方。常常是配上對的男女在路旁樹下情意纏綿，沒有人陪伴的單個份子則像遊魂一樣躲在樹叢後面，企圖從窺視別人的親暱中掠得一絲興奮。閔的記敘告訴我們，當她與總監在黑暗的樹影下依偎在一起的時候，他們確實看到了一些在暗處窺視的身影，他們能聽得出，伴隨著他們的親熱，背後的局外人竟不可遏制地發出了呻吟。那曾經是一個甚麼樣的世界，竟使天下的怨女曠夫孤苦伶仃至於斯極！連總監這樣的高幹黨員都不禁慨嘆：

> 他們奉獻給偉大舵手的熱情被出賣了。噢，多麼壯觀的場面！我希望我們最最偉大的領袖能目睹它。他會受到震動，只是他已經陽萎……。（頁二六三）

偉大領袖此時確實已經氣息奄奄，全中國人民在政治和性上所受的壓抑也到了忍無可忍的時候。隨著「四人幫」的倒台，閔所參加的革命樣板電影製作組草草散去，她的自敘也到此終止。中國的世事變化之快就像一盤不斷用來轉錄新曲的磁帶，社會的興奮點總是一齊趨向眼前的熱潮，而關於苦難和屈辱的記憶也自然像舊曲一樣被漸漸洗掉。在今日的中國，性不再是太少，而是太多太濫，對很多中國人來說，閔安琪所講的故事可能顯得古老而難以想像。但有一點必須指出，無產階級革命對人性的踐踏和對人與人之間一切美好東西的漠視所造成的惡果，並沒有得到徹底的清算。就情慾本身而言，其實無所謂好壞，倒不如把它理解為生命的一種動力。在比較健全的社會中，在社會對人的全面發展和個人的自由表達提供了更好的條件和更多的機會之情況下，情慾的滿足同人的自我實現的需求其實是一致的。相反，在人性遭到全面否定的情況下，人的基本慾求越被視為邪惡，它便越是被逼上危險的方向；人與人之間的關係越被扭曲，孤獨的個體便越容易使自己的慾求陷於生理和物質的層次上。今日國內到處受到譴責的「人慾橫流」現象固然有複雜的成因，但尋根究底，這一切都是幾十年來一直把人當靶子來加以打擊的結果。

在我曾插隊落戶的地方，村民有一句黑色幽默的話，叫「活鬼鬧世事」，這句話生動地描述了我在自己的國家走入人群時的感覺。

載自《二十一世紀》，一九九五年八月

長到了人面之上的面具

——關於「李志綏醫生回憶錄」的一封信

蘇煒：

這封信拖得太久，原來收到來信時提筆就寫出來的兩頁，已因擱置太久而再接不上茬，只得重新寫起。其實，我更喜歡讀和寫感受性的東西，今日的世界學問實在已經太多，真正缺少的正是個人對事物真切和獨特的感受。你把李書當作李醫生個人的自傳去讀的看法，我很同意。因為作者在這本書中呈現出來的不只是毛澤東這個土皇帝的嘴臉和某些人感興趣的「中冓之言」，我以為最感人的是，作者從頭到尾都寫入了他如何一步步陷入中南海這個現代宮廷而難以從中逃脫的御醫生涯。這簡直是一種不幸的宿命：他的祖上曾世代在滿清的宮中行醫，其中一位臨終前還特別吩咐：不要讓後代再作御醫。然而學了西醫又遠在澳洲的李志綏最終還是步上了祖先的老路。與「一組」其他人相比，李醫生的「出身問題」最多，但也許是身為前清御醫的後代，毛澤東才特意把他選到了自己身邊。毛就是這樣的人：他最反對和不許別人去做的事情，恰恰是他獨自最愛做的事情。他整天號召全黨全軍全民去抓階級敵人，他其實就是黨內頭號的階級敵人；他一面在公開的場合大唱革命高調，一面則在私下裡四處散布從舊書和農民口中學來的黑話。我們完全有理由認為，既然毛常常有以帝王自居的意思，他就有可能相信，用一個當年皇廷御醫的後代做他的私人醫生，對他的「龍體」肯定會大有好處。

李醫生在中南海的二十多年，過的是一種為各種無聊瑣事把自己的生命一點點耗竭的生活，他和其他侍從實際上在為毛的一個一個奇思怪想或者江青的古怪脾氣而奔走忙碌，但名義上卻被認為在從事崇高的革命事業，包括葉子龍、康生等人為毛拉皮條，都可以說是為黨服務。李醫生告訴我們，毛在提到自己時，常常不說「我」，而是「黨」。「黨」成了千千萬萬大小黨棍自己的冠冕或人稱代詞。因此，李醫生被耗竭的一生是有典型意義的：從李醫生跟隨毛的一生也可以聯想到很多對共產黨及其革命事業滿懷熱情的知識分子，他們起先真誠地參加革命工作，到頭來才發現自己是在為各級黨棍的長官意志作奴僕的服務。我也同你一樣感到一種苦澀的荒誕，一種欲哭無淚的悲慨。如果你面對的是異族的壓迫，是公然的暴政，你還有挺起胸反抗的衝勁；現在你面對著自稱是為人民辦事的政府，而且它也確實為人民辦過一些好事，但卻經常地偏偏是在想為人民辦好事時竟幹盡了壞事。你有時很難對那些迫害者中的某個具體的人產生仇恨，你只能對他們普遍的無知感到驚訝。一個憑著革命建立的政權不得不在繼續革命中維持它的存在，它試圖把革命注射到歷史的進程中，於是製造了中國特有的錯位現象：讓一群毫無現代專業知識技能的人憑著革命的資本佔據了大大小小的位置，無知反而成了革命的本質，一切現代精神全被打成了反動和反革命。正直的中國知識分子一直都在同這種無知作鬥爭，可惜他們總是被煞不住車的狂熱推向卡桑德拉大橋。

毛常常喜歡說：「徹底的唯物主義者是無所畏懼的。」這句話確實表現了他的「無法無天」的一面，也就是你說的「不信邪」的一面。但是，毛這位唯物主義者其實比誰都唯心，他最畏懼的就是事實和真相。可以說，共產政府的整個運作之一大部分，都用在掩蓋真相之上，特別是有關黨和革命事業的真相。眾所周知，毛受盡了史達林的壓制，按理說他最痛恨史達林，赫魯雪夫掀起反史達林運動，毛何樂而不為。他之所以一再抵制對史達林的批判，顯然是出於投鼠忌器的考慮，隱他人之惡，目的在於護己之短，在於自保。我們自然不難由毛對史達林的態度，推斷出鄧小平以及文革浩劫中倖存的中共大小幹部對毛的態度。他們並不是毛的忠臣，只不過出於自保的策略，絕對不許觸動毛這個死扣在中共政權大醬缸上的蓋子罷了。

李銀橋曾說：「毛一方面想發現真相，但另一方面又不能容忍任何對他將講真話的人。」在我看來，毛所欲發現的真相很少是他自己所說的「實事求是」，而是一個擁有最高權力者時時處處想窺見或抓到周圍的人隱瞞起來的事情。權力使這位唯物主義者變得格外膽小，他害怕自己被蒙在鼓裡，不相信任何人，疑心人人都在背後搞陰謀，甚至擔心有人隨時隨地暗害他。現在可以看出，使毛最感苦惱的事情是他自身的安全、權力和地位的穩固是否會受到威脅，所謂要弄清真相，就是要確定，他的實際處境和影響是不是如同他希望的或表面上顯得的那樣。這就是他每一次見到李醫生或其他「一組」成員時，總喜歡問「有什麼新聞沒有？」的原因。他想使自己處於全知全能的位置，他想把自己變成竊聽器、潛望鏡和雷達，他想通過不斷地獲取情報和侵入別人的隱私來控制一切，他想從僕役和侍臣對他的忠心之表示中得到一種虛幻的安全感。然而，他越是怕自己受蒙蔽，就越是懷疑別人在蒙蔽自己，於是，他成了個自討煩惱的人。他癡心地希望把他躺在那張大木床上「浮想聯翩」的事情變成現實，並相信他和他的革命群眾一定能使之成為現實，但又擔心下邊報上來的好消息有太多的水分，於是就不斷地派人下去調查，同時自己頻頻出遊。他對他的警衛說：「我不管到哪裡，他們都已做好了準備，我看不到真相。」(Hannison E. Salisbury: *The New Emperors: China in the Ara of Mao and Deng*, Avon Book, 1992, p. 79) 一個把自己當做上帝，希望說「要光」就有了光的人，其實是不願意面對和他的意志相反的現實的，為了把他的奇思怪想強加給全黨和全民，他有時會荒唐到寧可去穿皇帝的新衣的程度。他確實把中國大地當做舞台，讓黨的幹部和人民按他的意圖大搞「與天鬥、與地鬥、與人鬥」的鬧劇。為了投其所好，王任重之流竟然在毛專列經過的田野上排練起了大躍進的活人畫：

> 我聽田家英講，在鐵路沿線這麼搞，是給主席看的，省委讓鐵路沿線各縣，將周圍幾十里的人，聚在鐵路兩邊，連夜趕造土高爐。讓婦女穿紅著綠下到田裡。在湖北，王任重讓主

> 席看的那畝稻田，是將別處十幾畝的稻子連根擠插在這一畝裡。所以王任重說，可以站上去幾個人，都倒不了。一根擠一根，擠得緊緊的，怎麼倒得了。王還吹，農民會想辦法，為了讓稻子通風，在田埂上裝了電扇，吹風。整個中國變成了一個大戲台。主席還真相信這一套。(《回憶錄》，頁二七六)

上有所好，下必甚焉，全中國的浮誇風和弄虛作假，總根子就在毛的身上，正是他相信現實會按照他的空想改變自己面貌的專橫，迫使中國人民把他們自己的生活偽裝成他所需要的樣子，以致使假象變成了真實，真相反而成了必須被否認的東西。面具不但遮蓋了人面，甚至長到了人面之上，假已經把真完全吞沒。從李醫生的回憶錄可以看出，毛不是不知道真情，他知道人民在餓肚子，知道到處在餓死人，知道彭德懷說的句句是真話，但他不願意承認自己犯了錯誤，他不敢承擔罪責，面對事實，就會丟掉寶座，失去權力，因此，為了保住自己，便只有動員全黨撒謊，而把敢於說真話的人全部打倒。

可悲的是，毛將天下的真相全部掩蓋起來的同時，他也失去了他的自我的真實感，從他在某一清醒時分寫給江青的一封信中可以看出，他已不安地感到他的被塑造出來的形象同他真實自我的分離。林彪把他吹過了頭，他心裡其實喜歡其中的某些東西，他的不安並非出於道德上的謙遜，而是擔心由此產生的危險。他害怕他的形象一旦與他的自我脫離，成了別人祭起來的旗幟，會成為天下的利器。他是只許自己放火，不許他人點燈的。他並不慚愧別人戴給他的高帽子，他甚至樂於在自己的光輝形象下大說黑話，但他不願讓別人利用他的形象為他們的目的服務，只是出於這種擔心，他才變得暫時清醒，產生了名實不符的不安。然而他的形象終於還是被他全都瞧不起的革命同志盡可能地利用了，連他的屍體都被做成標本，橫陳在天安門廣場上充當鎮國的寶符。身死已經非常可悲，身死之後屍體還得按照製造假象的要求被處理成供人瞻仰的樣子，這是何等的荒誕：一個人的肌膚骨骸也被用作材料，來製造異化於他自己的假象。

現在，假的變成了真的，一旦真相被揭露出來，中國那些被愚弄多年的人們還憤憤不平，出來為維護他們習慣的假象辯護。最近，一位國內舊友到美國出差，和幾位同事一起來看我，不期然談到李醫生這本書。讓我吃驚的是，他們一直在大罵李志綏，認為書中所寫的未必符合事實。他們的出發點並不是出於黨史研究者的求真辨偽，而是拿他們已經接受的毛澤東形象來核對書中的事實。因為李書寫了太多令人難以置信的事情，所以，他們便認為都是不可信的。他們甚至並不否定毛給中國老百姓製造的政治災難，他們感到氣憤的是，李醫生揭露了毛的隱私，在他們看來，即使毛澤東今天已走下了神壇，但作為一個偉人，他的隱私也是不容觸及的。他們竟然把李醫生這部用幾十年被耗竭的生命、血淚、經驗凝聚而成的大書，誣為「黃色書籍」，他們用自己的商人頭腦來揣測李醫生寫這本書的動機，說他為了賺錢，為了迎合西方讀者的趣味，故意寫了那麼多宮闈秘辛，指責作者為什麼不寫寫自己給毛當醫生的時候是如何的春風得意，當年也同樣有過葉子龍之流那樣「逢君之惡」的歷史，只不過到了美國就改換腔調，把自己寫得那麼清醒而一塵不染，等等等等。

我沒有同他們辯論，只覺得聞到了一股穢氣，心裡著實為我們的某些同胞悲哀。每個民族都有它應得的政府，我想，毛澤東的不喜歡正視真相，大概與我們的民眾普遍樂於「欺」和「瞞」有關（魯迅早就精闢地談過這個問題）。我根本不相信他們是真誠地愛戴偉大領袖，像天主教徒抗議影片「基督的最後誘惑」那樣出於義憤。不是從中國的生活環境裡過來的人，很難看破這種對李書的攻訐背後的鄙劣用心。毛固然在中國的聲譽早已低落，但在老百姓的心目中，他畢竟是「先帝」，即使他作威作福、荒淫無道，他也有他縱恣的地位和權力。而一個醫生，被人們視為侍奉君主的奴僕是沒有權利說三道四的。「僕人眼中無英雄」，被揭發的主人惡德已經成了另一回事，現在最不能容忍的乃是僕人多了嘴。奴性十足的公眾不許僕人身分的人說話，他們不問三七二十一，只要是僕人說出來的，他們就無緣無故地反感。他們似乎滿足於用指責別人的缺德，來餵養自己的偽正義感。

我想起了近幾年來的毛澤東熱和宮闈題材熱。我不知道你是否想過，中國的文人和民眾對帝王有一種奇怪的態度，他們自然不喜歡經歷帝王的暴政，但在事過境遷之後，他們卻津津樂道於先朝遺事。他們喜歡沿用通俗的傳奇模式，把帝王的縱恣再現為頗令世人懷舊的趣事。現在「宮廷」、「皇家」這些以往被批臭了的字眼又恢復了魅力，成了商標和廣告突出的形象。在各朝帝王及其臣妾紛紛粉墨登場的宮闈題材熱中，毛澤東也成了許多傳記作品的主人公。他雖然走下了先前的神壇，但卻借屍還魂，被「隱惡揚善」的傳記作者改裝成一個有人格魅力和極富人情味的人物。「白頭宮女在，閑坐說玄宗」。一個以大量的日常逸事日益使中國公眾感到親切有趣的「先帝」形象，就這樣漸漸從他的歷史罪責中淡出，開始贏得了老百姓的同情和原諒。他們向來對過去的苦難很健忘，當他們對現狀表現出草民的瑣碎不滿時，就自然地把熱切的目光投向了過去——毛澤東時代。毛在「游泳池」、「春藕齋」、「毛專列」以及各種離宮經歷的一幕幕場景，就在這樣的公眾期待下被描繪成先朝的盛事，難怪有人對李醫生的「大書」怒不可抑，因為他們覺得它給他們喜聞樂見的佳話抹了黑。

今天是週末，剛剛下了一場大雪。我終於有時間坐下來給你寫了這麼多我想說的話。

正果

載自《民主中國》，一九九五年九月

蒼茫的感悟

余秋雨的新作《山居筆記》最近出版了，喜歡《文化苦旅》的讀者若有緣打開這本收入了十一篇隨筆的續集，想必都會再次入迷地翻閱下去。余秋雨還在天南地北地暢談，撫今追昔地漫談，只是如今他與讀者越談越深，正在展開的話題已觸及我們的文化癥結和歷史傷痕，因而讀來恐怕就會有些沉重。

但就我個人的趣味而言，還是更愛聽人傾吐「深埋心底的苦楚」。特別像余秋雨這樣總是能夠心平氣和地去洞燭幽眇的作家，他筆下的深刻從來都不讓人覺得偏激或片面。對於我們這些早已把從官修的教科書上學到的歷史教條退還給大考小考的普通讀者，他的新型詠史懷古隨想錄不但令人大開文史知識的眼界，而且處處都給人以「一切歷史都是現代史」的感悟。

新書中的多數篇章都讓我聯想到一首懷古詩的構思：那是從某一具有歷史意蘊的建築或土地上抽出有所感觸的頭緒，然後把得自考察和閱讀的資料一層層編織進去，從而構成一個古今、時空以及自我與民族命運交融的敘事世界，讓我們在對那些古老的遺恨感慨一番之後，怦然地省察到從背後投到腳下的陰影。譬如，他在避暑山莊裡琢磨康乾盛世的景象，為我們拈出了幾縷觀盛知衰的信息。再如，他走訪了清代的流放地寧古塔、渤海國都城的遺址和太谷縣境內昔日錢莊的建築群落，從可怕的株連談到了中國官府古今一例的殘忍，從中國城市的脆弱性談到了鄉村勢力對城市文明的持續威脅，從晉商的崛起和衰落談到在板結的華夏大地上孤立地發展自由貿易是多麼艱難。

不過，余秋雨畢竟是一個具有現代意識的人文知識分子，他當然不會像古代的文人那樣一味弔古傷今，慨歎無常，他更注重在深廣的幽暗背景上突現飲恨吞聲者曾閃現過的光輝蹤跡，更強調主流文化之外的普通人如何在返回生活常態的持續努力中為我們的歷史注入了活力，為後世留下了他們的文化人格。譬如，流放者在苦難中培養起來的友情，讀書人在書院內砥礪的志氣，海南島在中原的王道霸術勢力圈外蓄積的女性文明和家園文明，一經余文中那些連珠妙語的點撥，便都在我們看了太多黑暗的眼睛前，匯為遠方燈火般的亮點。

對於小人勢力的文化清算則是新書的另一個重點。自從孔夫子力辨君子小人之分以來，君子道消，小人道長，可以說始終都是中國歷史的總趨勢。面對蘇東坡一貶再貶的宦海浮沉，朱熹、張栻創建書院經歷的風波，嵇康被送上刑場的過程，以及費無忌之類大行其道的無數事實，你不得不否認達爾文理論的普遍性，因為在中國你經歷的總是劣存優亡。然而，余秋雨並沒有再發書生意氣的議論，他不再從道德義憤上譴責小人的個體，而是從「一種體制性的需要」剖析了小人群體的生成，特別還強調了我們每一個人的意識中潛在的小人因素。

余秋雨在這十一篇隨筆中鋪陳的民族「恨賦」，總的來說，千恨萬錯都可歸咎於以專制政體為核心的總體制。這一恨史已延續了幾千年，它現在似乎已到盡頭，但還未徹底終結。因此，讀完了本書最末一行關於注意小人的告誡，我在感悟之餘，又不勝獨立蒼茫的迷惘。我祝願，讓余書中呼喚的生活常態盡可能多地回到我們的現實中來。

載自《明報月刊》，一九九五年十月

哲人之間的是非和私情

又到了新英格蘭大地層林盡染的時候，耶魯大學出版社的秋季新書也像斑斕的秋葉一樣豐富多彩。我只從太多的陳列品中選了最薄的一本：《阿連特和海德格爾》。之所以選擇這本書，首先是因為海德格爾這個熟悉的名字引起了我的興趣和好奇。說句老實話，對於海德格爾的哲學著作，前些年也曾在國內思想熱潮的感染下翻檢過個別的中譯，無奈自己的頭腦內太缺乏哲思的細胞和褶皺，心血來潮的鑽研最終都在「親在」、「此在」之類高低欄一樣叢生的用語絆磕下半途而廢了。因此，現在我對這本有關海德格爾的傳記作品產生興趣和好奇，的確很難說是讀其書，想見其為人；以下的漫談，就算作知其名，是以論其事吧。

至於另一個名叫阿連特(Hannah Arendt)的人物，在國內很少聽誰提起，但在美國的學術界，據說她有一定的知名度。她是一個德國出生的猶太人，在德國的反猶恐怖年代逃出了歐洲，最後在世界的公共避難所美國定居下來，取得了她在學術上的成就。在她的生前和死後，人們只知道她是卓越的哲學家，一個富有洞察力的學者，素以獨立和自信著稱的女性。只是在這本首次披露了她和海德格爾之間五十年感情糾纏的史料性著作中，我們才窺見了她痴情的一面，她身為女人的脆弱、破碎之處。同時，透過她和海德格爾五十年來的男女恩怨，本書的作者也向我們大量地揭示了海德格爾這位睥睨俗世的「思者」身上十分鄙俗的一面。

他們是一九二四年在馬爾堡大學相遇的。她只有十八歲，在海德格爾的哲學班上讀書。她的老師三十五，已經是使君自有婦了。她天真而孤單，需要精神和情感上的依靠，又多了幾分思想的激情，自然很容易在崇拜的衝動中產生某種獻身的傾向。而正好她的老師是一個教學魔術家，他既善於用自己思想上的魅力抓住學生的興趣，又有意同他們保持一定的距離，使他們對他產生瞻之在前，忽焉在後的感覺。就是在這種散布著知識咒符的氛圍中，海德格爾發現了他的年輕的女學生。於是，他在他的辦公室召見了她，把一封暗示了他的慾望的信親手交給了學生，從此開始了他們的交往。他是一個「思者」，孤獨是他做哲學深思必不可少的條件，當孤獨使他感到沉重的時候，他便需求一個傾聽他談話的人。他把他在課堂上對談話的控制權延續到他們的約會中，而她也樂得像吃小灶一樣在同他的促膝交談中補上某種特殊的課程。師生間的關係發展得很快，幾個星期之後，就從親密的交談過渡到肉體的接觸。就老師所安排的步驟來看，顯然有幾分勾引，但對不必哄騙的學生來說，那毋寧是一種恩寵。

海德格爾當時正在寫作他的《存在與時間》。

「思者」並不總是與他製造的思想同一的，在非思的狀態下他同樣處於常人的存在中。思想是在口頭和筆下形成的，它並不排除男老師對女學生的男人的需求。那是二〇年代的德國，教授和學生之間的關係還是嚴格的師徒關係，阿連特並不懂得今日美國女孩子動輒指控的「性騷擾」。對於老師專斷的肉體要求，她總是百依百順。男女私情的模式多種多樣，不同的情侶總是在從一開始他們就陷入的情境中套上了他們應得的模式，從此一直被框範下去。在相愛者的關係中，愛只是一種時強時弱的願望，具體產生制約力的因素主要源於兩個人相遇時的處境。各自的需求正好構成了相互的共謀，即使是在局外人看來很不平等的關係，也是互有補償的。

性關係往往是映現人格的一面好鏡子。在阿連特與海德格爾的交往中，鏡子總是照出老師「狐狸」（阿連特戲稱海德格爾為狐狸）的一面。她發現他和其他的哲學教授們都很講究實惠，對工資、職稱和種種利益都斤斤計較，十分看重。特別使她震驚的是，堂堂的教授在男女私情上比她這樣的女學生還要膽怯。女孩子戀愛起來常有一股子豁出去的痴勁，有身分有家室的男人可沒有那麼大膽。海德格爾只滿足於偷情，他總是根據他的需要來決定他們的幽會，阿連特甚至覺得他對她的愛僅僅基於肉體的吸引，而她對他的愛卻是身心雙關的。一年多以後，為了讓他們的關係細水長流下去，海德格爾不得不讓阿連特轉學到海德堡跟雅斯貝斯(Karl Jaspers)學習哲學。出於安全的考慮，他不准她給他寫信，他更滿意在另一個城市同她約會。一九二八年，海德格爾單方面向阿連特提出了終止他們交往的要求。這一年他的地位已有了顯著的變化：《存在與時間》正式出版，拿到了正教授的頭銜，接替了他的老師胡塞爾在弗萊堡大學空出來的講席。他顯然不再想讓兒女私情妨害自己的前程了。

次年，阿連特結婚。後來，她同她的第二任丈夫逃到了美國。她並不知道，早在他們猶太人受迫害之前，海德格爾已經讀了希特勒《我的奮鬥》，並成為一個積極的反猶分子。他曾在一九二九年十月上書教育部，大聲疾呼，敦促當局警惕方興未艾的猶太文化。這封信直到一九八九年才被發現，阿連特終其一生都不知道這件事情。我們甚至可以說，海德格爾決定同阿連特終止交往，也是由他的政治選擇決定的。他很快就參加了國家社會黨，在納粹掌權期間一直是弗萊堡大學的校長。

《阿連特和海德格爾》是一本以這對情人和其他當事人的未發表信件為依據寫成的傳記讀物，作者埃廷格(Elzbieta Ettinger)基本上採取了讓史料自己說話的敘事策略，斷續的引文以無可置疑的證明為我們再現了海德格爾生前被隱瞞的事實。被揭發出來的海氏劣跡使我們很容易聯想到反右、「文革」期間我們某些尊嚴的學者教授們的惡行。那同樣是一個狂熱、出賣和踏著別人的肩膀向上爬的時代，身為校長的海德格爾固然幹了一些只是按照上級的指令執行政策的事情，但這一點並不足以構成開脫他罪責的理由。因為他在骨子裡是一個仇視猶太人和自由民主人士的教授。在公開的場合，他為他的老師胡塞爾大唱讚歌，說他創造了新的哲學和新的思維方法，使西方哲學為之整個改觀。但在私下他卻寫信對雅斯貝斯說：胡塞爾「一生獻身於『創立現象學』的使命，但誰也弄不清那玩意究竟是什麼東西。」（頁四七）後來他當了校長，因為胡塞爾是猶太人，他親自下令禁止他走上講台。阿連特稱他是胡塞爾致死的「潛在凶手」。他拒絕出席胡塞爾的葬禮，為了避嫌疑，甚至沒有向胡塞爾夫人慰唁。雅斯貝斯至死都對海德格爾耿耿於懷，因為在他的猶太妻子備受迫害期間，海德格爾基本上持幸災樂禍的態度；對於受到牽連的雅斯貝斯，海德格爾也一直是冷眼旁觀的。大學者韋伯的妻子向雅斯貝斯出示過一封海德格爾告密信的副本，從她揭發的事情可以看出，海德格爾不但對朋友、同事「落陷阱，不以引手救」，而且有時「反擠之，又下石焉」。他指控他的學生鮑姆加登(Eduard Baumgarten)有自由民主思想的傾向，告發哲學教授穆勒 (Max Mueller) 對納粹持反對態度，而且向當局建議把後來的諾貝爾化學獎獲得者斯圖丁格(Hermann Staudinger)開除公職。連當局都比海德格爾仁慈，由於懾於輿論，當局最終還是保留了斯圖丁格的職位。

在戰後的德國，海德格爾的處境十分潦倒，他曾一度被解除教職，被禁止講演、發表作品和出國訪問，他的名字成了學界的恥辱，他甚至終日惶惶不安，擔心俄國人及其追隨者要他的老命。他的住宅曾被佔領軍一度徵用，兩個兒子關押在蘇聯的戰俘營中，只靠著一點可憐的津貼生活。他為自己洗刷罪責，但沒有人相信他，包括雅斯貝斯在內，從前的很多學者都不再同他來往。正是在他晚景淒涼的時候，阿連特於一九五一年來到德國訪問。

此時阿連特已在哲學界初露頭角，在她逃命流亡的年月，海德格爾紅得發紫，如今他聲名狼藉，她覺得他特別需要她的幫助。她看望了她的老師，中斷了多年的舊情又再次掛上了勾。人生易老，現在對阿連特來說，性的吸引已經不是多麼重要的事情，甚至是可有可無的事情了。正如埃廷格所說，「重要的是她以為她在他的生活中扮演的特殊角色，她堅信他不可能同任何他人分享的精神聯繫。」（頁八七）在一篇討論阿連特為什麼還會依舊愛戴海德格爾的書評中，作者把它歸咎於阿連特對天才的盲目崇拜和愚蠢的迷戀。（見《紐約時報書評》九月二十四日）我以為這種說法把問題簡單化了。埃廷格說得很明白：「她深信只有她一個人理解他的內心，只有她有力量給他生命力，她是他的繆斯和能源。他需要她甚於需要任何人。」（頁七七）其實，愛從來都不是一種單純的感情，它融匯了種種複雜的野心。阿連特曾稱海德格爾為「思想帝國的無冕之王」。做這位無冕之王的救贖者和成全者，自然是一個很有價值的自我實現。愛也是一種權力，一種滿足。她要由她來解釋他的處境，她滿足於感受他對她的需要。這正是她的需要。

因此，當雅斯貝斯等人一再指責海德格爾附逆納粹的時候，阿連特竭力為他開脫，但她反覆陳述的理由卻是，他的失足是受了他的太太的拖累。阿連特一心要把夫婦二人的罪過一股腦推到海德格爾夫人一個人頭上，她總是把他們的婚姻想像成導致海德格爾政治失節的災難，並且試圖使別人相信這一點。顯而易見，她在寬恕海德格爾的問題上所做的一切，在一定的程度上是對他妻子的一種打擊。男女之間的愛常有著它陰暗的一面，有些女人就是喜歡把自己喜歡的男人所犯的錯誤歸罪於他身邊的其他女人。海德格爾夫人固然是一個狂熱的納粹分子，她確實對她丈夫的所作所為起過推波助瀾的作用，但海德格爾豈是一任女人支配之人！其實在追隨希特勒的問題上，他們自始至終都是臭味相投的一對。阿連特恰恰忽視了一個她不願意看到的事實：共同的政治立場和精神信仰構成了他們結合的堅實基礎，夫婦倆在他們得意和失意的長期相處中一直都是互相扶助的。諷刺的是，真正在海德格爾的生活中扮演特殊角色的恰恰是海德格爾夫人，而非自以為是的阿連特。平庸的夫婦關係就是這樣以其平庸的牢不可破使可歌可泣的戀情受到了爽然自失的挑戰。就海德格爾夫婦的關係本身而言，海德格爾夫人其實是一個能幹而體貼的好妻子，當阿連特想像孤獨的老人為世所棄，在那個罪惡的女人手中受苦受難時，其實正是他們老夫妻在逆境下相濡以沫的時候。沒有海德格爾夫人的樂觀和照顧，也許我們都看不到海德格爾的晚期著作了。

不管怎麼說，海德格爾在五〇年代初被廢置的期間的確是需要阿連特幫助的。他很孤立，除了他忠實的弟弟，他在德國沒有一個朋友。是在他與阿連特重敘舊情之後，阿連特在德國之外為他開闢了一個新的世界。在一九五〇年之前，阿連特還強烈反對出版海德格爾的著作，但在此後，她卻成了他在美國不要報酬的代理人：接洽出版商，擬訂合同，選擇譯者。可以說，海德格爾的哲學思想五〇年代以後能在英語世界廣泛傳播，以致風靡一時，在很大的程度上應歸功於阿連特的積極評介。在這一方面，阿連特的丈夫，明達而大度的布洛赫(Heinrich Bluecher)一直起著有益的作用。他把她的努力視為對哲學的貢獻，而非糾纏舊情。所以他鼓勵他的妻子為哲學而站在海德格爾那一方面。阿連特當時正在從事重建猶太文化和批判極權主義的工作，為一個前納粹分子在學術上奔走效勞，阿連特可謂超越了自己的政治立場來從事思想傳播。應該如何評價她的作為：是對一種偉大哲學的熱忱？是愛的力量？是學生對老師的忠誠？是女人常有的同情心和熱心為他人服務的天性？

海德格爾自然非常愉快，他甚至說服他太太接受阿連特。他既需要妻子的愛，又需要情人的愛，同時希望兩個女人互愛，然後把他們的愛接合在一起，讓愛來滋生愛，讓他在兩個女人的相安無事中得兼魚與熊掌。可惜他把事情想得太美，無論是海德格爾太太，還是阿連特，都不能互相接受。布洛赫夫婦對海德格爾的態度與海德格爾夫婦對阿連特的態度形成了明顯的對比：一方十分高尚，一方頗為鄙俗。

海德格爾五年的禁錮期很快地過去了，隨著阿連特的名聲越來越大，他對她的態度又發生了變化。一九五六年，阿連特去德國接受一個獎勵，海德格爾拒絕同她見面。五年前他需要阿連特幫助他開闢新的學術天地，為他洗刷罪名。現在他不再需要這些，她的出現反而使他感到不光彩的過去留下的陰影。他現在已在德國恢復了學術活動，他似乎恥於以一個曾受惠於人的形象出現在學生的面前。他不能容忍她取得的名望與地位，這一切都使他面臨挑戰。對他來說，一個學生兼情人的女人以獨立的人格出現在他面前，便意味著擺脫了他的控制，成功的阿連特使他感到被剝奪了一個崇拜者。海德格爾是一個除了納粹什麼都不臣服的人，因此他渴求別人的臣服。他的另一個女友伊利莎白・布羅希曼更合他的口味，她在他的面前永遠都是隨聲附和的女人。特別刺激海德格爾的是，阿連特出版了她最有影響的著作《極權主義的起源》。在這本書中，她把納粹和共產主義視為一條蔓上的兩個苦瓜。海德格爾是忠誠的納粹分子，阿連特如今從文化和意識形態上深刻地剖析了納粹的極權主義性質，這對海德格爾的精神信仰不啻為釜底抽薪的打擊。因此，這本書觸怒了海德格爾。順便在此一提的是，作為雅斯貝斯的學生，五〇年代以降，阿連特與雅斯貝斯的聯繫也十分密切，她基本上一直都奔走於這兩位哲學大師之間。但那二人之間的嫌隙依然存在，她與雅斯貝斯的友誼自然使海德格爾十分不快。

糾纏就是這樣的一種關係：感情可以被十年八年地冷凍起來，就像冷凍一條魚，一旦碰到化解的機會，重新恢復的感情竟像從前一樣鮮活。感情的中斷也可被理解為感情的間歇，猶如耗竭了的電池需要充電，割短了的草有待生長。中斷也許是聰明的做法，中斷給雙方留下了調整自己的餘地。糾纏中有一種死不放手的固執，拖延下去總有很多說不清的理由。就阿連特和海德格爾的糾纏來說，哲學的聯繫和具體學術工作上的交往畢竟是一條剪不斷的紅絲線。又過了十來年，他們在一九六七年再次見面，再續舊交，直到一九七五年十二月四日阿連特病逝，次年五月二十八日海德格爾緊隨而去。

二十世紀是一個對人的真相進行全面調查的時代，揭秘和窺秘似乎正在成為寫書人與讀書人之間互動的交流。這裡面自然有一些滿足人們喜歡傳播秘聞的成分，但它絕非一般意義上的揭露陰私或誹謗。從前有地位有身分的人一死，立即就有碑碣文字把他們的生平包裝起來，千差萬別的個性從此便在刻板的不朽中徹底埋葬。今日的傳記作者對他們筆下的人物採取了完全不同的態度和處理。他們不再滿足於文飾性的敘事和評論，他們把偵探的觸角深入到日記、書信和知情人的訪談回憶中，他們的目的是要弄清事情的真相，盡可能把一個死去的人全面地再現出來，使我們對人及其心理、行為的複雜性不斷獲得新的認識。這樣的傳記可能對名流顯達的公共形象產生挑戰，使一些人感到驚訝、懷疑甚至氣憤。但應該肯定，這都是構成非神秘化工作的環節。那些為某個偉人或聖哲護短的言論也許並不是為了死者，而是為了繼續撐起偶像來維護活人的特權。並不存在抹黑的事情，每一個揭示真相的個案都使得人的形象變得更加豐富，因而也更像人了。

載自《讀書》，一九九六年一月

在主流之外戲寫人生

——論楊絳的小說及其他

小引

不管婦女在今日的實際處境如何，在公開發表的言論中，替婦女說話似乎已經成為時髦。這一潮流在近來的中國現代文學研究中也有所反應，對於女作家及其作品，很多學者都做起了再發現和再評價的工作，其中的一個方向就是，熱中於從每一個女性文本的閣樓中拉出怨痛的主體，好用經過闡釋的聲音重構起中國現代婦女文學的傳統。

然而，對於此類錦上添花的努力，個別的女作家卻毫不領情地提出了異議，如張抗抗就在一次文學討論會上指出，女作家或婦女文學的提法，在她看來，就像奧運會另設殘疾人的比賽一樣，聽起來似乎是優待女性，其實那是一種另眼看待的態度❶。張抗抗的拒絕表現了不少當代中國女

❶ 張抗抗：〈婦女需要兩個世界〉，《文藝評論》，一九八六年第一期。

作家對西方的女性主義批評並不完全認同的傾向，女性主義者處處力求製造不同，劃清界限，中國當代女作家則更傾向於越出界限，放眼性別問題之外的世界。面對女作家燦若群星的當今台灣文壇，齊邦媛便認為，「拓荒時期已過，我們面臨的不該再是性別之爭，而是如何找到閨房以外的道路，用智慧去看人與人之間的關係，看世界事物深一層的意義。……如果僅以性別區分作家，雙方的天地都只會日益狹隘。」❷身為作家的張抗抗顯然不願意讓流行話語的界定限制了自己在創作上的可能性，因此陳詞較為激烈。她的言論表現了不少女作家並不喜歡總是把性別問題當成一回事去糾纏的態度。評論家齊邦媛則期盼分離之後的重新融和，因為今日的女作家並非每一篇作品都著筆於婦女的主題，也不可能每一個女作家都在其作品中時時發出女性的聲音。面對這種事實，我們當然沒有必要把所有的女作家都置於性別閱讀的透視之下。比如像楊絳這樣從一開始就走出了閨怨，並力圖在一定的距離外反觀閨中人的女作家，檢討一下她的作品，就很有可能找出明顯的對比，使我們對中國現代女作家在創作上的某些局限有或多或少的認識，而且也可以藉這一交織的光束，對「百年中國文學」中某些被忽視的問題或能有順流而下的掃描。

一

百年中國文學的前半期只是一個混亂的開端，整個社會尚在過渡之中，激烈反對傳統的新文

❷ 齊邦媛：〈閨怨之外〉，見《千年之淚》（台北：爾雅，一九九〇），頁一四三～一四四。

學其實是在傳統的陰影下成長起來的。就拿從「五四」到四〇年代走上文壇的多數女作家來說，他們的經歷和遭遇便在很大的程度上延續了古代才女的紅顏薄命。例如，結為至交、文友的盧隱和石評梅都在創作和情愛生活上活過一段燃燒的生命，但她們很快又在燃得過烈的疲憊中結束了年輕的生命。她們都是新文學史上早夭的才女。白薇和蘇青早年都是舊式婚姻的反抗者，後來又都在新式的婚戀中受盡了傷害。她們雖然都活到了古稀之年，但創作和情愛上的生命早在短暫的勃發後便長久地殘廢下來。蕭紅不僅盛年抱恨而逝，而且從小疾病纏身，起先逃婚歷盡風波，後來又連續遇人不淑，終其一生，可謂備嘗了薄命女子可能身受的大多數折磨。此外，有幸活到五〇年代以後的女作家還遭遇到一種新的不幸，昔日離政治很遠的女流從此也被捲入了政治的旋渦。以抒寫革命著稱的丁玲在革命政權建立不久就被打成反革命，被迫終止創作長達二十多年。似乎只有冰心在平安無事中頤養天年，這是因為她早已放棄了不斷創新的寫作生活，甘心躺在早年的老本上，樂於做人家供奉的乖乖牌❸。不管是個人的或政治的原因，對一個作家來說，過早地終止創作生活，其實就是另一形式的早夭。

綜觀上述現代文學史上最著名的幾個女作家，她們最重要的作品基本上都沒有超出愛情和婚姻的題材，而所謂的女性聲音，不過是一種新型的閨怨罷了。他們都在不同的程度上通過創作講述了自己的故事，但因為自己在現實中身為問題中人，所以其作品中的人物也常常陷入問題之中。

❸ 參見王德威：〈被遺忘的繆思〉，見《小說中國》（台北，麥田，一九九三），頁三〇二。

我們甚至可以說，他們的文學成就在一定的程度上乃是用命薄的經歷換來的。這正好應驗了古人所謂「詩窮而後工」的通則，但從現代人的價值來看，必需用生活上的受難和人生的失敗來書寫反映個人經驗的文字，那畢竟是付出了太大的代價。更何況對於五四女作家來說，「自身經驗與語言」之間始終存在著相互的游離和衝突，由於缺乏「足以表現這份閱歷的話語準備和話語自覺」，她們的作品大都在藝術上呈現出早期新文學普遍具有的粗糙和幼稚。[4]不可否認，從馮沅君的〈旅行〉、〈隔絕〉到盧隱的〈海濱故人〉，從丁玲的〈莎菲女士的日記〉到蘇青的《結婚十年》所有這些有關婚姻愛情的敘事作品都在打破舊禮教和建立新型男女關係的社會變革中發揮過一定的作用，但隨著時過境遷，很多曾在當年轟動一時的作品在今日普通讀者的眼中都不再有多大的可讀性，其藝術的魅力一般都遠遠低於文獻的價值，大概只有在熱中重構女性傳統的批評家手中，才可能被剪輯成足以拼接文學里程碑的珍貴斷片。這其實並不只是婦女文學的局限，也可以說是百年中國文學前半期存在的總體缺陷。社會一直在急劇地變化，作家和公眾都忙於對事件作出及時的反應，人們來不及消化自己的感受，文學的反映總像報紙一樣多產，接著又像報紙一樣變舊。因此，最終能像〈阿Q正傳〉那樣作為現代文學經典垂範後世的作品便非常之少。

與同時代一群命薄的新型才女相比，楊絳可謂福慧雙修，十分幸運。她生於一個比較西化的多子女家庭，從小在健康的親情中長大，在求學和婚姻上不但未受到來自家庭的阻力，而且各方

[4] 參見孟悅、戴錦華：《浮出歷史地表》（台北：時報，一九九三），頁七四、七六。

面都頗為順利和圓滿。也許是向來就滿足於一種平淡得沒有自己的故事可講的生活，她才站穩了人生邊上看人生的位置，在喧嘩的世事中看出了那屬於喜劇的一面。也許正是因為她自己向來不是問題中的女人，她才得以對自己筆下所寫的問題拉開了距離。一般來說，一個人的經歷與其人的生活態度是相互影響的。有幸踏上生活的坦途固然有助於一個人免於陷身為怨痛的主體，但安享寧靜和淡泊也是一種自覺的人生選擇，是個人努力的結果。在最近所寫的一篇散文中，楊絳反覆表達了她對東坡「萬人如海一身藏」和莊子所謂「陸沉」的企慕，她樂於隱身在她個人的卑微中，好把世態人情去當書讀，去作戲看❺。我相信早在三〇年代，楊絳和錢鍾書夫婦二人便共享了這一遊觀人間世的態度，而因此也導致他們從一開始創作就確定了共同的反浪漫主義方向。有人已經指出，「捉弄作品中的人物，嘲弄這個世界，以暗示自負的風格寫作，在喜劇的外表下間接地表達一種黯淡、嚴肅的幻想，這些都是對於楊絳的看法，並且同樣適用於錢鍾書。」❻但比較而言，錢鍾書三〇年代的散文和短篇小說似乎更喜歡嘲弄當時的文壇新秀，小說〈靈感〉中的著名作家用枯燥的文筆扼殺了他筆下的人物，當他著手寫自傳的時候，他卻被召入了地獄。舞墨弄文簡直成了一個自討沒趣的活動，因為「文學必須毀滅」，拙劣的作家最終都要受到死後的審

❺ 見楊絳：《將飲茶》（北京：三聯，一九八七），頁一八三～一八九。

❻ 耿德華：〈反浪漫主義作家錢鍾書〉，見張泉編譯《錢鍾書和他的《圍城》》（北京：中國和平，一九九一），頁九〇。

判。對於吵吵嚷嚷的文學運動和文人間膚淺的爭論，錢鍾書似乎一貫不屑介入，他的拿手好戲是在炫學的排比鋪陳中信手插入苛刻的嘲諷，讓我們在被告知的現代文學史畫廊中忽然看到了某些寒傖、破舊的片段。楊絳顯然沒有興趣把學術宏論同幽默的敘事文字拉扯到一起，她的女性的謙卑與錢的睥睨凡庸正好形成了明顯的對比。她更有耐心觀察日常生活中的瑣事，以及平庸的談話和反詩意的場景，而且十分善於用樸素的文字把那一切再現出來。這一旨趣使她操筆伊始就具有對感傷浪漫情調的免疫，因而在做人和作文上淡出了五四女作家群的怨痛合唱。

我一直覺得，對於五四文學中泛濫的感傷浪漫情調，治現代文學史者很值得去做深入系統的檢討。本文雖無暇全面觸及這一「百年中國文學」的早期幼稚病，但為了從對比的角度凸顯楊絳早期作品的反浪漫主義態度，我們不妨以丁玲〈莎菲女士的日記〉為例，在此略作一些反襯的說明。

莎菲其實是一個剛剛從閨房舊天地邁入轉型社會的知識女性，她不過以游離的方式開始嘗試獨立的生活，她的春情萌動尚潛伏在斷奶期焦躁不安的陰影之下。像這樣一個從姊妹圈走出來的少女突然同異己的世界發生接觸，難免出現類似的情況：依賴毓芳那樣姐姐般的女友，更習慣葦弟的弟弟式遷就，而對頗有男性魅力如凌吉士之類的陌生人，便不由得會在渴求與拒斥間反覆折騰自己。這種彆扭的心理可謂混合了舊式小姐狹隘的自愛和新式女學生的浪漫迷幻 (romantic illusions)，她的日記正像一面縱容她的自我的鏡子，以扭曲的形式記錄了她從自戀自怨至黯然自溺的整個過程。就個體的成長而言，那是女性生命尚未成熟的一個階段；就這一心理過程所折射的女性處境而言，也可以把她視為五四一代女性的某種困境。莎菲並不是在兩個男人間做愛的選擇，她不過不自覺地把自己的不同需要——男性溫情和模糊的慾望——分別投射在他們身上罷了。與其如某些女性主義評論那樣把她視為「自主的女性主體」(autonomous female subject)之覺醒❼，倒不如把它視為迷戀浪漫情調的作者和她偏愛的人物同步把現實主觀化的過程。就我個人所體會的五四文學語境而言，也許把時下論者奢談的「主體性」(subjectivity)理解成「主觀性」要更合適一些。就日常生活的經驗而言，它意味著一味按個人的願望和想像設想身外的世界。就藝術表現而言，則指作者把他的自我投射到所創作的人物身上。對五四的文學青年來說，傾向浪漫主義風習，應該說是可以理解的事情。時代使他們感受了過多的悲痛，浸淫西方文學的敏感青年便在得風氣之先的歷史機遇下率爾操觚，趁著嘗試新的文學樣式把自己宣泄一番。性的無能和愛的不可能都統統被含混地同對國運世事的失望一起表現出來。因此，感傷、頹唐和對現狀的不滿也就被賦予了理想主義的色彩。莎菲的生活本無什麼意義，是她的彆扭心理使她陷入了難堪的荒謬。可笑的是，直到八〇年代，丁玲還向該小說的電視劇改編者強調指出，「莎菲追求的，從根本上說，

---

❼ 參看 Lydia H. Liu,"Invention and Intervention : The Making of a Female Tradition in Modern Chinese Literature", 見 *From May Fourth to June Fourth : Fiction and Film in Tweneth-Century China* (edited by Ellen Widmer and David Der-wei Wang, Harvard University Press, 1993), pp.207, 212.

是生活的意義。」（需要反問的是，生活到底有什麼意義？）她更建議他們在莎菲的房間裡放上雪萊、拜倫的肖像或他們的詩集，好突出莎菲的理想寄託。她認為，「莎菲苦悶、徬徨，那是因為她始終不泯滅理想，她是理想主義者。」❽

在閱讀的感染下嘗試創作的作者和在現實中摹倣文學的讀者都有一種把事物理想化的傾向，前者往往把人物的病態表現為自我優越的姿態，後者則在生活中捕捉文學的幻影。在一個把世態人情當書讀的作家眼中，他們正是應該受到諷刺的對象。在短篇小說〈玉人〉❾中，楊絳讓齷齪的現實嘲弄了一個文學青年的詩意理想。所謂「玉人」，乃是小說男主角郝志杰早年所戀的一個女子在他的一首詩中的投影，那純粹是他在平庸的家庭生活中感到不如意時偶然流露的遐想。但自從那首詩被他的賢慧的妻子發現之後，子虛烏有的「玉人」便成了夫婦關係間的一點暗影。小說的敘述一邊讓「玉人」引起的嫌疑拖延下去，一邊讓郝志杰從未謀面的女房東在她家窗外不時製造惱人的騷擾。直到在衝突的高潮兩人相遇，他才發現女房東就是他曾戀慕過的女子，而他的妻子也在那個粗俗的女人身上確認了「玉人」的原型。幻影從此破碎，夫婦倆進入了新的和睦。〈玉人〉的故事令人想起了楊絳劇本《弄假成真》中的一句話：「要的事，它不來。來了，不要了。」世事的可笑就在於世人不認識自己的活動有很大的盲目性，以致總在忙於走向另外的世界，

---

❽ 見劉思謙：《「娜拉」言說——中國現代女作家心路紀程》（上海：上海文藝，一九九三），頁一四八。

❾ 〈玉人〉及以下提的〈璐璐，不用愁〉均見楊絳《倒影集》（香港文學研究社出版）。

而及至進入其中，才發現落了個撲空的下場。

楊絳的處女作〈璐璐，不用愁〉中的女學生璐璐也可以被視為世俗化了的莎菲女士。她也游離在兩個男人之間，一個以他的男子氣概使她的少女虛榮深感滿意，另一個在外表上缺乏吸引她的地方，卻常以他的善於幫襯得到她的好感。璐璐的理想頗有一點把前者的好風儀和後者的好脾氣合在一起的意思，因此她既兩頭應付，又兩頭得罪，以致在實利的權衡中兩頭落空。楊絳顯然並沒有把女人的婚姻幸福僅僅理解成一個只要男女平等和自由戀愛就有了保障的問題。在世俗的婚戀觀依然支配著大多數人頭腦的情況下，女性在擇偶上的優勢反而容易使她們變得任性和淺薄。所以，在三、四〇年代的劇本和小說中，楊絳筆下的痴男怨女大都是一群可笑的俗人。隨著那個被五四青年過多給予了厚望的「愛情」漸漸在名利場上還原，知識階層的男女也紛紛露出了人格力量上普遍的不足。這種喜劇的場景只有憑著理智才能領會，至於像巴金之類動輒用眼淚煽情的作家，楊絳想必會用里爾克(R. M. Rilke)調侃浪漫派詩人的話向他們做出忠告：

> 感情？感情不是不夠，而是太多啦。

二

據錢鍾書自己所說，《圍城》出版後他並不怎麼滿意，因此接著又寫起了一部名為《百合心》的長篇。可惜剛開了頭的草稿在遷居北京的途中丟失，他的興致大掃，從此再沒有去搞創作⑩。現在看來，此稿的神秘丟失未嘗沒有幾分天意。我們知道，一九四九年夏正值神州地覆天翻之際，「丟失」也許可被理解為無意識的放棄，偶然的損失所顯示的警戒，紅旗的迎風招展中似已隱現出未來的瘋狂。如果說錢楊伉儷在從前的遠離政治是對知識界激進思潮的漠視，那麼此後的長期輟筆則是出於明哲保身了。「碧海掣鯨閒此手」，搞創作的風險實在太大，小說家錢鍾書轉向選注宋詩，劇作家楊絳開始翻譯西方文學名著。這一對四〇年代上海灘上初試鋒芒的干將莫邪從此埋塵匣中，直到三十年後才露出了砥礪渾成的霜雪。

當然，沈默並不等於喑啞。我們也許可以從《洗澡》中那個總是坐在窗下用功的姚宓想像楊絳在荒涼歲月中並沒有荒廢自己的點點滴滴。這些年，她翻譯了《小癩子》、《吉爾・布拉斯》和《唐吉訶德》三部小說，還寫了有關奧斯汀等西方小說名家的論文。《倒影集》中的早期短篇小說現在讀來的確有些稚嫩，敘述上不無枝蔓之嫌。《洗澡》之所以後來居上，文章老成，自然得助於譯事中的省察和磨煉。就諷刺小說的審美理想來說，楊絳和錢鍾書四〇年代的作品其實都是有不足之處的。如楊的好給人物起綽號，對話有失瑣碎，錢的謔而近虐，頗失詩人忠厚之意，所有的瑕疵都可歸咎於有失節制，在分寸感上還把握不夠。錢對中國傳統諷刺小說的批評雖切中要

⑩ 參看《圍城》（北京，人民文學，一九八一）的〈重印前記〉。

害，但他自己在小說的寫作上仍偶有未能免俗的地方。從楊絳論述歐洲諸大師的文字中我們自然能夠看到她所借鑑的和在此後所追求的東西。如論斐爾丁「笑的目的以及小說的目的」說：

有意義有教益的笑不是為諷刺個人，卻是要「舉起明鏡，讓千千萬萬的人在私室中照見自己的醜相，由羞愧而知悔改」……要「寫得小說裡滿紙滑稽，叫世人讀了能學得寬和，對別人的痴愚只覺得好笑；同時也學得虛心，對自己的痴愚能夠痛恨」。⓫

至於對奧斯汀的評論，不但是東方才女對西方才女的心領意會，也可視為楊絳為日後創作《洗澡》所訂的藝術標準：

奧斯汀對她所處的世界沒有幻想，可是她寧願面對實際，不喜歡小說裡美化現實的假象。她生性開朗，富有幽默，看到世人的愚謬、世事的參差，不是感慨悲憤而哭，卻是了解、容忍而笑。

她不細寫背景，不用抽象的形容詞描摹外貌或內心，也不挖出人心擺在手術台上細細解剖。她只用對話和情節來描繪人物。⓬

⓫ 楊絳：《春泥集》，上海：上海文藝，一九七九年，頁八七。

從以上引文可以看出，楊絳在西方名著上是下了一番「頗學陰何苦用心」的功夫。將那些話移之以評《洗澡》，也可以說是恰如其分的。

要談《洗澡》，實不能不聯繫《圍城》。百年中國文學中寫知識分子的小說可謂不少，但就我所見，身在圈內而又能置身局外來寫知識分子的，恐怕只有這夫婦倆的兄妹篇。因為一個寫的是舊朝殘局中一群酸腐的滑稽外史，另一個寫的是新政府建立之初歸附諸生從體制外進入體制內經歷的初次考驗，故從時代的順序上看，兩書正好接上了改朝換代的茬。我在這裡用「改朝換代」一詞，並非泛用舊語，應該說，這一用語是確切地反映了兩書作者的歷史觀點。並不存在「革命」意義上的新舊社會之分，只不過權力大換血，一部分舊人馬又被改編成新隊伍而已。只有明確了這一視點，我們才可以把《洗澡》同那些謳歌知識分子「雖九死而未悔」的悲愴交響曲區分開來。這就是說，其他的悲劇性作品仍未脫舊式史傳褒貶忠奸的政教詩學窠臼，而楊絳的喜劇則不再對政治上的是非曲直抱有什麼希望，她只滿足於把新的歷史形勢下紛呈的荒謬如實地刻摹下來。

如果要拿《圍城》和《洗澡》相比，我以為最大的不同在於，楊書的故事展開在一個開始了全面政治化的社會背景之中，因而她力圖表現政治鬧劇中人的存在的可能性。而錢書只求無窮盡地具現「人類虛榮心的盲目性和複雜性」⑬，他在很大的程度上拿他的人物在做玩笑的試驗，他

⑫ 楊絳：《關於小說》，北京：三聯，一九八六年，頁六四，頁七四～七五。

⑬《錢鍾書和他的《圍城》》，頁九五。

幾乎無需塑造什麼正面人物。但楊書則需要正面人物，如果楊書把書中人物寫得一團漆黑，豈不從反面證明了歷次改造運動的必要！有關這一差異，楊絳自己已對記者有簡單的說明⓮。《洗澡》中正反面人物之分同那些遵照現實主義原則創作的作品根本的區別在於，不是黑白分明，不是忠奸相鬥，不是像戴厚英的《人啊，人》那樣刻意塑造被冤屈的英雄人物，而是在灰色地帶上點染出明滅的亮邊。楊絳的目光是溫和的，她只在「凡夫俗子」的層面上度量著明暗的消長和交織。因此，在該書頭兩章交代了第一號反面角色余楠的來龍去脈之後，筆頭一晃，就拐進了姚老太太閉門高臥的小庭深院。姚老太太作者著墨並不很多，但已有明眼人指出了她在該書中的重要地位⓯。此姥大病不歿，雖足不出戶，卻以半廢之身在「文學研究社」這個封閉世界裡維繫了一個人情溫馨的角落。那裡有孝女姚宓晨夕侍奉在側，有雅客許彥成與她分享西方古典名曲，還有善良的宛英偶爾問訊，單純的羅厚時來幫忙。所有這些人際關係都與余楠圈內那種吃喝朋黨，小人閒居為不善的結合形成了明顯的對比。很多女作家都好寫母親，她們的頌歌不外圍繞勞動、慈愛、含辛茹苦等被派給母親的模範角色，楊絳筆下這位母親卻有某種象徵意味。她在竹簾下靜聽風吹草動，看起來似在閉目養神，心裡頭卻洞悉內外。在她身上我們看到了舊家老戶的賢婦人明曉世事的聰慧，一種非來自書本，而是在庸常中涵養出來的機智。我相信楊絳在寫姚老

⓮ 參見宮蘇乙：〈楊絳談《洗澡》的寫作〉，《光明日報》一九八九年四月一六日。

⓯ 可參看胡河清：〈楊絳論〉，見《當代作家評論》，一九九三年第二期。

太太的文字中多少都會灌注一些她得自楊家長輩的印象或分化出他們夫婦晚年修得的渾樸。重要的是，姚老太太身邊的氛圍告訴我們，使得這個新社會依然保留某些美好的並不是新生事物，而是普通人在其非權力、非私慾的正常關係中自然形成的融合氣象。如果說「光明的五〇年代」還有什麼值得懷念的話，在我的心中，就是這種傳統的人際關係中尚未被政治污染的生存常態。在楊絳的筆下，它拖著一縷「斜陽卻照深深院」的餘輝，既悅人目，又悵人懷。

有人把姚宓理解成作者本人的自畫像⑯，我私意以為，在這個人物的構思上，楊絳可能有幾分紀念其八妹楊必的意思。「必」者，宓也。楊必終生未嫁，姚宓盛年猶守房室。楊必在楊家是「謝公最小偏憐女」，守候其母身旁十有五年之久，其父去世，她大學尚未畢業，留學的計劃也由於父亡而放棄⑰。這一切同書中姚宓的身世都頗有吻合之處。作這樣的考證，並不是要搞什麼索隱，只是想順便說明作者自稱她通常虛構人物的成規之一：所謂「把某甲的頭皮、某乙的腳跟拼湊而成」⑱順筆寫來，聊為癖「錢學」者立一存照，說不定「錢學」的發展哪一天也會「紅學」似地蔓延到錢楊二氏的其他成員身上。

余楠和施妮娜是兩個類型化的平面人物，對於他們的諷刺，個別地方大概過分漫畫化了一些。

⑯ 同上。

⑰ 參看〈記楊必〉，見《雜憶與雜寫》（香港，三聯，一九九四），頁六一～七三。

⑱ 《關於小說》，頁一〇。

正如昔日的三閭大學，新中國的文學研究社也對小人和投機鑽營者有同樣的體制性需要。這些人物的逐漸得勢確實說明，新政權基本上是唯成分論的，但往往也會不唯成分論。施妮娜不學無術，只由於從蘇聯歸來，便處處佔盡風頭。這位俄婢（「妮娜」一名便如鳥鳴自呼）的醜態正與《圍城》中一些西崽的洋相此呼彼應。新政權固然排除出身有問題的人員，但並不排除人格有問題者。《洗澡》一書所寫的知識分子中靈魂最醜惡的就是余楠，但由於他新來乍到即主動靠攏領導，拉攏有來頭的人物，暗中給老實人使絆子，結果還落了個政治上表現積極的名。在適應新社會政治生活這一關口上，一個人的人格支出越是徹底，他就越合格，越容易過關，越能得到好處。在這個把人弄得越來越不像人的環境中，適者生存的規律竟然與動物界相反——成了劣存優亡。楊絳並沒有糟蹋中國的學界，平庸與鄙劣的潰瘍其實一直都在向大擴散，當記者問楊絳對今日知識分子的看法時，楊絳向他們揭了底：「《洗澡》寫的就是現在的知識分子，假裝是過去的。」⑲

小說中人物的遭遇還向我們昭示：知識分子之所以元氣大傷，都是整人的政治運動所致，但知識分子之所以遭遇此奇恥大辱，部分地歸咎於他們普遍缺乏自尊和個人權利的觀念。

五〇年代初期，國家正值用人之秋，新政權對舊社會遺留下來的知識分子採取了全部包下來的政策。在從前的聘任制下生活缺乏保障的工薪階層，由於抱住了鐵飯碗而初嘗了社會主義優越性的甜頭。小說第一部的標題「采葑采菲」是耐人尋味的⑳，熟悉《詩經》的人不難想到它的下

---

⑲〈楊絳談《洗澡》的寫作〉。

句「無以下體」，以及那個色衰被棄的抒情女主人翁。按照傳統的解釋，棄婦責備其夫不重視她的美德，正如採蘿蔔地瓜者不要它的地下莖。當文學研究社中的知識分子被一五一十收進來的時候，黨對他們採取的是改造加利用的政策，最終目的是服務於政治。改造要求馴服，自然不重視個人的尊嚴。利用是把人當成工具而非目的，在利用人這一點上自然會不擇手段。這種提拔奴才而壓制人才的政策不正是「采葑采菲，無以下體」嗎？許彥成夫婦從國外回來本為了貢獻自己的才能，隨著政治的需要日益侵蝕生活中美好的事物，許彥成和姚宓都陷入了憂心忡忡。「心之憂矣，如匪澣衣。」第二部的標題立即令人聯想到〈柏舟〉一詩中的政治—愛情失望情緒。此詩既可被理解為棄婦詩，也可被理解為所謂「仁人不遇，小人在側」。「如匪澣衣」在原詩語境中的多義性正好讓我們看到了當前的世事同古人的憂患之間的聯繫。被強加在故事上這些看起來完全脫節的標題，正是要提醒我們按傳統的語境理解故事中的新社會。這就是說，新社會發明的一切新名詞並不意味著被指稱了的新事物是全新的，它不過以話語的更新使人淡忘了那個可資對比的過去。回到經典引文的語境，正是一種撫今追昔的嘲諷。古人早已有言：「後之視今，亦猶今之視昔。」時間好像褪色劑，隨著時間的消逝，五、六〇年代被染得血紅的事物，如今都露出了枯骨的慘白。

⑳ 有關三個標題的分析詳見孫歌〈讀《洗澡》〉，《文學評論》，一九九〇年第三期。以下的發揮實受孫文很大的啟發，特此指出。但本文所強調的要旨與孫文有所不同。

小說的高潮，也是小說的主體，在第三部。知識分子直到這裡才被拉出來「脫褲子，割尾巴」，被用大盆小盆洗澡，被「洗螃蟹似的，捉過來，硬刷子刷，掰開肚臍擠屎」。㉑因此，第三部用「滄浪之水清兮」作標題。為了強調引文的語境，不妨把《孟子．離婁上》原文全錄如下：

> 孟子曰：「不仁者可與言哉？安其危而利其災，樂其所以亡者。不仁而可與言，則何亡國敗家之有？有孺子歌曰：『滄浪之水清兮，可以濯我纓；滄浪之水濁兮，可以濯我足。』孔子曰：『小子聽之！清斯濯纓，濁斯濯足矣。自取之也。』夫人必自侮，然後人侮之；家必自毀，而後人毀之；國必自伐，而後人伐之。〈太甲〉曰：『天作孽，猶可違；自作孽，不可活。』此之謂也。」

這段話的主旨是，人的不幸和災難往往是咎由自取，但孟子更強調的是，不可同不仁者打交道。一個人本可以選擇清水，把自己洗得乾淨，但他要自動跳入黃河，那當然就洗不清了。中國知識分子百年來的遭遇，在很大的程度上可謂咎由自取。知識界的激進思潮雖然點燃了革命之火，但最終也導致了引火燒身，乃至火炎昆岡，玉石俱焚。關於這一點，余英時已經撰文做過痛切的分析㉒。需要補充的是，知識分子在供起黨的政父，祭活大眾的諸神之同時，還曾滿懷一種民粹

㉑《洗澡》，香港，三聯，一九八八年，頁二六二。

派的原罪心理。五四文學在這一方面實有推波助瀾的作用，如郭沫若曾在一首詩中肉麻地說，他要跪下來吻農夫腳上的泥巴；艾青懷舊地謳歌大堰河保姆；魯迅也在〈一件小事〉中空泛地詩張洋車夫高大的身影。五四文學家往往自慚形穢地走向大眾祭壇前告贖，他們在文學中喚起的革命性懺悔後來竟給知識分子自己糟蹋自己的所謂「檢討」或「自我批評」提供了詛咒一樣的套語。每一個檢討者都通過檢討把自己定性成群眾滿意他承擔的角色(stereotype)。余楠、朱千里、丁寶桂等人簡直像是在群眾面前搞自我誣蔑的競賽，彷彿把自己弄得越髒，才能洗得越淨。人已似乎不是在說「話」，而是在被「話」說，「發言」本身已成為一失控的行動，一個政治的無意識流(the stream of political unconsciousness)，一種滔滔不絕的人格嘔吐。嘔吐之所以令人感到噁心，是因為這一生理病態使本可以作為營養吸收的食物變成了穢物。人格嘔吐的非人性在於，群體的橫暴迫使一個人把自己的隱私用醜化的形式暴露給公眾，從而達到將該人釘在恥辱柱上的目的。它確實是一種酷刑，它之所以應被視為酷刑，乃是因為它通過語言的無形之刀將檢討者翻腸倒肚了。每一次檢討都是一次人格上的剖腹自殺。閱讀《洗澡》中檢討會的場面令人五內絞痛，革命的話語專政竟具有把人貶斥到至於斯極的魔力！我們完全可以在這個意義上說，語言的暴虐已經消滅了人。

㉒ Ying-Shih Yu, "The Radicalization of China in the Twentieth Century", 見 DAEDALUS, *China in Transformation.* Spring 1993, pp. 125~149.

孟子的教訓還有更深遠的憂慮：一個團體的內鬥必招致外來的攻擊，終致被整個消滅。自侮者在把自己弄得毫無尊嚴之後，也就不懂得尊重他人了。因此，從「檢討」到所謂「檢舉揭發」，其勢便如雷管引爆一樣在知識分子群中炸裂開來。「原罪」犯昇級為誣告陷害他人的惡徒，檢討書和檢舉信只隔著薄薄一張紙：它的正面書寫著自我背叛，它的背面書寫著出賣同儕。早在運動到來之前，余楠已糾集施妮娜等合伙撰文批判姚宓的論文。自從延安時期以來，整人運動大約總是從知識圈內先咬了起來，黨的政父才發現了切口，然後揮刀砍將過來。四九年以後的中國大陸文學活像是一圈被豢養的蠢豬，它一面不斷被革命糟糠催肥，一面頻頻被拉到批判的屠刀下宰掉。只是在八〇年代以後，大家才慢慢認識到「自取之也」這個樸素的古代哲理。

《洗澡》的結局是，眾知識分子「洗澡」之後紛紛被分配到不同的用人單位。這個虛構的「文學研究社」其實是一個處理社會主義大機器所需螺絲釘的集訓班。它像異國海關入口上的防疫檢驗所，每一個入境者都必需接受被假定暗染了惡疾。它也讓人想起了林沖進入滄州牢城要挨的五百殺威棒，做一個馴服工具，不馴何以能服？從前唐太宗大興科舉，天下舉子踴躍上京趕考，太宗得意笑曰：「天下英雄盡入吾鵠中矣。」被養起來當然是不錯的，但被養就得人身依附，就不能隨便說「不」了。《圍城》中的方鴻漸一受到排擠，就敢於辭職，因為他有香港、上海可去，有其他工作可做。在一個把人才資源納入國家壟斷和統一分配的社會中，一個人一旦失去單位，他能去的地方大概不是農村就是勞改隊了。《洗澡》的啟示在於，它以第一次整人運動的故事說明，「大鍋飯」從一開始就是好吃難消化的。而且它糾正了絕大多數中國人的一個錯誤印象，即普遍以為，似乎知識分子處境的惡化始於五七年反右，而此前一切都很理想，似乎反右的決定只是最高當局的一念之差。「夫風起於青萍之末」，應該看到，自打這一群邊緣人從五湖四海開步走以來，反知識和非知識分子化的氣候便醞釀起來了。《洗澡》為我們再現了新中國五〇年代明朗天空上最初出現的一小塊烏雲。此後，它不斷擴大，直到「文革」時黑得鋪天蓋地，壓城欲摧。

以上是《洗澡》不同於《圍城》且高於《圍城》的一個地方，在這一更高的層面上，作者以「偶開天眼覷紅塵」的幽默寫出了她自己的，以及知識分子群體「可憐身是眼中人」的尷尬處境。《圍城》的敘述者卻由於採取了俯視眾生的角度而導致了諷刺的距離失之過遠。他那尖刻的筆鋒似乎捨不得放過任何一次揶揄的機會，有時那諷刺似乎已非為了把「沒有價值的撕破了讓人看」（魯迅語），而是固著於「撕破」本身，或玩弄「撕破」的語言技巧，滿足「撕破」的話語慾望，於是其連珠妙語有時便令人頗生喋喋不休之感，個別機智的比喻遂陷於饒舌。這說明，一個作家即使才氣橫溢，如若他對語言的把玩興趣太濃，對語言的表達可能性榨取太甚，而把人物僅當成嘗試這一修辭練習的龍套，他就有陷入雕蟲篆刻的危險，他的嘲弄就會把他帶向對人的冷漠，他對政治的刻意迴避就可能造成一種寫作上的潔癖。

錢鍾書的小說文本同他的學術著作有一共同的結構趨向，即滿足於不斷積累起來的片段性。讀《圍城》的時候，我常常覺得更吸引人的是那些俏皮的比喻，是像飯館裡那塊肉上的「肉芽」

一樣探頭探腦地令人驚訝的很多場景，而非灌注於故事的整體氛圍。於是我就猜想，故事的框架也許在一定的程度上是為填充那層出不窮的妙語、比喻和快照、特寫鏡頭般的細節而構造的。這一切構成了文本之城，而人物則出入於其間。

《洗澡》不同於《圍城》的另一個方面是，楊絳描寫了男女之間某些美好的感情，而錢鍾書只寫了情慾、戀愛和婚姻中虛偽、欺騙的一面。《圍城》的敘述者常流露出一個目光銳利的男人善於在女人的言談舉止中察覺出種種破綻或留心把她們的失態指點出來的趣味，因此，對於他所描寫的女性人物，錢鍾書的妙筆頗有在放大鏡下挑剔到了什麼的效果。讓方鴻漸與朱、唐、蘇、孫四個女人的關係貫上一串冰糖葫蘆的結構，其實也是男性中心文學的陳舊模式。如果說《洗澡》有什麼屬於女性作者的獨特之處，那就是楊絳在敘述姚宓和許彥成之間一段因緣中所探索的一種情境。

在一篇讀《紅樓夢》的札記中楊絳曾指出，中國古代的才子佳人文學一貫編造戀愛速成的故事。她認為，這種一見傾心加因緣前定的故事在寫作上最是容易，但在閱讀上卻很乏味。她個人獨欣賞曹雪芹筆下的寶黛因緣，他們的戀情始終貫穿了相互間的苦苦探索：不斷由誤解引起衝突，又不斷在表明心跡後趨於和解。「因為深刻而真摯的思想感情，原來不易表達。現成的方式，不能把作者獨自經驗到的生活感受表達得盡致，表達得妥貼。創作過程中遇到阻礙和約束，正可以逼使作者去搜索，去建造一個適合於自己的方式；而在搜索、建造的同時，他也錘煉了所要表達的內容，使合乎他自建的形式。」㉓可以說，在《洗澡》這部寫知識分子經受思想改造的小說中，加上了並非主線的姚許因緣，在一定的程度上就是因為作者早對上述的「克服困難」有點手癢，想構造一場愛的徒勞來過過解決難題的癮。

姚許之間的糾纏既非旨在結婚，也非出於情慾的需要，而是在試圖從各自的人的孤立處境中走出時所發生的偶然遭遇。「邂逅相逢，適我願兮。」日常生活的封閉之牆上偶然出現了一個小小的缺口，兩個孤立的人正好把自己暴露在那個焦點上，這一瞬目成便足以激發起此後所有行動的能源。它與才子佳人小說中「一見傾心」的根本區別在於，前者是心靈的互相發現，是剎那間對前記憶的喚醒，所謂「他們覺得彼此間已有一千年的交情，他們倆已經相識了幾輩子。」（頁一八五）而後者僅為容貌的吸引，盲目的主觀投射，互相把對方當成「他者」之迷戀。邂逅的基調是悅慕，它使邂逅者的雙目發出稀有的光。這一景象已在姚許初遇時被丁寶桂無意間瞥到：他看見姚宓正凝神聽講時，「忽然眼睛一亮，好像和誰打了一個無線電」（頁二三）。作者對兩個當事人的心理活動卻保持了沉默，這是她對許姚因緣始終堅持的敘事策略。因為在一開始，確實連他們自己也不知道自己想要什麼或想了什麼。只是一閃而已，若是置身人海之中，大概已經永遠地失之交臂了。

隨後就是不時泛起的餘波，一種發起了酵的情緒。在許彥成那裡，往往是在妻子杜麗琳跟前

㉓〈藝術與克服困難〉，見《春泥集》，頁一〇五。

有意無意流露出對姚宓的關注；而在姚宓那裡，幾乎總是恍若無事的將一切封存。警惕的妻子打一開始即敏感到事情的蹺蹊，因此便對丈夫微諷暗刺，用監視去刺探，用保護去妨礙，以致以酸溜溜的啟發促使丈夫無意識層次的東西上升到了意識層次，把過多的防範最終弄成另一形式的教唆。監視逼得許彥成去鑽空子，也搞得姚宓盡量避嫌，就這樣，女的一避再避，男的一鑽再鑽，最終便在被逼迫到的角落碰撞到一起。由於機會太少，由於文學研究社內的群小對人際間的人性交流形成了太多的障礙，本來完全可以發展成公開自由的正常交往便只有轉入地下，遂使每一次相見都像邂逅一樣偶然而新鮮。兩個試圖從各自的孤立中走出來的男女，便在文學研究社的灰色地帶之縫隙間留下了熠熠生輝的蹤跡。

障礙反而起到了催生和激化的作用。楊絳要在藝術上嘗試的大概就是如何克服這種困難，以及如何製造效果。正如她在談《紅樓夢》的短文中所說：「好比一股流水，遇到石頭攔阻，又有堤岸約束住，得另覓途徑，卻又不能逃避阻礙，只好從石縫中迸出，於是就激盪出波瀾，沖濺出浪花來。」㉔姚許糾纏中給我們的閱讀愉悅就是一朵朵情感的浪花。有些好笑，有些溫馨，有些還有點酸楚。因此，這個愛情故事既不在情慾層面，也超乎道德判斷，而只是審美的和消解日常生活性的。它在一大坑洗澡的濁水外，為我們疏理出了一泓可以濯纓的滄浪。

許彥成的檢討一直拖到了最後，只三言兩語，就順利地過了「洗澡」一關。他沒有自悔，群

㉔同上。

眾也就無從過分侮他。姚宓雖置身群眾席中，終席未發一言。他們都沒有丟失自己的尊嚴。薩特有言，誰是英雄，誰是懦夫，皆非前定，是存在決定了本質。也就是說，是在你進入境遇之後，選擇英雄即為英雄；選擇懦夫，即為懦夫。此即「自取之也」，自由選擇絕非無所不為，它恰恰是「狷者有所不為」，許姚庶幾乎今之狷者。

小結

楊絳就是一個狷者。她在做人和作文上對我們的啟示並非她做了什麼引人注目的事情，而是她沒有做多數人都熱中去做的事情。能避開潮流，並能從其外靜觀其中的荒謬，不只需要智慧，而且得有幾分勇氣——甘心讓潮流甩到後邊的勇氣，自願放棄座席（在《將飲茶》的序言中，她夢見處處都沒有自己的座位）的勇氣。

因此，她從未加入百年中國文學中多次的大合唱。她尖刻嘲弄了理想主義者所擁抱的理想之虛幻，對新文學製造的「新人」神話給予了應有的嘲諷。而在後來，在絕大多數作家都自願或被迫地大寫迎合之作時，她保持了絕對的沉默。她知道在什麼時候不寫。「不寫」可以保持文心的純淨和生活的乾淨。

果然在可以寫的時候，她以未受污染的文心寫出了像似風乾了的文章——能夠讓生活風乾起來的人才寫得出來的文章。這一特徵尤可見於《幹校六記》等回憶性的散文。在走得太遠和變得太快的當代文壇上，她反而以她文字的簡練和敘事的單純顯示了一種以舊為新的特徵。有人用半部《紅樓夢》加半部《儒林外史》來稱讚楊絳《洗澡》對古典小說的師法，這其實也有點片面㉕。應該說，她在師法古典小說的同時，還融入西方諷刺和幽默文學中的喜劇意識。這確實是中國文學最缺乏的東西。它絕不是一般意義上的製造笑料，而是一個作家對待自己和世界的基本態度：以寧武子那種不可企及的「愚」面對擾擾人世間種種自以為得計的表演。

載自《中央日報》，一九九六年六月十八～二十五日

㉕ 見施蟄存：〈讀楊絳《洗澡》〉，《文藝百話》（上海：華東師大，一九九四），頁三五五～三五六。

與沈昌文先生談《讀書》

編完了今年四月號的《讀書》雜誌，沈昌文先生離開了他的執行主編之職，正式退休了。消息傳出，海外的媒體曾有過不少推測之辭，也在關心《讀書》和沈先生的讀書人中引起了一些議論。不久前，沈先生趁赴美探親之機來康州耶魯大學東亞系短暫訪問。當我們在飯館裡喝著荷蘭啤酒談起《讀書》的時候，我首先以上述的傳聞相問。謹言而幽默的沈先生對外面的說法並未置可否，他只淡淡地說：「我是遵示退休的。對我來說，似乎並無甚麼不合適之處。」從他的語調和措辭可以看出，其中顯然有什麼他本人不便公開議論的事情。「遵示」當然是遵照上級的指示了，正如沈昌文平日善於寫不給他們抓住小辮子的妙文，如今對方也給他來了那麼一手：在他正走到可去可留的一步，人家趁勢把他扶下了台階，只有他自己能覺出那溫和中的推勁。

我們的話題很快就轉入了《讀書》本身。自從該雜誌一九七九年四月創刊起，沈昌文先生一直都參與著有關的工作。但他首先向我特別指出，刊物之所以能辦起來，並得以維持下去，主要應歸功於陳翰伯、陳原、史枚和馮亦代等老一代職業出版家的努力。其中史枚和陳翰伯已相繼病逝，若讀過《讀書》一九八一年六月號中那篇〈記史枚〉的文章，該不會忘記，這位辛勤工作了四十餘年的老編輯臨終前還惦記著他書包內尚未加工的《讀書》雜誌下期的稿子。其他幾位健在的老先生至今仍在堅持為《讀書》撰稿，馮亦代幾乎每期必上的「西書拾錦」專欄總是在為喜歡了解當代西方文學的讀者提供最新的情況，曾就語言社會學寫過不少專稿的陳原近來則以「章怡」為筆名，連續發表了頗多警策的「黃昏人語」。

從沈昌文先生的談話中我才初次了解到這些《讀書》雜誌創辦人的點滴情況。他們的國學和西學底子都很紮實，有不少人一九四九年以前都在國統區為共產黨做過文化工作。大概是由於個人的學養和人品的緣故，由於與黨內的權力鬥爭保持了一定的距離，他們雖然都在歷次運動中經受過不同程度的衝擊，但始終都沒有放棄知識分子應有的人文關懷。正因為在政黨國家一手控制的文化機構中還倖存著這一股健康的力量，始於七〇年代末的思想解放運動才有可能首先從體制的內部造成一種向外部突破的鬆動。

在《讀書》創辦之初的年代，思想文化的諸多領域仍貼著禁區的封條。由中央和各省市社科院主辦的很多思想文化雜誌，與其說是推動思想文化自由傳播的媒體，不如說是一種防範和限制其自由傳播的機制。這些機關刊物之間的明顯不同大概只有各自不同的刊名，封面內的文字則永遠是千篇一律的，其缺乏個性特徵的面貌正如主管它們的黨委一樣，就是只准產生一種色彩：官方的色彩。它們長期以來形成了社論體的文風，結果使中文書面語言被准許使用的詞彙縮小到了彷彿被整肅了一番的地步。本來是發人深思和引起爭論的閱讀，現在卻被導向了單向度的「學習」：不是學習知識，而是學習文件，不是發表個人見解，而是改造每一個人的思想。這些機關刊物的主要使命，用馬克思的話來說，就是「要使陰暗成為精神的唯一合法的表現形式」。

作為一份思想文化雜誌，官營的《讀書》首先要突破的就是官方的色彩。在談到《讀書》創刊十七年來的發展變化時，沈昌文把一九七九至一九八三年左右稱之為「猛打猛衝」的階段，他告訴我，主編陳翰伯早在創刊之先便公開地確立了兩個目標：一是「不能辦成機關刊物」；二是「不能教訓讀者」。在另一場合下，這一否定的表述則被他換成了肯定的：「要張揚民主自由」。後來，陳翰伯在其〈兩週年告讀者〉一文中總結了讀者對《讀書》的特性所做的四點描述：「一是解放思想；二是平等待人；三是提供知識；四是文風可喜」。由這四點評價可以看出，在思想文化雜誌天下烏鴉一般黑的時代，《讀書》確實是率先放出了異彩的一個。按照劉小楓在一篇文章中的定性，這一異彩可以被確定為「以文化閒談和思想清議為主」的言述品質。在言論和出版的真正自由尚未充分實現的情況下，「閒談」和「清議」正是對黨的政教話語的有效消解，它首先通過傳播有趣的知識的渠道，把閱讀從政治學習和思想改造的桎梏下導向了以「讀書無禁區」為口號的自由求知，而以書為中心去談和議，則便於寫借題發揮的文章，既滿足了讀者的求知欲，也可以乘機發表自己對現實的批評。我想，「三家村」之類的讀書札記之所以在「文革」中被作為大毒草批判，顯然是因為政教理論家認識到了此類閒談的消解作用。

沈昌文稱一九八三至一九八九年一段為《讀書》傳播西學的階段。如果說在第一階段的《讀書》中，正在從政論的總背景中淡出的閒談清議還不得不策略地借用馬克思主義經典作家的語言來局部地糾正政黨意識形態的偏差，因而還沒有完全甩掉學習文件的尾巴，那麼到了西方新思潮大量湧入的第二階段，《讀書》雜誌便發展成了系統地引進各種思潮，並用以檢討中國現實問題的新論壇。《讀書》的作者群也發生了變化，由前此的以主張思想解放的職業出版人和政黨理論工作者為主，逐漸轉向不斷地納入年輕一代的學人。他們是那些有幸在六、七〇年代讀過「灰皮書」、「黃皮書」和《摘譯》❶的好學之士，是一九七七年以後進入大學的一代人，是歸來的或正在進修的留學生，他們之中有不少人都具有較好的外文閱讀能力，而且涉獵廣泛，並有比老一代人更純粹的人文關懷。二十世紀末期，知識的傳播正在成為生產行業，思想理論也有了出口和進口，廣大的讀者不可能門門學問都去採銅於山，他們需要一些出版物和作者為他們提供買銅於市的方便。在新思潮湧入之初，《讀書》確實起了良好的導讀作用，它不但為「學術文庫」之類的叢書做了宣傳，也為讀書範圍仍受到很大限制的普通中國讀者提供了書目的信息。

---

❶「灰皮書」和「黃皮書」均為中共內部發行供高幹批判西方資本主義和修正主義的學術文學名著，因其封面分別為灰和黃而得名。《摘譯》為文革後期「四人幫」一伙所出的譯文期刊，其中對當時最新的自然科學和人文學科論著有所譯介。

作為《讀書》雜誌一個海外忠實的讀者，筆者本人便從中學到了很多東西，很多使我受益匪淺的書籍也都是先從《讀書》上獲知，然後才索來快讀的。至今還記得，我對西方現代批評和西方現代神學的最早了解便得自張隆溪和劉小楓發表在《讀書》上的系列文章。

新思想、新理論的引進也促進了新用語、新概念的流行。曾幾何時，社論體文章中慣用的紅色語彙已黯然失色，思辨、重分析、滿篇新名詞、常在括弧內注有外語的長文章成了一些作者致力去寫，讀者熱心去讀的文章。但另一些作者和讀者則嫌此類文章晦澀、冗長，甚至虛張聲勢而不得要領。他們的意見在《讀書》上也曾引起過不少爭論。自一九八六年沈昌文任主編之後，《讀書》的編者和作者開始在深入的基礎上進一步向淺出努力。

一九八九年之後的《讀書》面臨更複雜曲折的形勢，沈昌文用「外圓內方」來形容它的特徵。可以說這是在閒談之「閒」和清議之「清」上更趨於成熟的階段。隨著商品文化的發展，讀者在閱讀活動上有了更多的選擇，如何使知識的生產行業浮載於商品大潮之上而不致被其淹沒，則是《讀書》編者面臨的新挑戰。沈昌文是一個愛活動的人，他白天同官、商、文人打交道，夜裡處理稿件，並在編輯部外組織「讀書服務日」活動，為廣泛而安全地聯繫讀者和作者，他自擬了二十字方針：「沒有開始，沒有結束，沒有主題，乘興而來，興盡而歸。」他還從卡拉OK受到了啟發，為爭取讀者的介入，他在雜誌上開闢了「說《讀書》」專欄。為處理大量的讀者來信，他每天都要花掉差不多一個上午的時間。辨《讀書》和讀《讀書》都顯得更加熱鬧了，至今該刊的印數已從往常的四萬份增至十二萬份。

最後，當我問及沈離職之後《讀書》的情況時，他告訴我：「《讀書》現由汪暉博士主持」。他以為這是「得人」之舉。因為「汪先生學兼中西，今後可能將《讀書》的特色，由『職業出版人辦刊，稍稍改為學人辦刊』，並加強其學術色彩。這在目前大陸，許是必要的。但不論如何，《讀書》開明的取向在汪先生的主持下當不致更易，是為幸事！」

一席話談完，酒已乾盡，街上的雨也停了。沈昌文先生急於回國，他要做的事還很多，要辦「脈望作坊」，要編新的叢書，總之，他是「沒有結束」的。

載自《世界週刊》，一九九六年九月二十九日

科學的僭越和淪陷

儘管李約瑟在其洋洋大觀的《中國科技史》中向西方世界熱心展示了我們的祖先在科技上的輝煌成就，而很多中國人也一直以從前的那幾樣偉大發明和中國的技術截止十六世紀還領先於西方而自豪，但是，回顧一番往日陳跡的餘輝，我們也該警覺地追問一下：中國古代是否有過西方意義上的科學精神和勇為異端的科學家？在西方歷史上，「科學」和「異端」可以說有著固有而內在的聯繫，正是出於大膽的懷疑，像哥白尼之類的科學家才挑戰了神聖的成說，冒著被送上火刑柱的危險，對我們所寄身的宇宙作出了一個革命性的解釋。科學在西方始於求知的興趣和求真的熱情，科學的思想和理論最初濫觴於哲學，是那些耽於思考，為研究而研究的智者發現了屬於科學的方法，積累了認識世界的知識。只是到了後來，它的發展才促進了技術的發達，進而高揚了人的理性，逐漸地形成了一種非常尊重個人獨立思考的傳統。可以說，這種科學精神在很大的程度上給現代民主社會的形成打下了良好的文化基礎。

也許正因為科學有過這樣一種作為異端而成長起來的經歷，在今日發達的西方民主社會中，專業的科學家反倒與《毛後中國的科學和異端》(*Science and Dissent in Post-Mao China*)一書所謂的「異端」(dissent)——或更準確地說是「政治異議」——沒有什麼不祥的牽連。而在中國，在這個從來都只為綱常禮教不斷有人殉難或冤死的國家，自從科學傳入後的一百年來，科學與政治卻扯上了過多的糾纏。那是因為科學自始至終都被寄予了過多的期待，致使它在這塊異質的土地上經歷了荒謬的成長。

在這本旨在勾畫鄧小平改革時期的科學爭論如何變成了政治問題的專著中，作者梅瀚瀾(H. Lyman Miller)特別詳盡地列舉了方勵之、許良英、金觀濤和李醒民等學者引人注目的異端言論，在綜述八〇年代黨的科技政策發生了重大變化的總背景上，頗為反諷地顯示了一個以發展科技為中心，並且又開始重視起科學家的改革，何以在一度振奮人心之後逐漸導致了體制本身與某些科學家的緊張，最終引起了改革領導人始未料及的麻煩。這位遠遠置身局外的作者自有其更為自由的思考空間，他所選擇的議題雖限於八〇年代在中國的科學問題論爭，書中那些縱橫時空的討論卻能上下貫穿「五四」與八〇年代不同時期科學主義之間的關聯，東西對比以中蘇科學界政治異議的異同。對於身歷其境的中國讀者來說，這部史料充實，分析精細的新著如同一道向後投射的光束，讓人在一瞥回顧中突然看清了一些事情的來龍去脈。該書的出版也在美國學術界引起了及時的注意，耶魯大學密切關注中國問題的史景遷(Joanathan Spence)教授率先在《紐約時報書評》

發表了短評，接著方勵之本人也和林培瑞(Pery Link)在《紐約書評》上發表了他們合寫的長篇評論，兩文都從各自的角度強調了此書傳達給西方讀者的重要信息。本文以下要談的則主要是，藉著描述梅瀚瀾在其論著中清理出來的脈絡，著重對中國科學百年來的坎坷遭遇作一點個人的思考。

科學在最初從西方傳入中國之際，是被籠統地做為「西學」而稱引的，它似乎並沒有被明確地同其他不同的西方學問區分開來。在讀書人的眼中，那是一種陌生而奇異的學問，只是古老的王朝吃盡了堅船利炮的敗仗，有識之士才開始主張學了洋鬼子的先進技術去打退洋鬼子的侵略。於是，讀書人放下了他們嫻熟的詩文，學起了國家急用的聲光電化之學。科學對他們來說，更多的是應用的工程技術，是一種使國家富強起來的知識力量，而很少被作為人類精神生活的一種重要的價值去估量。這恐怕就是科學救國思想的基本出發點及其固有的缺陷，由此也導致了從決策者到普通人對科學自始至終的功利主義態度。科學在西方是根源已久，一步步成長起來的；在中國則是注射到歷史進程中的一針針強心劑，它難免碰到預料不到的挫折。如果說本世紀初最早從西方留學回來的科技專業人員主要在科學知識的普及和科技事業的創建上做了他們能做的有益工作，那麼另一些熱中用激進的言論宣揚科學大道理的知識分子則對真正的科學精神未必有深刻的瞭解，現在看來，他們的思想大概反倒與舊學，或者說非科學的思維習慣有更多的聯繫。他們喜歡把中國的問題視為簡單的病癥，把病因通通歸咎於這一個或那一個應該打倒的舊有事物，同時企圖從拿來的新事物中找出某種可能會靈驗的單方來。科學就是他們期待的單方。它被想像為可以一舉將封建、迷信等種種落後現象消除掉的東西，像加法的關係那樣可以同「民主」湊成一個有效之和的加數，被標榜為進步的口號，以致被擴張成了可以把種種新事物包括進去的意識形態。這使它在頻繁的使用中成了一個富有正面價值的詞語，無論甚麼思想或理論，只要冠上了「科學」的定語，似乎就獲得了又正確又進步的肯定。

馬克思主義在最初傳入中國的時候也帶著「科學的」這一褒義的修飾，它的唯物主義據說就是以科學為基礎來建立其一元論宇宙觀的。馬克思曾浪漫地預言，「自然科學往後將包括關於人的科學，正像關於人的科學包括了自然科學一樣，這將是一門科學。」如果說馬克思說這番話時更多地帶著他早期的人文理想色彩，那麼到了後來，正如梅瀚瀾在他的書中指出，恩格斯則把一個整體論的辯證唯物主義強加在了基本上是個人文知識分子的馬克思身上。恩格斯力圖陳述自然界的辯證法，他的繼承者更把那三條法則——對立面的矛盾和統一、從量變到質變、否定之否定——視為放之四海皆準的真理，企圖用它解釋和處理世上的一切問題，從而建立一個統一自然界和人類社會的宏大圖景。這與膚淺的科學主義有一定的相同之處，科學主義者認為，科學及其方法可以推廣到現實的各個方面，應該以科學為認識現實的唯一途徑。其次，中國的傳統思想一向就喜歡用天人合一的宇宙觀簡單化地解釋不同的問題，醉心於捕捉一個無所不在的「道」，把「格物致知」與「治國平天下」籠統地拉扯在一條貫通的線上。兩者似乎都力圖把握和貫徹一種適用於一切領域的普遍法則。這種看起來頗為宏偉的知識理想實質上出於貪婪而專橫的學術野心。可以說，正是基於新學和舊學這一相通的旨趣，一些成長於舊學而對新學僅有皮毛瞭解的激進人士便輕易地選擇了馬克思主義的學說作為行動的指南。當時，救亡的任務壓倒了一切，「主義」的單方大為流行，確實對科學精神有所領會而有興趣坐下來研究具體問題的自由主義(liberalism)知識分子只能發些不受重視的議論，科學的旗號就這樣被革命的隊伍方便地打了起來。

一九四九年新政權的建立給一直致力建制科技機構的專業科技人員帶來了大好的機會，他們與當局的積極合作基本上是出於愛國熱情和追求進步，對於共產黨及其意識形態的本質，可以說還沒有甚麼清醒的認識。中國的讀書人向來都樂意尋求知識與權力的結合，他們現在自然也不會覺得有必要反對政治對文化的統帥。列寧早就說過，「社會主義就是蘇維埃加電氣化」，而五〇年代的中國人大都相信蘇聯的今天就是我們的明天，人們以為只要在黨的領導下取得工業化的勝利，很快就有好日子過了。現在的事實已經證明，科學只有在更富有人性的民主環境中才能得到良好的發展，在一個功利主義地利用科技的專制社會中，科技的盲目發展往往會產生苦果和惡果。很多為了報效祖國從海外跑回來的科學家和學者最終發現，主管他們的官員大都是並不懂科學，甚至沒有多少文化的黨的幹部，一場實質上是文明與愚昧或科學與反科學之間的衝突，結果被判決為反革命勢力與革命人民的對抗，大批的科技工作者幾乎都是因為僅僅對外行管內行的現象提出了一點兒批評，便紛紛被打成了右派。知識從一開始就在無知的權力下受到了踐踏，科學的判斷不得不聽命政治的專斷，革命的狂熱於是以科學的名義幹起了像大煉鋼鐵和豐產田那類大量反科學的鬧劇。眾所周知，科學的實驗乃是通過有計劃的設計來研究所發生的現象，以求得新的知識，但在五〇年代的中國，作為一場生產鬥爭的偉大實驗，則是拿全民的生命財產做代價，舉國上下地去搞完成上級指標的運動。

不同的聲音從此被壓制到幾乎完全消失的地步，在知識同權力結合的慣性驅動之下，知識分子積極地接受新的知識體系也是樹立個人學術權威的重要手段。當科學也有資產階級和無產階級之分的時候，像李森科(Lysenko)那類江湖騙子所搞的偽科學，便容易在政治的蔭庇下大行其道了。現在回頭看當年動輒畝產萬斤的報導當然會覺得非常可笑，如果能進一步把此類荒謬的事情置於當時那種政治化的遺傳學說十分流行的背景下思考，我們就可以看到，知識分子一旦放棄了獨立的批評判斷，進而為政治專斷的推行製造相應的理論，會在現實中產生多麼大的危害。

我相信，像查汝強之輩的馬克思主義者那樣地固守自然辯證法的教條，去同論敵喋喋不休地辯論，與其說是熱心捍衛自己堅信的真理，還不如說是通過固守官方的學說來維護個人的學術特權。馬克思最喜歡的格言是「懷疑一切」，不幸的諷刺是，史達林、毛澤東版的馬克思主義卻變成了不容懷疑的教條，套在所有知識分子頭上的金箍圈。直到現在，中國的大學內學習理工醫農的研究生還得必修一門叫做「自然辯證法」的課程，據說是為了讓學生掌握這一科學哲學的方法，以便用來指導不同的專業研究，儘管它在現有的知識體系內早已成了一節學科的盲腸。

梅瀚瀾在他所敘述的科學爭論中除了對許良英等人的異端言論做了深入的分析，還特意點出了值得我們深思的另一個問題：由於不加批評地接受知識與權力的結合，同時為追求一整套綜合的真理體系而容忍唯一的真理準則，知識分子實際上已在一定的程度上與當局的種種倒行逆施有了某種同謀。不過，應該進一步看到，權力與知識的結合還有其更深一層的基礎，知識分子的屈從其實更多的是由政黨國家的人身依附體制製造成的。政黨意識形態幾十年來為它的全面統治所建立的宏大學術殿堂近來雖已日漸荒廢，但其中仍容納著大批職業的寄生者。具體地說，就是還有大量的人得利用現存體制的不合理性謀取自己的實際需求。那是通過給你一個飯碗來叫你重複一個動作的機制，既不必擔心你懷疑什麼，也不一定非讓你相信什麼，只不過久而久之，你就習慣用職業的腔調說和作罷了。比如，只要自然辯證法這樣的課程還得上下去，授課的老師和選課的學生就會重複那些廢話，而重複就意味著被佔據，被一種勢必將整個國家和民族拖垮的荒蕪力量佔據下去。昔日權力的鐵板一塊狀態已經逐漸瓦解，但它的碎塊依然以其變得腐爛的養料餵養著不同利益的分享者。政治異議的聲音是很微弱的，它只是在西方媒體的聚光燈下光輝得像臺上的獨舞，而在中國公眾之中的影響，則如落在那光圈外的一片黑暗。這使我想起了陳寅恪的兩句詩：「而今舉國皆沉醉，何處千秋翰墨林？」

荒蕪力量在科技界的最大危害就是五〇年代從蘇聯搬來的模式，及其思維習慣所留下的後患，這個從開始就在結構上固有的缺陷至今仍拖著我們的後腿。按照蘇聯模式建立的狹窄的專業技術訓練固然可以培養出有用的工程師，但很難造就人文知識分子型的科學家。從一入大學就劃分專業的限制完全排除了必要的「通才教育」(the liberal arts)，這使得理工科的教師和學生在知識結構上一般都有很大的缺陷。而長期以來社會對理工專業的重視更加使技術工具型的人才成為普遍認同的人才模型。與此同時，科技人員還反過來漠視人文學科及其從業人員。在政治高壓的毛澤東時代，從事理工專業相對地被認為有利於躲避價值問題的是非困擾，科學的專業於是成了一個人有意放棄獨立思考的避難所。在經濟過熱的今天，由於搞應用技術有利可圖，而文史專業正落在了最窮酸的低谷，自然科學進而同人文學科被更加人為地對立起來了。所有這些舊包袱和新麻煩都在腐蝕著真正的科學精神在中國的成長，也敗壞著科技人員的素質。

現在又得回到以上馬克思所說的「一門科學」了。但不是指那種妄圖吞併自然界和人類社會的總體的一元論宇宙觀，而是走向自然科學與人文學科的融合，或者說科學的人文化。至此，本文的話題已不容許我繼續討論如此深邃的思想了，在結束本文之前，我只能向讀者推薦西安學者尤西林的兩部新書：《闡釋並守護世界意義的人——人文知識分子的起源與使命》(鄭州：河南人民出版社，一九九六年)和《人文學科及其現代意義》(西安：陝西人民教育出版社，一九九六年)。我希望我還有機會再評說這兩部更有揭示性的論著，因為在這兩本書中，作者深入而富有獨創地討論了我們在此已經觸及而有待進一步探討的問題。

載自《世界週刊》，一九九七年一月十九日

飢餓與記憶

在全中國人民都吃不飽飯的年代，勞改隊的飲食狀況當然只會變得比平時更壞，從最近出版的不少回憶錄可以看出，眼看著讓一個個犯人慢慢地餓死，幾乎是當時的勞改隊每日每時都在發生的事情。飢餓的折磨已成了勞改生活中日常化的痛苦，因而也成了一些倖存者在今天回憶起往事時反覆講述的慘痛經歷。飢餓於是不僅僅是一旦吃飽就會消失的生物性感覺，它已整個地滲透在對那個苦難年代的記憶中，成了無辜者受罪的總和，人民在政治高壓下被剝奪得一無所有的隱喻。飢餓全面地侵入了現實，它幾乎時刻都從身體和精神上威脅著大多數老百姓。

我們的文明在很大的程度上是在克服飢餓威脅的過程中建立起來的，世界上恐怕還很少有像中國這樣擁有悠久的飢餓史的國家。過去的很多王朝都在飢民遍野的情勢下滅亡了，沒有哪一個政權不懂得「民以食為天」的道理，中國共產黨之所以取得了勝利，一個重要的條件就是，歷史給這塊土地上留下了太多的吃不飽飯的人口，而黨正好向他們許諾了吃飽穿暖的生活前景。不幸的是，這個以解決全民溫飽問題為基本任務的政權，後來卻在實現其許諾的過程中人為地製造了飢餓。一九六〇年前後的大飢荒只是這一現象顯得怵目驚心的一段極端時期而已，實際上飢餓的恐慌早就從糧食的統購統銷和定量供應開始了。應該認識到，對糧食的控制不只是一個單純的經濟政策的問題，那還是極權政治的一種手段，其目的就是通過對全民最基本的需求進行嚴格的限制，從而達到對每一個人的有效控制。早在局部地區大量餓死人之前，糧食的配給政策就已在社會氛圍和人的心理上造成飢餓感的濃重陰影了。政黨國家把人們歷史地發展起來的屬人的東西逐步剝奪殆盡之後，進一步用飢餓把人降低到了純粹在生物反應的支配下活命的地步，中國於是墮入了她的飢餓史上最黑暗的一頁。

這樣看來，獄中的飢餓現象就不只是由於供應的不足而不得不降低標準的問題了，從實質上說，它更應該被理解為按照政策的要求有意在犯人中製造的生存狀態。那些吃過苦、挨過餓而到後來當上了革命幹部的人，大都容易從他們固有的底層意識出發，把物質生活水平的高低簡單地做出政治化的區分。在他們看來，勞動人民都是吃糠嚥菜活過來的，現在對待這些被專政的階級敵人，自然不能讓他們吃得又好又飽，只有餓其體膚才能達到改造的目的。階級鬥爭論的非人性在於，它不但以正義的名義公然向人民實行暴政，而且用偽善的面紗掩蓋既得利益者的特權。比如，勞改隊的幹部一面暗中享用犯人的勞動果實，一面卻教導犯人說吃得太好會滋長資產階級思想。就這種勞改的邏輯來講，凡從人權的角度來看是屬於摧殘人身和踐踏人格的現象，竟然都被說成是必要的教訓和有益的考驗。因此，在中國的勞改隊裡，可以說從一開始就是把飢餓的生存狀態作為正常的勞改秩序維持的，而由此所導致的衰病死亡無形中也就成了對那些沒有能力接受改造的犯人進行自然淘汰的一個結果，被當局視若無睹地認可了。從吳宏達的《苦風》(*Bitter Winds: A Memoir of My Years in China's Gulag*)、巫寧坤的《一滴淚》(*A Single Tear: A Family's Persecution, Love, and Endurance in Communist China*)和張賢亮的《我的菩提樹》三部最近出版的回憶錄可以看出，不加挽救地讓犯人在低標準的情況下活活餓死，事實上已經構成了對犯人群體的變相滅絕。

最容易被淘汰掉的首先是那些既沒有外邊的接濟，又不會偷不會賴，而且始終老老實實地吃自己那一份飯幹自己那一份活的人。正如張賢亮在他的書中所說，「最淒慘的，是那種人格儲備大於生存儲備，而生存儲備的消耗又大於人格儲備的人。死去的，絕大多數是這樣的犯人。」就像傑克・倫敦筆下那隻名叫布克的狗被拋入了由棍棒和牙齒決定一切的世界，在勞改隊裡一個人還要保持溫良和斯文，他的生存儲備就會被最早耗竭。巫寧坤的獄友老劉就是這樣一個在飢餓中還沒有完全掃除羞恥心障礙的知識分子。巫收到了家裡送來的食物後，很快就被同室的慣竊偷去不少，睡在他右手的老劉則用一手優美的柳字體給他寫了一個條子：「求你借給我一塊烙餅，等我妻子從家裡送來食物，我一定加倍奉還。」巫給了他一塊烙餅，算是給他飢餓的旺火上澆了一小杯水，但這一點施捨並沒有使他逃脫最終餓死的命運。同那些不顧一切地想辦法使自己免於挨餓的犯人相比，老劉顯然還沒有完全甩掉他身上的人格負擔，因而他難免比別人更早地當了餓死鬼。而要在那份少得可憐的飯以外儘量增添能填充肚子的任何東西，你就得讓自己能吃下一切撈到手的可以下嚥的動植物：從燒煮癩蛤蟆到細嚼自己身上的虱子，從偷吃正在生長的莊稼到烹調各種各樣的野菜，飢餓已經把人變成了無所不吃的動物。人現在活到了少吃一口就有可能餓死的地步，吃因而成了活著的全部內容，有人甚至為求一飽而不畏一死。

在犯人成批餓死的號舍裡，有時候一個人還沒有完全死去就被拖到了停屍間等待埋葬。吳宏達的獄友陳明就是在餓得昏厥之後被丟在了屍體堆裡，又在甦醒之後自己爬了出來。他因為這一段在活人間的缺席而錯過了一頓午飯，於是在歸隊後被例外地照顧了兩個從幹部灶上領來的窩窩頭。那黃粱粱的玉米麵散發出令周圍的犯人全都垂涎的香味，也把再次昏過去的陳明喚回了陽間。他突然坐起來，睜開了雙眼，目光炯炯地盯著窩窩頭，一把抓起來狼吞虎嚥地吃光吃淨。接著他就揉起肚子喊疼，一頭栽倒死了。連死亡都不能平息飢餓的噬咬，死而又活，活而再死，彷彿餓魂至死都不甘錯過一頓應得的午飯而悄然離去，那一息生氣尚未斷盡的陳明就這樣被飢餓鼓動得再次甦醒過來，掙扎著吃下了最後一頓欠他的冷飯。

張賢亮記錄下來的一個慘狀更能叫人體會到飢餓的恐怖：一個曾是中學教員而被打成右派送來勞教的犯人竟餓到了這樣的程度，他的妻子帶著女兒遠道來勞教農場看他，見面之後他二話沒說就拿起帶給他的食物，像貓擒住了老鼠一樣跑到一邊吞食起來，吃完了食物，他隨手用鐮刃切開手腕子上的血管倒在田野上自殺了。飢餓並非如張賢亮筆下的老政委所期待的那樣會把犯人都

「改造好」，要說這種改造的真正結果，只能說是把人最終變成非人，把人身上的感情吸乾咂淨，把人性的吃飯降低成動物性的進食，直至把人整死。飢餓已經把一個人折磨得寧可為感受片刻的吃飽而不惜選擇做一個撐死鬼的下場。就這個意義而言，自殺的右派可謂死得其時，因為他已經以吃飽了的一死永遠逃脫了飢餓的漫長威脅。既然動物般的存活使活下去成了問題，對一個這樣毫無出路的犯人來說，吃飽了然後自殺，那場面就有了抗議的性質，也有了儀式的莊嚴。

張賢亮的一個獄友有一次對他說：「毛主席就是要下面這些人騙他哩！」事過多年之後，他才懂得了這句「反動」言論微妙的道理。原來英明領袖及其政權整個運作的一個主要方面就是掩蓋事實的真相，他們不但致力於瞞人，同時還力求自瞞。瞞人是堅決要把他們規定現實應該是什麼的結論強加給全世界，自瞞則是儘量讓自己相信人們都接收被強加的一切，從而維持自我感覺良好的狀態。因此，若有人不願意被瞞，便可能使被規定的現實顯得走樣，使一直良好的自我感覺受到騷擾，這就是「反動」。所有被抓到農場勞教的右派都只是怪他們無意中說了幾句真話。老政委是張書中寫得最生動的一個人物，他善於對犯人恩威並用，最會用日常的簡單化判斷把歪理說得讓天真的知識分子口服心服。他確實就是一個縮小了的毛主席或毛的政治風格在基層的體現：向犯人宣傳低標準政策的時候就說，吃了野菜才能改造好。而到了成批的人餓倒死掉的時候，他又把死亡歸咎於犯人大量地偷著「吃青」。

在這種只允許按照從上邊傳達下來的說法來理解一切的年代，個人的特殊記憶當然就成了禁忌。比如，對於所有餓死的犯人，勞教當局指使醫生都專門編造了不同的病癥寫入病歷，以便事先把餓死人的責任推卸乾淨。假使你如實記下了他們的死因，豈不等於把已經用黃土埋掉的屍體再刨了出來。在這樣的情況下，一個人還想用文字保存個人的記憶，顯然是既艱難又不安全的事情。而已經由於寫了一首詩當上右派的張賢亮，身處勞改隊猶丟不下書生的文字積習，在一天的勞累之後，竟然還有興趣拖著飢餓的身子堅持寫他的日記，這樣的毅力和勇氣主要來自一個人力圖保存記憶的執著。不管他敢寫在紙上的東西多麼貧乏而空洞，書寫的行動畢竟表現了記憶對遺忘的抗爭，一個人在被拋入的「活著」狀態下儘量作一點省思的努力。應該指出，把所經歷的事情通過文字的敘述再過一遍，不但有助於形成我們的日常判斷，而且能激發想像力，提高精神的領悟，使一個人的生活多少有了反省的成分。腦溝裡的記憶是散亂易逝的，人發明文字和從事書寫的目的就是為了把記憶固定下來，使飄忽的個人印象作為可被他人接受的表述持續傳播下去，把腦子裡被動的印記變成書面上主動的銘刻。記憶因此具有揭露的性能。正如從前官方不許個人私修國史，階級鬥爭的年代也把檢查的觸角伸到了私人日記中。在這種嚴酷的情況下，一本要在勞改隊保存下來的日記自然只能寫成不會被控以「反動」罪名的流水賬。作者在書寫的同時已做了徹底的檢查，字面上只留下了事實的僵屍，只是經過今日的回憶性注釋作了補充，空缺的真實才從流水賬的乾癟縫隙間透露出來。

這種把過去的日記和現在的回憶對比穿插在一起的結構，使我想起了《春秋》和《左傳》的編排。正如沒有《左傳》所敘述的事件、人物和對話，《春秋》上所有乾條條的所謂微言大義便沒有什麼意義可言，沒有今日的回憶對那些乾巴巴的記錄作補充解釋，張賢亮不得不寫得太簡單的日記就永遠地成了對過去的隱瞞。由此可見一個由全面的專政製造的隱瞞對真實的掩蓋或抹掉達到了甚麼樣的程度，由此也可見個人的記憶對那樣的隱瞞有多麼大的抗拒力量和顛覆作用，由此就更可見讓更多的人拿起筆回憶他們曾經到底怎樣生活過確實是十分必要的。

從小說的敘述角度講，日記中的乾條條則像往事的亂線團中露出的線頭，它們正好給現在的回憶賦予了敘述的秩序，使再現出來的往事更富有真實感，同時與內容豐富的回憶還形成強烈的對比。如果不只從可讀性上考慮，而是在對比中看這些日記重複出現的效果，可以說，它們的過於簡略和乾癟本身就呈現了一個勞教犯在飢餓、勞累和監規制度的壓力下日常生活與內心的單調，這再真實不過地讓我們看到，勞改隊的目的就是要把投入其中的人都變成這麼單調的樣子。日記的插入簡直有了文獻的價值。

值得強調的是，這種把歷史原件和回憶的創造拼湊在一起的敘述，已超出了「寫作技巧」之類的形式問題，我們更應該把它看做作者的道德勇氣在形式處理上的成功表現。在第一條日記注釋的開頭他就明確表示，公佈日記並另加回憶性的解釋，是為了檢驗他對自己的過去敢於面對到什麼程度。人們大都喜歡回憶美好的往事，得意的時分；把自己從前某些狼狽的狀況，甚至從今天來看很卑劣的事情，以日記這樣的證據形式和盤托出，再加上詳盡的注釋，當然是需要很大的勇氣的。從張書的字裡行間可以看出，這一勇氣來自作者日趨成熟的批判意識，其中既有對他當初還不完全認識的極權政體的批判，也有對包括他自己在內的中國知識分子的批判。特別是後一方面，可以說突出顯示了張賢亮的這一本近著與其他舊作的不同。在他過去的小說中反覆地做了一系列不徹底的懺悔之後，張賢亮大概已經厭煩了他那些半帶著內疚半含著自憐的落難公子，也開始看清他給他小說中的人物頒發的受難獎章是用薩特所說的「不老實」(bad faith)鑄成的了。現在，在過去的日記和後來的回憶相互對照下，他終於忠實地揭示出受迫害的中國知識分子和迫害他們的一群在很多方面的同謀。要知道，他過去的日記和他後來的小說都有那同謀的一份。能面對和揭示這一點是不容易的，因為很多人還一直都隱瞞著他們所參與的同謀，而且他們不可避免地還會為了既得的利益而與那個體制同謀下去，直至變成它的一部分。

輯二

徐培蘭變形記

——讀「黃塵」三部曲

變形是文學的一個大題目。提起變形的故事，大概都會想起古羅馬作家奧維德和現代派作家卡夫卡的同名傑作。不過以下要討論的變形卻與這些話題相距甚遠。這裡要談的只是一個中國當代作家的三篇小說，其中既無神話，也不存在西方意義上的荒誕主題。如果將要展開的評論確實有文不對題之處，讀者不妨把它視為借題發揮之談。

其實換一個角度來考慮變形的現象，我們也會驚異地發現，它本是生命的事實。因為生命的經歷本身即為一不斷變形的過程，每一個人由小長到大，從幼年以至老年，全都不知不覺經歷著身體、心理和精神的變化。在更為符合人性的生態—社會環境中，在人能夠充分發揮其主動性的情況下，變化的過程就可能更多地體現出人的健康成長和全面發展。相反，在不完全符合人性的生態—社會環境中，在人基本上處於受動的情況下，變化的過程就會或多或少地將人扭曲。從唯美的或唯理想的角度看，扭曲的形態難免有其醜陋之處。自然，那些表現了扭曲形態的藝術作品，一般都容易使讀者的審美承受能力受到挑戰，也會同流行的文學話語所構造的「真實」形成差異很大的對比。與那些陶醉於虛假的樂觀主義或熱中維護一種光潔形象的人們不同，敢於揭示扭曲形態的作家在觀察事物上都有其絕對的方式。因此他能視見到我們的經驗中一直遭到掩蓋或排斥的現象，而當他為表達這種方式找到了合適的辭句和情境時，他便能使那完全以猥瑣的狀態蟄伏在日常生活中的生存境況得到藝術的表現。

我並不能肯定楊爭光在這一方向上已達到了多麼值得讚賞的程度，但我試圖在上述的意義上對他的「黃塵」三部曲——〈黃塵〉、〈扭〉（均見小說集《黃塵》，作家出版社，一九八九年版）和〈霖雨〉（《時代文學》，一九八九年創刊號）——做出我自己的閱讀反應。通過透視徐培蘭被扭曲的過程，我們還可一掠那被剪輯起來的人物漫畫群像，對黃土地上的村社群落綜合症和婆媳較勁遺傳病做出必要的分析。

之所以把「黃塵」三部曲中的生態—社會環境稱之為村社群落，是因為在那裡人的自然需求對人的意圖及行動起著絕對的牽制作用，在那裡一種形而下的食色文化氣息仍彌漫於生活的各個角落，在其成員所奉行的風習中似乎從來都沒有創造出一套行之有效的經典文化和價值體系。它的經驗的現實性是純世俗的，它遠遠退守在歷史的記憶之外，它的故事恍若褪了色的傳奇。在這個世界裡，儘管外部的社會變革也常常輸入一些經濟和文化上的改觀，但其日常生活與人際關係的深處始終潛伏著退向荒蠻癖性的暗流，就像在面貌日新的城市地面下，不易重建的下水道總在接納著生活的廢水和殘渣。譬如在大旱天聽到母貓叫春的聲音，稍有理性判斷的人都不會對此有絲毫的介意，但在巫術意識陰魂不散的村社群落中，它立即就在人群中招致了疑神疑鬼的反應。在以下楊爭光講述的故事中，魯迅所謂的「幾乎無事的悲劇」就是從徐培蘭家的母貓叫春開場的。

楊爭光顯然一直在反覆使用他玩得嫻熟的講述方式，即在轉述事態進行的同時，順便插入它發生的原委，從而把人物自己的雜亂印象分散著展現出來。藉此機會，他也把個人喜歡留意的經驗碎片和話語碎片隨同人物從眼角瞥見的場景編織在一起，將事件的脈絡富有彈性地串通起來。這種人物自知式的敘述角度很容易使讀者不斷對一些片斷的描寫產生興趣，而其中很多本無故事趣味可言的蠢動和姿態竟也隨之產生了戲劇化的效果。於是我們十分驚訝地看到，生活中種種瑣碎的徒勞和庸人自擾的事情都獲得了新奇的面貌。

使我們感到好笑的是，他的人物總是處於受動的境地，他們彷彿被一種總體性的匱乏所壓迫，動不動就表現出受驚和猜疑的態度，在隨便什麼出現於眼前的變化中敏感到異常的、可能會對秩序造成干擾的徵兆來。他們習慣根據經驗的碎片和話語的碎片判斷事物，因為一聽到像貓叫春這樣被認為是災難信號的聲音，便普遍地神經緊張起來。但他們對於這種內容並不確定的恐怖似乎又懷有模糊的興奮，因此一方面自己心慌意亂，一方面又熱中於嚇唬別人，全體成員都像害了熱病似地製造白日見鬼的風聲。他們喜歡用擴大一種陰影的消息填補生活本身的空洞。這種用無意義的行動編排成的鬧劇便構成了村社群落的公共生活，而其成員的私人生活則由此受到了懷疑的監視、討厭的干涉。陰陽怪氣的氛圍弄得大家都鬼鬼祟祟，人人都把個人的或自己家庭的瑣事竭力包起來，對他人和鄰里的秘密則拼命去窺視之、探問之。像花香這樣把心思用於說三道四的女人，往往就在引起連鎖反應的道聽塗說中扮演串通和煽動的角色，把隨便什麼捕風捉影的事情都播揚得煞似有重大的陰謀將要發生一樣。生活的鄙俗性正是表現在把日常事件都弄得沾上了巫術氣味的趨勢上。因而人們習慣用原始禁忌的態度待人接物，人云亦云地接受一些對事物做非理性評價的否定性標準。這樣的告誡，那樣的提示，都在向接受者傳布咒語式的話語專制。例如，當大家都由於貓叫春而緊張起來時，花香就在人堆裡聲張：「要出事了。我看要出事了。」蓋子叔進而討伐貓的主人徐培蘭說：「乾天火地的，叫牠甭叫。」徐培蘭不滿意兒子找媳婦，卻針對若月的長相警告兒子：「女娃嘴厚不好。」諸如此類毫無理由的武斷都在所伴隨的臉色和語氣下向接受者擺出威脅的氣勢。那不是訴諸知解力的談話，不是引導你去認識事物的本質，而是用含混的信息迫使你畏懼地放棄用自己的頭腦去思考問題。

因此，村社群落的成員中通行著一種失語症似的交談。其表達方式是單調的重複，是閃爍其詞的暗示，是聽不出所指意義的自言自語，是尤奈斯庫的荒誕劇式的陳腐對話。通過戲倣這種語言貧乏和思維短路的症狀，楊爭光也刻意構造了他小說中的獨特對話風格。他似乎是為無意識的話語慾望所迫，在敘述中情不自禁地玩味著程式化語調的枯澀節奏，以致讓他操縱的人物用木訥的口吻傳達出一股子富有感染力的瘋狂。應該指出，正是運用了這種「次等寫實的」模倣，那種異質的，規範文學常用的詞藻和情緒性描寫所無從捕捉的邊緣文化情境才在楊爭光的小說中得到了文學的表現。因為現實是語言構成的，只有構造了與之相應的語言氛圍，才能洞開對特定現實的視見。楊爭光的小說值得我們重視的其實並不在於其中僅僅展示了黃土地上的鄙瑣場景——因為很多被稱為「鄉土小說」的作品寫落後和愚昧已經寫得夠多了——，而在於展示的過程中很少有許多作家堆砌方言口語的媚俗趣味，即不是追求修辭意義上的大眾化風格，也不是為了把人物的對話當作增強人物形象生動性的手段，而是顯示了與一種說話方式同構的精神貧乏之狀況。因此，在他的作品中，敘述話語及其流露的意味便具有了它自足的完整性。

村社群落缺乏任何內在的生活，主體性是被淹沒在空洞化了的文化語境中的，所以一個人甚至沒有多少自己要說的話。他們慣於用被普遍接受的平庸經驗來強調生活的真理，任何既成的事實，只要用人們熟知的類型化事例加以簡單的類比，似乎都有了不容置疑的合理根據。楊爭光筆下的人物往往在碰到莫名其妙的情況時無端地顯示出莊稼人的質樸機智，信口胡謅一句農村流行的口頭格言。對持續的嚴重旱象，蓋子叔的總結是：「六十年一個輪迴。」當他帶頭迫使徐培蘭把叫春的貓處死時，理由是「眾怒難犯」。後來貓逮住了老鼠，眾人對牠刮目相看，他又以「種瓜得瓜，種豆得豆」為前提，建議趕快給母貓配種。農民意識的經驗主義總是用老舊的話語專制抹煞事物的複雜性和個別性，為維護個體和群體的心態平穩，它基本上傾向於把人與事的差別麻木地拉到等同的水平面上，甚至卑賤地淡化苦難的悲劇性，好像只要能讓更多的人屈從現實的嚴酷，個人的屈辱就有了慰藉，就無足掛齒了。最令人忍俊不禁的事例也許就數那個患痔瘡的人物，他屁股一發癢，就要下意識地咕噥：「十人九痔。」這句口頭禪顯然是被他無奈地當作一種治療來使用的。

類比的判斷所樹立的並非是非善惡的絕對標準，而是要求人們根據從群體的反應中所捕捉到的信號做出個人好惡的表示。因此，其態度是看風使舵的，瞅紅蔑黑的。當大家都讓母貓的叫春聲弄得疑神疑鬼時，人們就堅持要弄死那貓。而一旦貓逮住了老鼠，他們立即又把牠視為寵物。透過他們可笑的盲動，不難看出食與色兩個基本的自然需求在黃土地上的夢魘式壓迫。在這裡，母貓的叫春聲顯然代表了赤裸裸的性呼喚。從所謂「同聲相應」的物感論觀點來看，它之所以被視為不祥，是因為它泄露了人不敢叫出的聲音。婆子媽說得很實在：「貓和人都懷春哩。人就是不喊，貓可不是人，貓想了就叫喚。」正因為如此，它那令人感到難受的觸動，引起了人對它的嫌惡。此外，天地乾旱與心情的乾旱也是對應的。當它的聲嘶力竭加劇了人們的焦慮時，他們在旱象嚴重的日子裡就對這叫聲有了特別的忌諱。於是，對旱象的擔憂與對性意味的禁忌便在此把食與色非常微妙地聯繫起來了。處死母貓的要求意味著尋找一個替罪羊，即在某個最敏感的漏洞上堵住愈演愈烈的趨勢。當徐培蘭一再辯解「我又不是貓」時，她似乎已敏感到被遺忘了的古代人焚巫求雨的噩夢。在故事的開頭，這場討伐母貓的鬧劇彷彿預先排演了此後發生的慘案。

在楊爭光的小說中，很多人物的個人狀況都使他們活動的世界呈現出陰盛陽衰的景象。其中大多數婦女都在喪夫後守著寡：煥彩的男人死於車禍，徐培蘭的男人死於工地上的事故，美里的男人一夕暴亡，婆子媽和草村姑均已守寡多年。而剩下的男人在男性的規定上都有不健全的地方：富士被仇家閹割，康定的性器官從小有毛病，舉足輕重的蓋子叔是個老光棍。或是丈夫位置的空缺，或是身為男人的名不副實，一種拉康所謂的絕對能指菲勒斯(phallus)的缺席標誌了生存境況的總體性匱乏。從外表上看，男女之間更多地是雌雄之分，而各自作為文化構成的性別氣質卻顯得含混不清，相互重疊，以致多少都有點不男不女的樣子。具體地說，他們的性別氣質都呈現出發育不良的症候。像富士那樣在下意識裡對女人動輒產生肉慾的男子漢，其興奮過程的純虛擬狀態，其真正上手時的銀樣蠟槍頭模樣，幾乎總是暴露出他的男性軀體的無能。結果他那極易受動的自我表現反而成為對他自己的反諷和否定。一方面是被懸擱的情慾隨處尋找發泄的機會，一方面是利比多(libido)的嚴重萎縮。而對於這種無根的亢奮，所能期待的治療竟是外科手術式的：突如其來的去勢懲罰對其做了快刀斬亂麻的處理。

「幾乎無事的悲劇」是一種反悲劇。其中既無英雄，也無巨惡。在沒有善惡對抗的世界裡，災難自然不會產生震撼人心的悲壯力量。沒有可以為之受難的輝煌價值，沒有冒天下之大不韙的犯罪，折磨、傷害和流血也就難以構成真正的恐怖了。只要隨便派定哪個倒霉鬼去充挨刀的角色，就足以完成死亡的差事。你可能對無法無天的殺害感到突兀和驚呆，但不會產生亞理士多德所說的憐憫。蓋子叔的格言說得頗為確切：「人死如燈滅。」中國式的無神論認為生死只是一個物質性的「氣」聚合消散的問題，血肉之軀不過按照飲食男女的機制調節其行為罷了，至於抽象的靈魂觀念，向來是不予考慮的。因而身體就不可能具有它內在的尊嚴性。一個男人會在床第上執著地證實他男子漢的價值，卻未必關心維持其男性形象的儀表和舉止。一個女人拼命在生育上發揮其母性的機能，卻在與孩子的接觸中，為迴避任何容易令人聯想到性的舉動而固執拒絕一切柔情的東西。在今日的很多文學作品和評論中，常常可以看到有些人刻意用弗洛伊德的模式編造或讀解中國文化的戀母情結，其實多為削足適履之談。相反，這裡的國情卻有所不同，其中倒是存在著另一種非俄底浦斯式的錯綜。在楊爭光的小說中，我們就可以看到它的端倪。

它不是什麼戀母情結，它甚至帶有厭母的情緒。如上所述，匱乏不只意味著純粹的空洞，它還滋生著過量的無意義困擾。在一個代表正面價值的菲勒斯缺席的世界中，無法確定自我位置的一群女人便傾向於互相尋找出氣的對頭。必須補充說明，這裡所指的當然只是中國文化中並無女權主義意識的特定境況。

婆子媽與徐培蘭即為這樣的對頭。婆媳二人均為寡婦，都在喪夫後發生了外形上的變化。前者身患怪病，一隻胳膊和一隻腳不停地扭。後者的雙眼一下子「變得紅不絲絲，像遭了風一樣」。彷彿在人倫上一旦失去確立其女性價值的依據，她們在身體上的女性標誌就自動地剝落和暗淡了。生命的殘廢狀態以可見的症候給人的軀體封上了守喪的外殼。這不幸的潦倒未嘗不含有迫使一個女人自毀的趨勢！一方面肉體的扭曲專橫地削弱性的魅力，一方面慾的旁溢化為指向其他對象的怨毒。早在徐培蘭的丈夫在世時，對於媳婦向自己的丈夫所做的親暱表示，婆子媽就覺得很不順眼，聽見媳婦叫一聲兒子的名字，她都嫌叫得「騷情」。兒子死後，她又把醋意轉向媳婦與孫子的關係。她甚至企圖把孫子捏死。不難想像，她死去的兒子在生前恐怕也被她咒了不知多少回。在她的身上，自己的匱乏永遠成了排斥他人滿足的動力。

村社群落的食色文化既是淫穢的，也是假正經的。它並不忌諱純生理上的性釋放，但不能容忍男女之間公開地親暱接觸。粗俗的性玩笑可以像談吃談喝一樣毫無顧忌地掛在嘴上，親密和愛慕的表示卻容易遭到譏笑，好像其中總有色情的嫌疑。婆子媽所指責的「騷情」，所說的「看不慣」，其實正是拒絕男女關係中所滋潤出來的人性美和人情味。在這裡，浪漫的東西反而成了不道德的，肉慾的東西只能滯留在機械活動的層次上，其間根本找不到靈肉合一的交點。也許兒子與媳婦在人面前越顯得生分，婆子媽才越覺得兒子離自己心近。但這並不意味著她要把兒子拉到自己的懷抱裡，而是要把他牢牢攥在手心中。她渴求的並非兒子對她的親熱——親熱總是不正常的，而是始終要排除家庭內部的「第三者」。她在自我防閑的同時也把防閑之牆橫在了其他男女的親密關係之間。壓抑慾望就是她唯一的慾望。

婆媳之間的敵意漸漸固著為輪番的較勁，發展成在雞毛蒜皮的事情上沒完沒了的互相折磨。在三部曲的第二篇〈扭〉中，楊爭光把兩個人你嘔我、我氣你的拉鋸戰寫到了欲罷不休的程度。較勁的激情幾乎成了這個活屍般的老太婆努力活下去的生命動力。她自己明確宣布：「死了我就和你較不上勁了。我不想死。」活下去似乎不再是一個單純活命的問題，而是因為不忿對方還留在世上，所以自己必須苟延殘喘。對婆子媽來說，死去就等於自動認輸，若能掙扎活下去，總會給對方造成不快，並進一步把她拖垮。這樣一來，能作為一個眼中釘活在家中，簡直成了婆子媽餘生的一大樂事。她偷油餵老鼠，在門前展覽破鞋，時刻大聲叫嚷要吃要喝，種種搗亂與破壞，全都死硬地表明，只要她一息尚存，就要不斷地挑釁。

拒絕回答問題和死賴著隱瞞實情也是她的拿手好戲。她欣賞媳婦為疑惑所困擾時的焦急，所以故意拿明白裝糊塗，以其頑劣的遲鈍把徐培蘭弄得哭笑不得。在她那怪模怪樣的笑容裡，時而透出詭計的閃光，時而含著惡意的自我欣賞。她用笑作抵賴，用笑嘲諷徐培蘭的束手無策。

但是，她扭胳膊扭腿的症狀也從外部諷刺了她自己。如果我們把作者加在人物身上的痼疾理解為一種象徵意味的姿態，那麼她的軀體被迫接受了這一機械動作的事實，豈不正好說明，一個缺乏自我控制的個體始終徒勞的不過是在重複病態的補償罷了，她實際上僅僅是在做著外在於自我的活動。這不能不令人懷疑，她的病症是否含有中魔的成分，是否有一種戲弄人的怪異力量操縱著她，並通過她的肢體把她弄得十分可笑。她不只在同媳婦較勁，她簡直也在同自己較勁了。

那麼，如果一個作家對事物的細枝末節在觀察和描寫上常常陷入迷戀的程度，以致養成一種創作方向上的頑念，是否可以說也有某種他自己並不清楚的邪勁在困擾著他？如果他還沒有自覺地省察到這一傾向並採取適當的節制，他會不會使自己運用得較好的操作發展到過量的地步，以致在他的作品中留下了某種類似於扭胳膊扭腿的斧痕呢？

這是值得每一個作家警惕的事情，楊爭光自然也不可漠視。

楊爭光也許是為了避免平鋪直敘的枯燥，為了給徐培蘭後來中邪的結局鋪墊氣氛，才特意在〈扭〉中採取了生者與死者對話的敘事結構。婆子媽生前與徐培蘭較勁的一幕幕是在徐培蘭恍恍惚惚對繼續要和她較勁的亡靈所訴說的回憶中展現出來的，閃回的情景與正在進行著的對話穿插在一起，魔幻具有了生氣勃勃的現實感，糾纏不休的陰魂幾乎煥發出了執拗的激情，以致令人感到，鬼魂附體的現象的確發生在徐培蘭的身上。你即使不相信輪迴報應或鬼魂作祟，你也會承認，在一個人長期以來同自己的對立面鬥爭得難分難解的過程中，他也可能不知不覺受到對方的消極影響。徐培蘭偏偏陷入了她一直企圖擺脫的陰影：一天晚上，她也扭起了一隻胳膊一隻腳。

她不只繼承了她婆婆的病態動作，還接受了作為一個婆婆對待媳婦的扭曲心態，她甚至不願意讓兒子去找對象。為阻撓兒子去同他的未婚妻見面，她效倣婆子媽的故技也進行搗亂破壞。她的病症從此發生了轉移，較勁的對頭開始指向新婚夫婦，並且以極其討厭的排斥態度和窺探行動對他們構成了監視與威脅。在三部曲的末篇〈霖雨〉中，一種聽房的侵犯彷彿淫邪的「超我」(superego)一樣給農家院內的蜜月罩上了敗興的氣氛。

在接下來的敘述中，楊爭光含蓄而又刺激地展現了熄燈後發生在兩方房間內的對臺戲。靄理士認為，從耳朵裡傳進去的性刺激是又多又強的，其有力程度遠在我們平時的想像之上。當這一有力的刺激把可能視見和觸摸到的一切都省略到黑暗和遠方之中時，對一個無可奈何的接受者來說，它毋寧是恐怖的。正是在這樣的語境中，從對岸傳過來的呻喚與響動在徐培蘭的聽覺上施加了巫術般的影響。當年輕人的狂歡掙脫了老一代所布下的禁錮之網時，在前者身上終於復甦了的感覺反而對後者造成了致命的回擊。這時候，徐培蘭不由自主地做起了虛擬性的動作。本來是為了抗拒被她敵視的興奮，抗拒的結果卻是無意中找到了自己的興奮點。來自兩方的不同興奮就這樣同步地高漲起來，現在已經分不清哪是徐培蘭給對方製造的干擾，哪是她在自己身上摸出來的歡愉。從她婆婆身上遺傳給她的動作與從她的兒子媳婦那裡領悟到的動作，如今集於她一身，她病入膏肓了。

一切都在向過量蔓延，一切都被推向了無意義的極端。伴隨著屋內的較勁，屋外也下起了霖雨。天澇與激情的浪費，在此形成了有意味的對應，也與突出了利比多萎縮的乾旱構成了首尾的呼應。發霉的氣息中又透露出新的危機，其信號就是徐培蘭興奮之極發出的呻喚。本來這是對那一邊傳來的呻喚所做的反應，後來卻像唱走了調子一樣化為母貓叫春的聲音。

事情又回到了起點上。「母貓」的叫春聲再次引起眾怒，在黑夜裡弄得人心慌慌。在村民禁忌的耳朵中，不管是貓叫還是人叫，只要是叫春，都是貓叫。生活中的不幸和愚昧總是在重演下去，開始討伐叫春聲演的是鬧劇，結局討伐叫春聲演的卻是慘劇。徐培蘭從一開始就竭力避免的名聲，最後還是落到了她自己的身上。她不再辯解「我不是貓」，而是束手就縛地讓人裝入麻袋，被活活地砸死。

卡西爾曾經非常深刻地指出，命名的行動一直在人類的語言中發揮著解釋和改變現實的威力。人可以通過指稱憑空製造出新的現實，可以用命名改變事物和自身的面貌。神話中很多受到懲罰的變形者，正是在神的詛咒下變形的。人們常常以上帝的名義從事神聖的事業，也在強加的罪名下翦除他們的異類和同類。歐洲中世紀曾掀起過臭名昭著的殺巫運動(witch-hunt)，據說大量的巫婆都由於被壓抑的性歧變而招致了迫害。徐培蘭並沒有什麼罪過，像很多窮困孤苦的寡婦一樣，她早已被群體遺棄，隨後又受到兒子和媳婦的厭棄。作為一個多餘的人，她本來就處在被視為異類的位置上。所以，一旦被眾人指責為叫春的母貓，她就變成了貓。

由此看來，人類的理性依然處於脆弱的邊緣，社會和歷史的夢魘隨時都有可能闖入現實的領域，魯迅的文本中一再解剖的國民病症並沒有被從我們的文化中連根剜掉。因此，揭示、剖析和治療國民病症的工作不能不繼續下去。至於如何去做和做到什麼程度上，那是每一個作家在自己的創作實踐中個人努力的問題，誰也沒有能力給他人開出一副萬全的藥方。我們只能對所有的嘗試抱著成功的期待。就我個人而言，在楊爭光的創作上所寄予的這種期待可能更殷切一些。

載自《文藝爭鳴》，一九九二年五月

男人也能「做母親」？

會議室裡坐著十幾個男女，大家正在就一部剛看過的法國電影展開激烈的爭論，電影名叫「三個男人和一個搖籃」，講的是住在同一公寓內的三個男人撫育一個嬰兒的喜劇故事。嬰兒的母親要去國外謀生，不得不將嬰兒丟棄在這個公寓的門外，因為住在這裡三人中的一位就是導致她生下孩子的男人。那男人及其同室的兩個朋友對此一無所知，而且他正出差在外。導演的意圖非常明顯，在這個虛構的情境裡，她要讓觀眾親眼目睹，一旦女人拒絕承擔傳統的母親角色，而把餵奶、換尿布之類「做母親」的事務全推給男人去幹，面對嗷嗷待哺的小生命，手忙腳亂的男子漢們顯得多麼笨拙無能。當然，他們後來逐漸習慣了小孩的哭鬧，也對「做母親」的一整套事務有了興趣，且做得頗為幹練。甚至在孩子被母親接走之後，三個男人組成的家庭還一度失去了生活的歡樂。「做母親」不再對他們構成威脅，反而成了他們生活中一個不可缺少的內容。通過他們對「做母親」的事務由厭到樂的轉變過程，導演似乎還在調侃地向觀眾顯示，「做母親」的角色一旦被硬派到一個人身上，即使他是男人，只要經過一番學習，也能幹得很出色。

那麼通常所說的「母性」到底意味著什麼呢？是女人還是男人更適合幹「做母親」的事務？會議室裡的表態和反應明顯地分為男女兩派，雙方的看法和議論始終都含有各自性別的情緒色彩。總的來說，女士們大都有一點幸災樂禍之感。快意之餘，她們都對女人生來就該「做母親」的成見提出了質疑。彷彿在銀幕上找到了生動的事例，或值得推行的樣板，因而紛紛主張男人也應適當地增強「母性」。但她們畢竟與電影中的法國女人大不相同，她們似乎並不覺得「做母親」的事務有多麼討厭，不過認為男同胞也該更多地插手於她們一直在幹的事情罷了。男士們的心態比較微妙，因為在「做母親」的問題上受到挑戰的是他們而非女性，所以在對男女共同照看孩子的責任表示願意接受的同時，又不約而同地暗示，還是母親更適合幹「做母親」的事務。

在傳統觀念的灌輸下，人們大都人云亦云地渲染偉大而溫柔的母性光圈，卻很少有人願意正視女人在「做母親」的過程中所付出的代價和所受的折磨。

影片中的兩個男人並非從所謂的「母性」觀念出發去幹他們本來不喜歡幹的事情，而是出於任何人都有的對小生命的憐愛之心，是由於在為朋友代勞的過程中慢慢開發了自己人性深處的東西。

但是，為了樹立為人父母的美好形象，一味空洞歌頌母性的偉大，卻不敢承認「做母親」有其不可避免的麻煩，那只能是虛假的愛。使女人付出犧牲代價的事情，放在男人身上同樣不會很輕鬆。男女平等並不意味著把女人一直在幹的，使女人的生存狀況變得不幸的事情，如今部分或全部轉嫁給男人。如果母性不是女人固有的，那肯定也不是男人固有的。我們不可能通過號召人人都熱愛「做母親」的事務來改善現代人在撫養孩子上所陷入的困境。在生兒育女依然是家庭內部純粹私人事務的當今社會中，每一個人都不能不在成為父母之前，理性地認識到孩子生下後他們必須承受的一切。那絕不僅僅是自以為完成了人生使命的事情，可以祛除寂寞的慰藉，能帶來愉悅的樂趣，從此就有了依靠的證明，而是必須沒完沒了承擔責任的嚴肅選擇。這就是說，生孩子未必只是結婚的必然結果，要不要孩子或在什麼時候要更合適，應該成為每一對男女在婚前經過認真討論後確切作出的決定。時至今日，結婚不再是家族的大事，而是男女雙方的私事了。他們更多地是為找到一個適合與自己共同生活的伴侶，而非製造後代的搭檔。這樣看來，至少會有個別的男女寧可為自己某種更有意義的生活目的，或雙方共享的生活方式而放棄生孩子的打算。對他們來說，「做母親」的事務就可能成為根本不存在的問題。這應該成為一種新的自由選擇，特別是在中國這樣人口過多的國家。人類的不幸就在於，本來有很多路可走，人自己卻只知道老走既定的一條路，始終在那狹窄的通道上擠出擠進，忽左忽右。

當然，在絕大多數中國人的心中，生孩子依然是人生的一大願望，誰也沒有理由反對他人堅持這一基本的權利。但我們完全有理由對此建立一種新的理解，即把生兒育女視為人人都可能經歷的體驗，人一生中需要通過學習和努力才能完成的歷程。這種瑣碎的事務固然有其純日常生活性質的內容，但就豐富個人的人生體驗和造就優秀的下一代而言，它也具有其創造性勞動的一面。如果說父母從孩子身上真正感受到了喜悅，那便是對創造的發現。

承認「做母親」的事務很麻煩並不等於說事情只會搞得一團糟，也許只有正視了事情的艱難性，才能更有助於積極地承擔父母的職責。這與宣揚一種抽象的的「母性」完全是兩碼事。

載自《婚姻與家庭》，一九九二年四月

情愛的誤區

——《虛假的愛》中譯本序

在我們的社會中，男女之間的關係出了問題，大概很少有人會想到去找專業人員來幫助。當事人可能只把雙方的苦惱和衝突視為兩人的私事，或偶爾向各自的親朋好友吐露一些隱情，以期從對方口裡得到與自己同一個鼻孔出氣的主意和建議。用這樣的態度解決問題，往往把事情弄得更糟。於是，當兩人的關係瀕臨破裂，特別是夫婦之間已到不得不辦離婚手續的時候，家人、朋友便紛紛出面調解，居中打圓場。不管這些有心人多麼真誠地希望繼續維持婚姻和家庭的穩定，他們的善意未必就能徹底消除實際存在的矛盾，為當事人帶來真正有益的幫助。如果他們本人的婚戀觀和相關的知識與當事人處於同一水平，甚或低於後者，則他們的幫助恐怕非但無益，還會有治絲益棼的作用。

對當事人來說，比較理想的選擇是，抱著解決問題的態度，正視個人關係中的危機，倘若自己尚無能力洞察問題的癥結，最好尋求專業的心理治療和婚姻諮詢，此外，這本書也許可以引導你，自行解決自己的問題。

與目前市面上很多高談闊論的「愛經」不同，本書的兩位作者並未站在優越的位置上向讀者兜售理論，傳授祕訣。這一男一女都是過來人，走過不少彎路，也飽嘗了在愛河慾海裡沉浮的酸甜苦辣，才逐漸對所謂虛假的愛有了認識，才在艱難的選擇中向真正的愛走去。他們的經歷也是本書中男男女女的經歷，所有這些婚戀症狀，都典型地反映了性解放之後的美國人在兩性關係上所受到的困擾，以及在新的高度上回到傳統的變化趨勢。莊子曾借助季札之口指責：「中國之君子，明於禮義而陋於知人心」，也許正因久經情場磨練，兩位作者才具備了從事心理治療和婚姻諮詢工作的素質，從而對假愛綜合症的各種表現形式，做出了如此中肯的分析。儘管中美兩國的國情差異甚大，讀完本書，讀者還是能從中發現各自的感情誤區，找到富有啟示的選擇。

特別值得一提的是，本書還深入淺出地論述了羅曼蒂克幻象與後現代文化的關係。為了刺激大眾的消費慾望，現代的大眾傳播媒介時刻都在突出對象的重要性。當形形色色的宣傳，把擁有某種商品的人當作可愛的形象推銷，把享受某種消費視為富有浪漫色彩的生活情調加以渲染，並將這一切都和愛情的甜蜜、婚姻的美滿拉扯在一起時，耳濡目染者就開始接受虛假的愛了。愛被裝飾愛的東西所掩蓋，愛的願望被佔有慾所取代。希望得到愛的人很少思考如何相愛，而往往把愛情想像成可以碰到或找到的東西，他們並不知道，其實他們想要碰到或找到的東西，正好建築在他們所喜歡的幻象之上。在受到商品文化衝擊的今日，情況何嘗不然，當一個人迷戀銀幕和螢光幕上的可愛形象，並渴望自己也能有同樣魅力時，他（她）便已接受了愛情神話灌輸的幻象。因此，很多男女都相信，只要雙方互相吸引，愛情就會奇蹟般地出現。

然而，自以為碰到或找到了愛情的人，其後的情況又如何呢?從書中列舉的事實可以看出，情況並不十分理想。愛情絕不是可以碰到或找到的東西，任何吸引力都難以持久存在。愛情固然需要熱情和浪漫情調，但這些令人興奮的因素，並不能維繫持久相愛的關係。對一種「完美的」愛情抱有痴念的人忽視了，愛情是一種不斷變化和需要發展的關係，相愛的雙方只有時時努力，靈活調整，才能維持和發展他們的愛情。因為相愛的雙方都是不斷成長的個體，都難免要面對現實、多變的種種挑戰。如果任何一方不能正視自身的變化，並適應對方的變化，既有的關係就成了他們的桎梏。魔術般發生的愛情也會魔術般地消失。在日常生活中，相愛的雙方需面對相當瑣碎和世俗的事務，得學會在不斷的摩擦中尋求和諧。「一個童話般的婚禮並不能保證一種童話般的生活。」所以，相愛者始終都處在學習如何相愛的過程裡，即「學習如何表現和要求真正的愛，如何使它表現在生活中」。就這個意義而言，真正的愛，不是可以一勞永逸完成的東西。你必須對可能碰到的困難做好準備，就已經出現的衝突與對方坦率討論，互相讓步，積極解決問題，才能在變化的關係中，求得新的平衡，從而帶動愛的成長。這就是作者一再強調的現實態度。破除羅曼蒂克幻象，為的是建立現實的態度。

相愛之道，的確無純技術性的方法可言，它只有助於我們建立一種基本態度。至於如何去建立，則有待各人的身體力行。讀書僅可明理而已，通過閱讀而消解了的愛情神話還會再次作祟，會誘使我們重複那為幻象所支配的行為模式。但承認一個事實總比迴避它好些，清醒地穿越迷霧總比痴迷地跌入陷阱更有希望成功。為此，我們譯出這本充滿常識和洞察力的書，將它奉獻給需要外力幫助的男女，尤其是那些準備再次說「我愛你」的男女。

載自《愛・謊言・陷阱》（臺北，旺文，一九九三年十一月）

邊緣文人的才女情結及其所傳達的詩意

——《西青散記》初探

假作真時真亦假，無為有處有還無。

——《紅樓夢》

書生漫負憐才癖，妾在田家靜安帖。

——《西青散記》

在封建社會走向終結的明清兩朝，婦女文學一度出現了空前的繁榮。好比一場大戲演到謝幕時分，眾多的才女紛紛走上了前台，轉眼之間，曲終人散，隨著歷史的帷幕沉沉落下，曾經流芳一時的閨秀詩詞集至今多已埋到了圖書館和收藏家的故紙堆中。相比之下，倒是個別作者身分未必可靠的才女產生了更持久的效應。她們遠處婦女詩壇之外，但由於她們的遺作從一開始就隨同關於她們的軼事一起傳播於士林之中，幾經好事者的渲染，她們的形象和詩名反而更深入人心。

號稱清代第一女詞人的賀（？）雙卿就是其中的一個。

雙卿的詩詞散見於清代以來多種婦女詩詞選集，實際上這些歸在她名下的作品都錄自史震林（西元一六九三～一七七九年）❶《西青散記》一書中有關這位才女的數十則記載。提起雙卿的事蹟和遺作，前人不無懷疑之辭，但總的來說，更多的接受者始終堅持寧可信以為真的態度。為了避免在起點上自設障礙，本文傾向於暫且把此類實證主義研究的真偽之爭在括號中懸置起來。一般來說，軼事產生的背景常常是模糊不清的，考證它是否符合史實，似乎既不可能，也無必要。我們很難斷定其本無，更不應天真地信其必有。古代的筆記和詩話為後世保存了大量有關婦女與文學的軼事，在長期的傳播過程中，文人大都把它們當作可「資閒談」的讀物❷。我們今天視為文學史料的東西，在當初實際上是被做為「佳話」或「韻事」接受的。讀者可能欣賞那雋永的趣味，或被其中的人和事深深地感動，特別是被其中某些足以引起他們對自身的處境產生聯想的戲劇性情節所感動。對他們來說，這些文學軼事與一般的野史遺聞、談詩的小品文字，乃至傳奇小

---

❶《重刻西青散記》中，作者自跋寫於乾隆四十四年（西元一七七九年），自云「時年八十有七」。馮金伯《墨香居畫識》說他「壽至八十七」，則史震林當歿於該年。上推至康熙三十二年（一六九三），則其生年也。

❷在中國古代第一部以「詩話」命名的談詩小品《六一詩話》中，作者歐陽修自稱此書的寫作是「集以資閒談也」。

說，在性質上並無多大的區別。它們是一些互相交叉重疊的邊緣性寫作，很難在其間劃出清晰的界線。至於其中所記載的人和事在多大的程度上符合史實，所錄的詩詞到底出於誰的手筆，旨在欣賞的讀者並不作過多的考究。正是在這些片段性的男性話語裹挾下，個別才女的事蹟和零篇碎句才幸運地傳到了今天。這是一些被特意剪輯起來的東西，好像光圈下被照亮的孤立姿態，整個的背景從一開始就沒入了未知的黑暗。因此，它們並不構成歷史鏈條上的任何環節，也不是破碎的婦女文學紀念碑殘存下來的部分，它們的魅力只在於自身的片段美和可玩味的寓意。我們知道，「無材補天」的文人本身就處於「多餘人」的狀態，他們向來對文化邊緣上散落的知識碎片懷有特殊的興趣，正是本著積累「雜學」的目的，他們把才女的軼事也同其他零散化的信息一起納入了獵奇搜艷的視野，把這一切都當作「吉光片羽」收集到文字的記載中。

雙卿的軼事便屬於此類文字斷片。嚴格地說，所謂的「原始文本」實際上並不存在，我們所面對的只是某種形式的「文本處理」❸。因此，做為文學研究對象的文本，雙卿的軼事並非具有恒定意義的「歷史文獻」，而是一種詩詞與敘事文互相指涉的特殊文體，是真假虛實迭相變奏的

❸ 按照接受美學的理論，「文本處理」「既指接受者經過閱讀而接受了文本這樣的較為簡單的事實，也指經過複述、評注、翻譯和修改而接受某些類別的文本文及由處理過的文本刺激產生較有獨立意的新文本這一連串衍化多變的事件。」見D. W. Fokkema & E. Kunne-Ibsch，《二十世紀文學理論》，北京，三聯，一九八八年，頁一六七。

「召喚結構」，而且自始至終都灌注了男腔女調的混唱。其中以詩詞作者身分出現的雙卿應被理解為登台演唱的人物，而所有的詩詞也只屬於鑲嵌在敘事背景上的基本構件。我們不可能站在「超歷史」的闡釋立場上討論所謂「作者及其遺作」的真偽問題，只有著眼於軼事的敘事方式，參之以它所產生的閱讀效果，進而考慮到以往讀者群的價值取向和心理慣性延伸至今的影響，我們才有可能從一個理想的角度切入真與偽的爭論。

與大多數字紙簍式的筆記小說相類似，《西青散記》也是一部內容雜亂，結構鬆散的書籍。除了一些神仙夢幻之談，書中主要記載了作者史震林及其地方詩友之間的交遊活動。同時，在這些基本上屬於記實性質的敘事中，作者還特意插入了大量的詩詞，其中有些是他自己的作品，有些則是他周圍一群少有人知的地方詩人的作品。《散記》的敘事始於雍正元年（一七二三），終於乾隆元年（一七三六）。頗為獨特的是，從頭到尾，該書一直都遵循了逐年、逐月、逐日的流水帳式順序，彷彿一本片段的日記選，它首先從外在的時間框架上保證了敘事的可信性，從而構成了一部地方文人筆墨趣事的繫年錄。《散記》的另一個突出特點是，書中所記的人和事多與收入其中的詩詞有一定的聯繫。存詩只是作者的目的之一，他更感興趣的顯然是為這些官方社會之外的人物立傳，記載他們的事蹟和言論，描繪他們的形神風貌和生活情趣，從而構成一部詩與事對照，作品與作者傳記並列的「本事詩」❹。因此，我們基本上可把《散記》界定為介乎筆記小說

❹ 所謂「本事詩」，就是以詩繫事，事皆有本。唐人孟棨首創此體，在他的《本事詩》一書中，他採集了唐

與紀事詩話之間的書籍。

史震林與當時的詩壇盟主袁枚有過交往，從《隨園詩話》有關他的記載可以看出，袁枚對他的思想傾向頗有不以為然的看法，對他和他的詩友的作品也流露出略含挑剔的微辭❺。因為與自詡為「感慨人」或「素心人」的史震林相比，袁枚的趣味更傾向於媚俗，他的《詩話》既以廣收四方之詩大行於世，同時也因標榜聲色招致了士林的非議❻。《散記》則採取了與之相反的立場。做為當時詩壇的圈外人物，史震林完全無視名流與權貴的存在，他的文學交遊僅僅局限於家鄉金壇縣一帶的窮書生之間。對於當時詩壇上的爭論和盛會，他一概持比較疏遠的態度，他更喜歡與他的一群知交在茅屋和僧舍裡談論一些與實踐領域毫無關係的事情。在〈重刻西青散記序〉中，馮金伯為我們簡略地勾畫了這位貧士的風貌，順便也概括了該書的內容。他說：

> 先生以筆墨為生涯，以朋友為性命，榮利之事不入於懷，簪纓之族不掛於齒，至遇畸人、韻事、衲子、羽流，或天上仙媛，或人間才女，苟一事足傳，一言足采，無不感慨欷噓，提筆伸紙，悉囊括於《散記》中。

人的「觸事興詠」之作，開創了紀事詩話的寫作之風。在明清時期，此類寫作更偏重香艷的內容。

❺ 參看《隨園詩話》，北京，人民文學，一九八二年，卷一、十三、十五，頁四、四四〇、四五五、五二〇。

❻ 參看錢鍾書《談藝錄》，北京，中華，一九八四年，頁一九五～一九八。

史震林與袁枚都主張「性靈說」，都重視收集貧士和閨秀的詩詞，但各人的具體表現卻差異很大，袁枚既抨擊詩壇陋習，又寄生在這種陋習之上。史震林及其詩友則是一群「獨往冥遊於寥廓之外的」人物，他們只吟詠自己的「幽情單緒」❼。袁枚好為人師，他常以居高臨下的姿態為小人物揄揚文名。史震林本人就是小人物中的一員，所以他總是以悲人憫己的心態為他們那一群人確立邊緣上的文學地位。他在《散記》中的存詩是有選擇的，所選的範圍也是較狹隘的。正如《散記》中有一句話所說：「人生須有兩副痛淚，一副哭文章不遇識者，一副哭從來淪落不遇佳人。」（卷二，頁二八）此話可謂宣告了《散記》的綱領，也點明了其中的兩類主要人物一呼一應的關係。

從《散記》所記的人和事可以看出，史震林及其詩友的經濟狀況幾乎與普通的農夫相差無幾。他們基本上靠教書和投奔風雅的資助人維持生活，有時也半耕半讀，或等待科場的機會，或在考試失敗後放棄了入仕的打算。常常是落到一貧如洗的地步，他們還要竭力保持一種安貧守己的風度，於苦吟中尋求情感的寄託。形象地說，他們一方面過著窮日子，一方面又力圖表現出才子氣十足的優越感。如果說《儒林外史》給此類人物畫了一幅漫畫，《散記》可謂從理想的角度給他們的清貧賦予了詩意。

早在清初，顧炎武就從社會批判的高度抨擊過八股取士制度的危害性。他認為，科舉不但敗

❼ 鍾惺〈詩歸序〉，見郭紹虞主編，《中國歷代文論選》，上海，古籍，一九八〇年，第三冊，頁二一三～二一四。

壞學術風氣，摧殘讀書人的精神，還為從中分享了不同利益的廣大生員提供了寄生的溫床。他把生員群體的存在視為社會的公害，甚至出言激切，自稱不屑於從事文人的操作❽。文人可以作出輕視功名的姿態，但很少有人像顧炎武那樣從比較超越的角度評價所謂的「文才」。文才不外乎指修辭的能力和為供作文之用而掌握的典故、詞藻等書本知識，它與專業的知識技能和真正的求知並無必然的聯繫。文人的可悲在於從為學之初就擠進了一條窄狹的路，一旦登不上龍門，便懷才不遇地退入文字的世界中。他們的文才不過供他們抒牢愁和怡情而已，他們所固守的領域適足以成為他們的陷阱。顧炎武之後的時代文網日益森嚴，旨在改革科舉制的激烈言論遂趨於沉寂。更多的失意者採取了退出這場角逐的作法，他們雖非真正甘心充當「多餘人」的角色，但對於官場和科場的是非曲直，他們的反應一般都很冷漠。遇還是不遇？這個使傳統的「士」深感焦慮的重大問題似乎已不再被突出為正與邪的對立，道（價值）與勢（權力）的衝突，兼濟或獨善的選擇，這一切現在都只被體驗為幻滅著的和異化的東西。悲觀主義成了那個時代的基調，儒、釋、道三種教義中的消極因素合而為一，經過通俗文學的圖解和傳播，宗教化的節孝觀、宿命論和神仙思想深深地滲入了世俗的生活態度。在文人的觀念中，所謂「社會」，並不是一個制度化的實

❽ 參看顧炎武《日知錄》卷十六〈經義策論〉及他的〈生員論〉。在〈與人書十八〉中，他說：「《宋史》言劉忠肅每戒子弟曰：士當以器識為先，一為文人，無足觀矣。僕一讀此書，便絕應酬文字，所以養器而不墮於文人也。」見《文論選》，第三冊，頁二九九。

體，而是一個來去匆匆的人生舞臺，成敗得失早已命中注定，所有的人最終都要在一個非道德的機械運轉過程中走向各自的結局。對於他人和自己的尷尬處境，一個人能夠作出的反應只有發一番感慨，比如對不幸者表示同情，對過去和現在的缺憾深懷惋惜，從一切可憐可惜的現象中品味其獨特的可愛之處。過多的感情淹沒了貧乏的思考，世界幾乎整個地成了令人慟哭的存在，詩人更善於在「斷腸」和「銷魂」的狀態中提煉審美的快感。描寫人生的悲劇與其說是為了抗議什麼，不如說是更偏愛那種題材，覺得它更易寫出效果來。張潮在他的《幽夢影》中甚至建議詩人們去從天災人禍之後的景象中撈取詩料，以便在置身局外的情況下有機會「借他人之窮愁，以供我之吟詠。」[9]可以說，《西青散記》一書便滋生於這種封建末世的悲涼氛圍中。

如上所述，史震林及其詩友身為窮書生，又沾上了才子氣，他們可謂集窮愁與艷趣於一身的落魄人物。所謂「兩副痛淚」的說法表明，在他們的筆下，女性的悲劇結構總是對應於他們自身的悲劇結構。兩者形同工穩的對聯，彼此交流，相得益彰。然而在這種對應關係中，女性始終處於客體的位置，她只是文人把個人的幽思和綺懷「移情」於其中的對象。在明清時期，文人不再局限於詠嘆閨怨、宮怨等老調子，在文人文學的異性戀傾向中，他們發展了一些新的因素。常言道，「英雄氣短，兒女情長。」為了消解八股文和其他世俗事務使他們產生的無能感，他們把閱讀的興趣轉向了閨秀詩詞。在《女才子書》的序言中，鴛湖煙水散人便向讀者表白，由於處在「壯

[9] 轉引自林語堂《人生的盛宴》，長沙，湖南文藝，一九八八年，頁一六三。

心灰冷，謀食方艱」的境地，他已對經典上的教條喪失了研讀的耐心，因而索性就讓自己埋頭到閨秀所寫的作品中去品味另一種新鮮的情趣。對自己的失望卻喚起了對理想女性的回歸。《紅樓夢》開卷第一回即大書「賈雨村風塵懷閨秀」，接著作者便在開場白中一面嘆息自己碌碌無為，一面回憶起幾個多才多情的女子。正是按照這樣的心理慣性，閱讀和創作在同一的方向上發生了聯繫。

還有一些以憐香惜玉自負的文人，他們喜歡把自己對閨秀詩詞的偏愛說成某種頗成問題的熱情。如《紅蕉集》的編者鄒漪自稱：「僕本恨人，癖耽奩制。」（《著作考》，頁八九九）《然脂集》的編者王士祿也說：「僕粵自髫齡，夙有彤管之嗜。」（同上，頁九〇九）他們的「癖」和「嗜」都讓人不由得想起了警幻仙姑讚許寶玉時所說的「天分中生成一段痴情」。似乎女性文本也可以被當作女人的化身，才女書寫的文字也會散發出才女身上的氣息。吳綺便曾向讀者許諾說，誰要是覺得空談聲色無效而又無聊，只需翻開《眾香詞》的書頁，書中的佳人就會自我呈現在眼前。也許正是基於這樣的期待，尤侗在《林下詞》的序言中大發感慨，以為像西施那樣的絕代佳人竟無一句韻語傳世，實為人生的一大恨事⑩。

要補償尤侗之輩的遺憾，一個最合乎邏輯的作法就是古人常說的「依托」，即給某些並沒有留下詩詞的著名美人補製她們的遺作。實際上在一些「名媛詩選」的讀物中就有這樣的贗品。諸

⑩ 參看胡文楷：《歷代婦女著作考》，上海，古籍，一九八五年，頁八九九、八九六。

如郵亭旅舍的烈女題壁或舊書堆裡發現的手稿，據說便出於好事者的手筆⓫。如此重詩和泛詩的風尚很容易導致人們相信，詩才是現實中和文學中的佳人不可缺少的一個標誌，或者說理想的佳人形象就是美女加才女，既有國色，又善詩詞。文學便這樣地從自身複製出自身，文學的接受進而促成現實世界對作品世界的模倣。《牡丹亭》風靡江南之日，據說就有不少女子腸斷而死，在這些「情感讀者」中，最著名的一個就是晚明錢塘女子小青。她的事蹟早在流行之初即有人指出純係虛構，但自從馮夢龍《情史類略》卷十四〈小青〉一則首先公佈了她的事蹟和遺作，倣作者群起，寫詩憑弔者多不勝數，根據她的傳記改編的劇本也有六、七種之多⓬。我們無須在此過問小青事蹟的真偽，值得注意的一點是，最令文人感到哀艷的死前留畫一節，十有八九是傳記的作者對《牡丹亭》中「寫真」一幕的模倣⓭。

⓫ 鈕玉樵《觚賸》曰：「郵亭旅舍好事者往往贋為幗國之語，書以媚筆以資過客傳誦，多不足信。」

⓬ 錢謙益《列朝詩集》：「又有所謂小青者，本無其人，邑子譚生造傳及詩，與朋儕為戲曰：小青者，離情字正書，心旁似小字也。」周亮工《書影》：「昔在金陵，見支小白如增以所刻小青傳貽同人，鍾陵支長卿語余曰：實無其人，家小白戲為之耳。」見潘光旦《馮小青性心理變態揭祕》，北京，文化藝術，一九九〇年，頁一一、七六。關於小青傳記諸本可參看潘書〈小青考證〉。以下小青傳記引文均依馮夢龍〈小青〉原文（見潘書頁一三三～一三七），不再注頁碼。

⓭ 一、小青有詩曰：「冷雨幽窗不可聽，挑燈閒看牡丹亭。人間亦有痴於我，豈獨傷心是小青。」附詩與

小青的故事對我們認識雙卿軼事的主題思想和敘事方式頗有啟示。小青傳記體現了明清時期比較流行的一個觀念，即「才女福薄」的說法。所謂「福薄」，一指多才多病，早慧早夭，二指錯配姻緣，才女嫁庸夫。質之明清婦女作家傳世的傳記資料，「福薄」的說法顯然反映了一定的事實，如廣為人知的葉氏姊妹相繼夭亡和袁枚三妹素文遇人不淑，便是最突出的事例。但做為一種流行的觀念，一經文學的渲染，「才女福薄」的故事便與個別閨秀詩人傳記中簡略提到的不幸遭遇有了性質的不同。後者僅記載了個別人偶然遭遇的不幸，前者則誇大了不幸的因素，讓人們相信那是一個必然的、普遍的現象。從就事論事的角度講，才女既有福薄者，也有婚姻美滿、富貴終身者，「福薄」之說顯係以偏概全，不盡符合事實⑭。從女權主義批評的角度看，父權制下的婦女群體毋寧說統統都有共同的不幸，僅僅突出了才女的不幸，實際上等於通過才與不才的分類，把絕大多數婦女的痛苦經驗排除到不予考慮的未知狀態中。其實這仍然是與文人自身的遭遇

傳文的戲劇化處理顯然互相指涉。二、畫像而必連畫三幅。值得玩味。從前後照應的角度看，三幅之數蓋為傳後的戔戔居士按語張本。作為暗含的作者，戔戔居士自云從老嫗處購得第二幅（第一幅已為妒婦所焚），從而作為物證取信讀者。若不畫三幅，居士緣何得見必欲出示讀者之畫？僅由以上兩點，即可見該傳虛構成分之多。

⑭ 陳兆崙《才女說》云：「才福亦常不相妨。嫺文事，而享富貴以沒世者，亦復不少，何謂不可以才名也？」轉引自陳寅恪《寒柳堂集》，上海，古籍，一九八〇年，頁六一。

相對應建立起來的悲劇結構。只要對比一下諸如「文章憎命達」、「詩窮而後工」等說法，我們不難看出文人從自己的身軀投向才女腳下的陰影。說來說去，不過是要把雙方的悲劇結構對應到文人最傷心的一點——「才」這個焦點——上罷了。而這樣一來，憐香惜玉的艷趣自然水漲船高，升到了「愛才」的高度。一方面，文人站在「愛才」的優越位置上同情福薄的才女；另一方面，可以更從容地「借他人之窮愁，以供我之詠嘆」。這就是他們傾向於大談「才女福薄」或把文學軼事中的才女寫成福薄的原因。有趣的是，這種並沒有脫掉才子佳人文學俗套的故事，卻在一定程度上反撥了這一俗套，它不再敷演那種虛假的大團圓結局，不再津津樂道才子與佳人詩來詩往地互通幽情。現在，庸夫以合法的身分替換了才子的位置，佳人不得不接受錯配的姻緣，才子則從原先頗有道德嫌疑的搭配中撤退出來，退到了幕後或台下。做為一個暗含的主人公，他對台上的事件作出了複雜的反應。

讓我們根據小青傳記的情節，深入地分析才子的反應。小青天生聰明伶俐，自幼嫻熟詩詞，十六歲當了某個富家公子的小妾。此人胸無文墨，粗鄙好色，家中大婦奇妒，他又非常懼內。小青嫁後備受妒婦摧殘，最後愁病而死。故事的情節很平常，本是那個時代的富貴人家常有的慘劇。需要指出的是，作者在情節上突出了兩個要素：一是突出了女主人公的早慧和多才，並把這一令人讚賞的資質做為一種徵兆與她的不幸結局聯繫起來（小青十歲時，有一老尼已預言：「是兒早慧福薄，願乞作弟子。即不爾，無令識字，可三十年活耳。」小青本人也有預感，她對某夫人說：

「吾幼夢折一花，隨風片片著水，命止此矣！」）。不幸的黑色背景烘托了清才的可憐可惜。二是設計了兩個與讀者對立的人物——庸夫與妒婦。讀者越是對這兩個不才的人物產生應有的厭惡，他們越能藉以餵養自己的愛才之心。讀者雖然置身局外，但通過閱讀的交流情境，他們實際上已進入了才子的角色。

雙卿的軼事也貫串了這兩個要素。試讀以下的片段：

> 雙卿者，綃山女子也，世農家。雙卿生有夙慧，聞書聲，即喜笑。十餘歲習女紅，異巧。其舅為塾師，鄰其室，聽之，悉暗記。以女紅易詩詞誦習之。學小楷，點畫端妍，能于一桂葉寫《心經》。……嫁村夫，貧陋頗極，舅姑又勞苦之，不相恤。（《散記》卷二，頁三三～三五）

再比較〈小青〉中文字。小青「夙根穎異，十歲遇一尼，授《心經》，一再過了了，覆之不失一字。……母本女塾師，隨就所學。所遊多名閨，遂得精涉諸藝，妙解聲律。」兩人都有同樣的天才，類似的自學經歷，對佛經的接受。只需對照一下明清時期各種關於才女早慧的軼事，我們不難看出其間存在著雷同的誇張。即使像葉小鸞這樣秉承母教，濡染家學的早慧才女，關於她的一些傳聞，學者們也發現了其中的誇張不實之辭。

人們似乎普遍相信，造化小兒是一個惡作劇者，他在這一方面賦予了一個人過多的好東西，就會從那一方面將其掏空，塞入更多的壞東西。塞給雙卿的厄運也是不幸的婚姻。丈夫待她粗暴，婆婆處處挑剔，在長期的勞累和虐待下，她終於臥床不起。與小青傳記的不同之處在於，作者史震林不再作為一個缺席的才子被限制在局外，而是做為目擊者與他的詩友介入了故事的過程，與受難的才女展開了面對面的交流，並對那一切進行了現場追蹤的報導。故事的背景也發生了變換。小青的故事發生在風月繁華的西子湖畔，那裡的人文地理景觀本身就別添了一段都市才子所欣賞的浪漫情調。史震林及其鄉村詩人僅僅出入於家鄉的荒涼山莊，對他們來說，隨園女弟子之類的名媛是遠在深閨，無緣與之切磋詩藝的。於是，他們在綃山小院——詩友張夢覘的莊園——發現了農家才女雙卿，她一家人就住在這裡租種張家的農田。故事從敘述者（作者）來到此地展開。敘述者本人、張氏兄弟、雙卿的兩個崇拜者趙闇叔和段玉函等其他文人構成了「看」的一方，雙卿則處於「被看」的位置。雙方的實際接觸始終限於看與被看的距離內，只是通過道具式的媒介人物——張家的婢女和夢覘的小弟弟——從中傳詩遞信，才子與佳人才得以建立起文字形式的對話。一方面詩來信往，滿足了才子「發乎情」的願望；另一方面，看與被看的距離構成了男女之間的大防，從而在效果上保證了「止乎禮」的安全係數。既充滿了逗情的詩意，又體現了閑情《閑情賦》之「閑」的原則。兩者的並列構成了對才子佳人文學的戲倣(parody)，也在客觀上產生了反諷(irony)的效果，使我們偶爾從中聽出了某種弦外之音。總地來說，越是突出女主人公的模範角色，陳腐的說教便與事件的不可信性並增；越是張揚才子的痴情，激發了痴情的模範角色便越是顯示了對痴情的嘲諷。

史震林的摯友吳震生在《散記》初版時寫了兩篇八股風格的長序，從該序的行文可以看出，吳顯然模倣了金聖嘆批本《第六才子書》（《西廂記》）前後兩序的腔調。這至少說明，《散記》是被做為一部「才子之書」推出來的。吳序對我們理解《散記》提供了比較可靠的「閱讀圖」，我們可以把這兩篇冗長的序文歸納為以下四層意思：

一、佳人是上天的傑作，絕世的（理想的）佳人必備四大條件，即「色期艷，才期慧，情期幽，德期貞」。顯而易見，做為一個空洞的能指(empty signifier)，佳人的形象顯示了文人在慾望、文化、情感和道德上對女性的全面要求。

二、上天的創造力似乎全投入到女人身上，以致世上充滿了庸夫（試比較明清文人的老生常談：「乾坤清淑之氣不鍾男子，而鍾婦女。」），結果佳人只能選擇不相稱的配偶。唯獨才子——確切地說，唯獨《散記》中的才子——堪稱佳人的知己（試比較賈寶玉的「女清男濁」論。在寶玉的意識中，男人幾乎全為濁物，連他自己也包括在內。所不同的是，唯獨他執著於維護大觀園女兒世界的純潔性）。不幸的是，才子只能徒然表示自己對佳人的同情（寶玉同樣體驗了無常的痛苦，隨著女兒們長大成人，無可避免地被男人濁化，面對無法阻擋的成長規律，他的痴情最終破滅）。

三、因此，讚美佳人，甚至虛構出一個絕世的佳人讚美之，就成了才子向佳人唯一能夠表示同情的方式，這也是上天生才子的用意所在，是才子的使命。

四、讚美還包括勸慰——即為處於無可奈何境地的佳人提供「消遣之法」，使佳人領悟佛教的「業報」說。這就是說，佳人的薄命來自夙世的報應，只有苦修今生，方可造就來世福果。才子最終給佳人提供了一副止痛劑：忘掉自己的才色，認命，進而安命。

綜上所述，我們不難看出才子的雙重標準：所謂「薄命」，在佳人身上完全被合理化為本體性的存在，而在才子眼中，則是大作文章的好材料。雙卿便是為體現這樣的佳人形象而設計出來的戲劇化人物，一個「代天下女子受苦難的女菩薩」⑮。史震林給她賦予了才子心目中每一個女人都應具備的本質因素——色艷、才慧、情幽、德貞，通過渲染這些因素的可受、可憐、可感、可敬，他自覺或不自覺地顯示了他本人的和其他窮書生的自我。

現在，讓我們就按照史震林關注的本質因素，分別對軼事的某些細節展開敘事方式的分析。

意中清影　在可信的時空框架中以虛為實，以無為有，這是《散記》一書慣用的手法。史震林說：「眼中無美人，意中須有〈洛神賦〉。」又說：「夫意之所思，或得於夢，夢之所見，或

---

⑮ 胡適：〈賀雙卿考〉，見《胡適古典文學研究論集》，上海，古籍，一九八八年，頁六〇二。胡適在他的文章中首次對雙卿的作者身分提出了疑問，但他的視野僅限於實證主義的研究。本文受到他的啟發，但研究的方向完全不同。

有其事。事短，夢長。夢短，意長。意不長，斯無可奈何者也。意中，夢中，眼中，寧有異耶？」《散記》，卷二，頁三七）如果我們把這裡所說的「夢」理解為才子的佳人「白日夢」，把「意」理解為藝術構思，那麼，「事」就是經過昇華的作品內容。按照史震林的想像邏輯，眼見的虛實不取決於所見之物的有無，而取決於能見的「意」，即詩人觀察事物的內在模式。當史震林把意中的〈洛神賦〉投射到荒涼山莊上的環境時，他與他的詩友就在一個農婦身上看到了仙姿神態：雙卿「浣衣汲水，娟然坐石，見之者驚為神女。」「雙卿種瓜瓠于橋西岸，眉目清揚，意兼涼楚。」「雙卿性瀟灑，而意溫密，飄飄有凌雲氣。」《散記》，卷二，頁三四～三六）我們恍若身臨「遊仙詩」的意境，來到了某個「桃源」，在家務和農活累得喘不過氣來的雙卿身上看到了詩意：一種被作者從其貧窮的外殼掩蔽下釋放出來的觀感。為了強調雙卿的潔身自好，做為被看的對象，她總是被表現為不斷作出逃避注視的姿態：或低下頭，或躲藏起來，或把自己的目光轉向另外的地方，或悄然而去。（試比較李漁在《閒情偶記》論「態度」一節中所鑒賞的「嬌羞無那之致」，我們不難領會明清文人眼中一致的女性美。）她越是把注視者的視線弄得迷離恍惚，便越是顯得不可企及。「看」的慾望與極其有限的能見度製造了天上與人間的距離感，同時也增強了敘事的張力。也許我們正應在這一意義上理解史震林把人間佳人視為天上佳人下凡的說法。隨著佳人的身影漸漸「淡出」畫面，才子最終被留在了自己的一連串虛擬動作中。與其說軼事向我們報導了什麼，不如說給我們施加了霧障。它讓熟悉〈洛神賦〉等作品的讀者在空白處填上自己意中的片段，去重溫他們各人的「白日夢」。這絕不是什麼「感受的謬誤」(the affective fallacy)，在表達與接受共享同一種符號系統的情況下，讀者一般都不大會過於曲解作品。比如，清代文人邱煒萲便領會了此中的意味，他說：

> 嗟呼雙卿，是耶非耶？其人都在想像有無間，而《散記》之筆墨，則已極飄飄欲仙之致矣。⑯

寫虛並不意味著棄實，軼事畢竟是紀事，作者始終都沒有忘記強調事件的可信性。自從唐人把「史才」列為傳奇的三大要素之一⑰，文言小說始終在敘事上講究這樣的成規：如何有效地運用「真實」的面具，在於能夠在多大的程度上提供可信的人證和物證。讓佳人留下一幅肖像，便是提供物證的一個程式（說詳注⑬）。與小青傳記相似，《散記》也敷演了為雙卿畫像的一幕戲。史震林等人請來了畫師，農婦的家務活與才子的風雅遊戲被強行拼貼在一起：

> 雙卿浣柳下，〔石鄰〕側窺之，過其前，平視之，雙卿避。石鄰曰：「得之矣。雖然，風致淡冶，可描也，淒隱之意在有無中，特難耳。」（《散記》，卷二，頁三九）

---

⑯《續小說閒評》，轉引自阿英《晚清文學叢鈔．小說戲曲研究卷》卷四〈客雲廬小說話〉卷一。

⑰趙彥衛《雲麓漫鈔》八謂傳奇「文備眾體，可見史才、詩筆、議論」。

他們把這幅〈浣衣圖〉傳到各處吟詠、瞻仰、禮拜，表演了各種愛才的姿態，也向綃山小院之外的文人提供了天上佳人確實降到人間的證明。藝術的魔力揭開了經驗之外的一層天地，艱辛的勞動場面也在才子的眼中展現了詩意。在他們的注視下，拖著病身子上場幹活的雙卿彷彿在臺上表演，她打稻子的情景是：「俯仰疾徐，皆有風韻，纖眉若畫，耳環的皪，映日如星。反襟拭汗，顏色韶麗。」（《散記》，卷二，頁七八～七九）

「忍病羞言，逢歡強笑，翠蛾未敢輕顰。……是多愁多恨，原在佳人。」（《散記》，卷二，頁六二）病態也是史震林寫人意中清影的美色之一，因為可憐與可愛本來就是成正比的⑱。縱覽男女詩人所寫的詩詞，諸如憂鬱、虛弱、慵懶、憔悴、過敏等消極的狀態，在長期的積澱中全都凝聚了女性美的含義。因此，無論是史震林等人眼中的雙卿，還是在詩詞中自憐的雙卿（雙卿詩詞中充斥了自呼其名的詩句），全都向我們呈現了一種「因病生妍」的形象。病似乎給她帶來了鬆弛一下的機會，在從昏沉中清醒過來的時分，她才暫時感覺到一種真正屬於自己的寧靜：或守著藥爐，或對著孤燈。當一個人只有在病中才能逃避操勞、約束、指責和干擾，才終於得到了休息的時候，也許她（他）有理由把病中的情景做為解脫去接受，把「病中吟」做為一種自我治療的手段。

詩才和詩證　從敘事結構的需要講，雙卿的詩詞與其他文人的詩詞構成了佳人與才子的對

⑱ 在古代漢語中，「可憐」(pitiful)一詞兼有「可愛」(lovable)之義。

話。從取信於讀者的效果看，它們又提供了證據。史震林告訴我們，傳到他們手中的每一篇雙卿詩稿都是獨特的、唯一的「原始文本」。它們有的用白粉寫在蘆葉上，有的用淡墨寫在花瓣上，有的用胭脂寫在羅帕上。姑不論這些精美的製作在貧窮的農婦手中顯得多麼奢侈，或在技術上有多大的難度，僅就刻意把它們描繪得像工藝品一樣精緻的構思而論，就足以看出才女之作在文人心目中的價值。文人常把閨秀詩詞稱為「奩製」——妝臺上的製作——或「彤管」——來自美人的贈品⑲。命名本身就把婦女的寫作界定成了類似於化妝、刺繡之類的活動。對於這些從閨房中傳出來的東西，若不用捕風捉影的說法把它們的來源描述得離奇、神秘，似乎就不足以迎合讀者的好奇心。往往是倖存的作品本來就很少，為了使其顯得彌足珍貴，便把僅存的作品說成是焚稿的殘餘。小青傳記中所附的遺作即為劫後之物。小青死後，妒婦焚毀了她的肖像和詩集，現存的十餘首詩詞都是從兩張包首飾的舊紙上錄下來的。正如「福薄」是才女的命運，「焚餘」也成了才女之作倖存的方式。在《歷代婦女著作考》中，僅以「焚餘」名集的閨秀詩詞集即達三十多種。很難想像那麼多的詩稿全都毀於妒婦或保守的父母之手，也許更多的詩稿是才女本人所燒。一般來說，在「內言不出」的教條限制下，婦女更傾向於把自己所寫的文字視為個人的隱私。詩文可以提高文人的名聲，但對才女來說，把自己的詩文洩露到外面，往往會敗壞名聲。從某種程度上

⑲ 《滄浪詩話》把香奩體界定為「裾裙脂粉之語」，《詩．邶風．靜女》：「靜女其孌，貽我彤管。」《傳》：「古者后夫人必有女史彤管之法。」《箋》：「彤管，筆赤管也。」

說，她們本人就對自己的作品製造了檢查。「雙卿寫詩詞，以葉不以紙，以粉不以墨，葉易敗，粉無膠易脫，不欲存手跡也。」（《散記》，卷三，頁九）從這一被誇張的姿態中，我們正好看出了才女與文人對待寫作的不同態度。才女更把寫作當作純粹自白的形式，寫得更隨意，更不考慮實際的用途。由於寫作與名利無關，她們自然不過分重視作品的傳世。甚至在失望的時候，在懷著悔恨離開人世的時候，由於想把不堪回首的一切處理個乾淨，她們還會把詩稿連同其他東西一起焚毀。在她們的想像中，自己的作品若在死後被到處傳播，被別人說長道短，那同樣也是有損清白的事情。文人卻極端珍惜自己和他人的文字，他們更喜歡收集殘稿。因為編選他人的作品也是替自己留名的一種方式，因為他們一旦喪失了立德立功的機會，唯一能使他們獲得不朽的手段就是文字的製作。

只要對《散記》所錄的雙卿詩詞作一細心的統計，我們不難看出，許多詩詞都創作於讓雙卿接受智力測驗的場合下：或由史震林等人命題限韻，雙卿當場賦詩，或由他們出示自己投贈的篇什，雙卿迅速地步韻唱和。雙方公開地、無傷大雅地展開了一場場才子與佳人之間的賽詩遊戲，並且以不容置疑的現場性證明了雙卿的真才實學（既非倩代，也未經潤色），以及史震林諸人面對這樣的事實所流露的驚嘆、信服和傾倒。每一次考試的通過都在文人群中製造了愛才心的昇溫，雙卿的每一首詩從綃山小院傳到更遠的地方，總是引起小小的轟動。「真實」的面具被運用到了這樣的程度，以致讓人覺得，作者在運用它的同時已經將它指點出來。如果對照一下古代筆記和詩話中大量的文壇佳話，我們也許會從中看到一種反覆出現的典型情境：往往是文人居於主考的位置，被讚揚的女子扮演接受測驗的角色，考試的方式是臨場賦詩，而結果總是應考者才思敏捷，出口成章，一舉贏得了才女的稱號。在這種典型的情境中，被誇張的姿態自有其一定的真實性，它再明顯不過地反映了這樣一個事實，即文人始終是傳播婦女寫作的中介者，他們不但從「焚餘」的灰燼中拾取文字的碎片，從被遺忘的廢紙堆中發現殘缺的手稿，還把口頭形式的韻語筆之於書，而所謂的「原始文本」似乎只是一個想像有無之間的存在。我們所能看到的才女之作早已經過了處理，它只是一副面具，從一開始就按照它最初被描繪的方式扣在了才女的臉上。

情與貞的證明　「忍」的精神是佳人必須具備的品質，因為只有無條件地容忍難以容忍的一切，絕對地克制難以克制的一切，佳人才能維持她的身分，保住她的清白。史震林說：「化火坑為清涼界，只在一『忍』字耳。」（《散記》，卷一，頁一二）他用這一字口訣勸慰人間的薄命佳人，並通過雙卿的形象體現了這一精神。應該指出，在《散記》的語境中，「忍」字的含義已經與它的原義有所不同。「忍」本指能耐，意謂為更重大的選擇而容忍某些不愉快的事情，或對他人表現出殘忍的態度。從積極的意義上說，它是勇氣的屬性之一。史震林要求於佳人的「忍」則是完全地逆來順受，即在權力關係中做為受支配者的個人應對支配者一味順從，以致順從到對自己殘忍的程度。雙卿在婆婆和丈夫面前就是這樣的好媳婦。她越是對他們橫加於她的一切強暴欣然接受，越是任勞任怨，硬撐起日益垮下去的身子，在外表上竭力維持和顏悅色的神態，她的可憐可愛之處便越動人感慨，而與此同時，站在界限之外愛莫能助的才子便越加心急如焚。兩者的對比，構成了「情」的緊張，從而突出了才子的情痴。

眾所周知，明清文人動輒言「情」，且喜以「情痴」自負。我們有必要在此對明清文人的情觀略作一番檢討。周汝昌曾對中國文化上的「情痴」作了正本清源的討論，並高度評價了曹雪芹的「痴」意⑳。這裡並非要與周說大唱反調，而是意在強調問題的不同方面。如果說周汝昌從積極的方面讚美了「中華文化上的異彩」，本文則是從現代意識出發，看出了那異彩中的陰影。所以，應該不僅僅把「情痴」解釋為「情之至處，情到極點」——因為我們都不缺少感情，我們都有動真情和用情至深的時候——，更應該把「情痴」理解為一種才子氣十足的人，他們痴就痴在**將感情提昇為「價值」**。這種人也許很容易讓我們聯想到西方文學中那種「感情的人」(Homo Sentimentalis)。感情一旦成為價值，「感情的人」便為自己的價值感到自豪，他炫耀價值的魅力，使感情成為人人都想感受的東西。而感情一旦成為人人都希望感受的東西，它就不再是感情，而是感情的模倣，它的炫耀。感情被炫耀得過了頭，「感情的人」就有可能變成「歇斯底里的人」㉑。自負為情痴的才子所標榜的價值就是憐香惜玉之情，他們對佳人的同情、讚賞和崇拜，並非基於男女之間最自然的關係所產生的理解和愛慕，而更多的是表現為一種風流自賞的姿態。他們的痴

---

⑳ 參看周汝昌：《紅樓夢與中國文化》，台北，東大，民七八，第二章，頁一四一～一七二。

㉑ 參看Milan Kundera，《不朽》，台北，時報，民八〇，頁二〇五～二〇七。

迷和興奮來自感情的自我完成，在於通過一連串虛擬的動作滿足了自我的陶醉，佳人只是為激發他們的這種熱情而不斷被抬高的偶像。她越是自甘其苦，越是不屑於理會他們的熱情，他們便越熱烈，越沉溺在只求證於自己的一片至誠中。所欲給出的「情」反而由於無法給出和不被接受而顯得更可貴、更愜意。段玉函說：「天下無情痴久矣，舍我其誰也！」（《散記》，卷三，頁五〇）從他的語氣可以看出，他儼然懷著使命感去承擔「情痴」的角色。但富有諷刺意味的是，當他寫給雙卿的詩詞中過分地表達了他所要完成的使命，卻從雙卿的來信中讀到了令他感到爽然若失的批評。趙闇叔與段玉函堪稱一對痴人，當作者一方面刻意把雙卿塑造成「曲盡婦道，不忍薄其夫」的佳人，一方面又渲染這兩位詩友自作多情的狂態時，兩種同樣被他肯定的價值——佳人的貞與才子的情——在強行的並置中竟產生了自我反諷的效果：面對貞的證明，多情反被無情惱。我們不知道是否可以把這種無向度的聲音叫作「女性的聲音」，我們只能說它是從真假虛實的混沌中「蹭」出來的餘韻。

另一種貞的證明是設置一種道德危機的情境，讓佳人面臨一次考驗。我們可以從小青的傳記談起。小青被妒婦幽禁在孤山別業，她完全與外界斷絕了聯繫。為了在這一封閉的環境中展開「談話型層次」的場景㉒，作者在小青身邊安排了一個同情小青遭遇的某夫人，讓她乘間向小青提出改嫁的建議，最後以小青無動於衷的反應表明了小青的堅貞。這一場景絕非戲筆，百年之後，另

㉒ 關於「談話型層次」的論述，可參看韓南(P. Hanan)《中國白話小說史》，杭州，浙江古籍，頁一八。

一個情痴陳文述便領會了作者的意圖。他在西湖邊大修小青的墳墓，就曾在墓亭楹聯上題曰：「貞心洵若孤山靜」（《馮小青》，頁四九）。史震林也在雙卿身邊設計了一個類似於某夫人的鄰婦。這一鄰婦用純粹挑唆的語氣譏笑雙卿為「牧豎守清白」，雙卿斷然回絕了她的誘惑。當她反詰雙卿為什麼要與才子們酬唱時，雙卿說：

> 是則所謂蓮性雖胎，荷絲難殺，藻思綺語，觸緒紛來。……妾亦悔之矣。（《散記》，卷三，頁九）

雙卿答話中的用語值得我們作一點咬文嚼字的考察。首先，「蓮性」四句，全部出於〈小青〉中小青與某夫人書。其次，在接下來雙卿寫給她舅舅的信中，我們又看到了這樣的句子：「昔小青不願生天，惟思並蒂，兒則願來世為男子，參斷腸禪，說銷魂偈足矣。」（同上）所謂「小青不願生天」之說，顯然指小青的一首七絕。其詩曰：「稽首慈雲大士前，莫生西土莫生天。願為一滴楊枝水，灑作人間並蒂蓮。」最後，「參斷腸禪，說銷魂偈」，本是史震林自己的口頭禪，同樣的話還見於《散記》卷三，頁三七，《華陽散稿》，頁三五，〈記問松〉一文。順便舉出以上幾個用語風格的事例，足證雙卿的聲音常發自作者之口，雙卿軼事的敘事結構與小青傳記有不少一脈相承之處。這進一步說明，做為詩詞作者的雙卿並不是一個超驗的、受女性意識支配的發話主體，而是多種文本互相佔有和互相滲透的產物，是在接受的過程中逐漸形成的。

反應與辯護 《散記》中還描寫了一群處於外圍的才子。他們既是雙卿軼事的讀者，又做為人物在《散記》中發表議論。與史震林周圍的幾個才子不同，他們遠離綃山小院，只是根據從那裡傳出去的信息了解到雙卿其人其事及其詩。我們不妨把這些人物視為作者旨在造成一種聲勢而突出的傳聲筒，或者說作者擬想的讀者。他們的反應正好為後世的讀者作出了定向的導讀，進一步為上述的證據提供了證據。他們也是一群情痴：或在雙卿的〈浣衣圖〉前焚香插花，吹簫吟詩，或抄寫雙卿的詩詞，到處逢人說雙卿，或在自家院內的竹子上刻滿了雙卿的詩詞，或捶胸頓足，以未見雙卿為憾……種種戲劇化的表態幾乎令人感到，史震林的《散記》已在當時的金壇縣一帶掀起了一場「雙卿熱」。例如，其中最令人絕倒的一個雙卿迷自號醉書仙，他一共寫了六篇讚揚雙卿的文章。在其中一篇論辯性的文章中，醉書仙對一個假設的論敵——迂腐的道學先生——進行了駁斥，為「情痴」的合法化作了一番辯護。假設的論敵顯然代表了作者所擔心的道德輿論，實際上也是所有以情痴自負的文人在「情」的問題上共懷的癥結。在他們的觀念中，「情」的對立面並非「理」，而是「慾」。「情」與「清」和「真」是同一的，所以它抽象地否定了「濁」和「偽」，卻抽離了兩方面的具體內容。這樣一來，「情」就成了一個預先已經被規定了的感情，它僅僅特指真情和淨化了的感情，它只是一種道德化和審美化的感情。某些謳歌明清文人追求人性解放的言論恰恰忽視了文人在觀念上的遊戲，他們的情觀實際上不過是新儒學回歸心理本體的思想在文藝思潮上的翻版而已。實際的情況是，首先釜底抽薪地排除了人心的複雜性，然後把簡單化了的心理歸結為本體，把自發的衝動一廂情願地納入了「發而皆中」的軌道。可惜它的致命弱點在於不敢正視「慾」的存在，所以在極盡發燒發冷的宣洩後，必須來一個「曲終奏雅」的煞車。醉書仙辯護說：

> 古人止戒好色，不禁憐才。遇才則憐，何拘男女？具此深心，雖號風流，原為道學。（《散記》，卷三，頁六七）

對於這樣的辯護，警幻仙姑肯定會反駁說：「好色即淫，知情更淫。」（《紅樓夢》，頁九〇）《散記》並未交代雙卿的結局，隨著史震林及其詩友告別了綃山小院，雙卿的事蹟便告一段落，只是在《散記》的結尾，他陸續提到了個別讚賞雙卿詩詞的文人。其中有一個情痴的文人打算去綃山勸慰雙卿，並揚言要在雙卿浣衣的地方修建一座亭子。這座擬想中的亭子自然屬於紀念性質的建築物，正如小青的墓亭一樣，可以為後來者留下登臨和題詠的景觀，樹立更持久的物證，做為物化的「文本」，向更廣泛的讀者敞開一個可以置身於其中的空間。

多少年後，史震林在寫給《西青散記》的出版人吳震生的一封信中嘆息道：

綃山浣衣，病不復起。感慨人，感慨事，半在閨中，半在夢中也。（《散稿》，頁一五）

他還在給另一個朋友的信中說：

髻峰之下，綃山在焉，浣衣亭尚夕陽耳。（同上，頁一七）

焦距越推越遠，站在一個適中的取景點上，史震林依然在運用「真實」的面具：他似乎想要暗示出被掩蓋的什麼，同時又作出了將那層障蔽再捂下去的姿勢。此情此景，宜作意會，至於一直懸置在括號中的真偽之爭，最好還是讓問題在括號內自行消解。

現在我們可以從接受史和效應史的角度作順流而下的還原工作了。我們已經領略了塑造一個佳人形象的構思和程式，這將有助於我們看清這個文學軼事中的人物如何在受眾的心目中形成了所謂「作者」的概念。

《散記》初版於十八世紀四〇年代，十餘年後，董潮在其所著《東皋雜抄》（一七五三）㉓一書的卷三記有一則軼事，並附有詞作兩首，詞文與《散記》中的原文基本相同。其文略曰：

㉓ 該書收入吳省蘭輯《藝海珠塵》（清版）卷四。

慶青，姓張氏，潤州金壇田家婦也。工詩詞，不假師授，然不以村愚怨其匹。有鹽賈某，百計謀之，終不可得。以艷語挑之者，罵不絕答。

首先，《散記》中雙卿無姓，董潮說她姓張。雙卿者，「卿卿」也。這是古代男人對女子的暱稱，從做為一個閨秀詩人的角度來說，此稱似乎不太嚴肅。於是傳到董潮的耳中，訛成了「慶青」㉔。其次，在董潮的筆下，她顯得更加守禮，以致像「當壚胡姬」一樣，儼然是個烈性女子。

・又過了二十年，汪啟淑編成《擷芳集》（一七七三），首次將《散記》中的雙卿詩詞錄入集中。此書未見，但據《靈芬館詩話》所云，在這部八十卷的婦女作品選中，「雙卿所作，尤為哀艷動人。」㉕雙卿初步取得了作者身分。

・在更有影響的《國朝詞綜續編》（一八七三）卷二十二中，編者黃韻珊選入雙卿詞十首，並附有她的小傳一則，其傳曰：

賀雙卿，字秋碧，丹陽人，金沙綃山農家周某室，有《雪壓軒詩詞集》。

㉔ 看《論集》，頁六〇三。

㉕ 見王韜本《重刻西青散記》附錄。

此傳有兩個疑點。首先，黃韻珊把雙卿的籍貫由金壇移到了丹陽（與金壇相鄰），又逕直給她冠以賀姓。據考，賀氏為丹陽望門，明清之際，賀家詞人輩出，其中女流如賀潔、賀祿者，均有詞作傳世㉖。竊以為，雙卿姓賀之說，很可能是黃韻珊從某種主觀印象出發或接受了某種傳聞，以賀家的招牌來增加女詞人的聲望。同時，再給她加上大家閨秀應有的芳字。此說的非普遍性有《白雨齋詞話》（一八九一）為證。作者陳廷焯是黃的同時代人，且籍貫丹陽。他在《詞話》卷五收入雙卿詞數首，並附有《散記》中的個別軼事，但並未提到所謂姓賀之說。陳對雙卿的詞作首次作了極高的評價，如云：「其旨幽深窈曲，怨而不怒，古今逸品也。」又云：「忠厚纏綿，幽冷欲絕，而措語則既非溫韋，亦不類周秦姜史，是仙是鬼，莫能名其境矣。」㉗這些評語無疑肯定了雙卿詞在清代文學史上的成就。其次，所謂的《雪壓軒詩詞集》、《詞話》中也無一語提及它的存在。

清末至民初，往日婦女詩壇的盛況猶存流風餘韻，隨著《西青散記》的流行，又出現了一些雙卿軼事及其遺作的不同「文本處理」，它們可分為兩類：一為雙卿詩詞的專集，二為以雙卿軼事為中心的《散記》節錄本。前者如徐乃昌《小檀欒室匯刻閨秀詞》（一八九六）第十集收《雪壓軒詞》一卷，題賀雙卿撰。張壽林又從《散記》中輯出雙卿的所有詩篇，與詞合為一編，出版

㉖ 參看嚴迪昌《清詞史》，南京，江蘇古籍，一九九〇年，頁三〇三——三〇四，頁五四八。

㉗ 《白雨齋詞話》，北京，人民文學，頁一三四。

了一本《雪壓軒集》（二〇年代末，北京文化學社發行）。集中附有張所撰的專題評論《賀雙卿及其詞》，對這位「清代第一女詞人」推崇備至。文中引用了當時著名國學家繆荃孫的評語，讚揚雙卿「不特閨秀罕見其儔，即《散記》中所載詩詞亦不能不讓其獨樹一幟」。後者則有拜鴛女史的《欠愁集》，其中收入了輯自《散記》的雙卿軼事，另有一署名雪蛆的文人也出了一冊類似的《散記》節錄本，題名《天上人間》（南京書局，一九三二），並在序言中盛讚《散記》為「至美之表現於文章者也」。

此外，如梁乙真的《清代婦女文學史》（中華書局，一九二七），近來各種版本的歷代婦女作品選，都對賀雙卿的詩詞以全面的肯定。所有這些各種形式的「文本處理」都通過有導向的編選工作和鑒賞性批評，給未窺全豹的讀者製造了一種閱讀上的「前期快感」(fore-pleasure)。我自己最初也屬於僅僅接觸了此類二手材料的讀者。既不太了解「文本的歷史性」和「歷史的文本性」，又抱著對貧農女作家的偏愛（這是我們的文學史教科書培養起來的感情），便寫出了拙作《風騷與艷情》一書中有關賀雙卿的一節㉘。只是在此後通讀了《西青散記》全書，我才發現了舊作的疏漏。可以說，本文最初的寫作即出於穿越迷霧和補正疏漏的動機。順便在結尾提及事情的本末，聊作一個補充的說明。

最後，我們不能不再次提起本文從一開始就一直迴避的問題，即雙卿其人其事的有無。簡單

㉘ 參看該書（鄭州，河南人民，一九八八），頁三三六～三四〇。

地說，這個問題所追究的是能在多大的程度上找出可與作品世界對比推定的史實，是如何用手中的實證主義「水晶鞋」去套意想中的「灰姑娘」(Cinderella)。大概只有史震林本人知道誰是那個灰姑娘。至於我們一直談論的雙卿，現在已經看得十分清楚，她就顯現在本文以上所描述的「合成視野」(fusing of horizons)中。

載自《九州學刊》，第六卷第二期，一九九四年夏季號

重新認識明清才女

盛夏的紐海文(New Haven)天空很藍，草地也特別綠，大街上儘管時有汽車飛馳而過，耶魯的校園內卻終日保持著它固有的寧靜。在那裡，古樸的舊式建築物構成了與鬧市為鄰的隱居群落，它們既顯示出傳統的尊嚴，又向新來者敞開了思想的自由空間。正如挺拔在樓外的榆樹，精神已在此扎下了深根，所以學術的嫩枝新葉才會與日俱增地茂盛起來。

薩德勒廳(Sudler Hall)高大而凝重，今年六月二十三日至二十六日，來自中國大陸、台灣、日本、加拿大和美國的數十名學者會集其中，舉行了議題為「明清婦女與文學」的討論會。

從會議的發起到召開，歷時整整兩年。兩年來，東道主耶魯大學東亞語文系為每一個與會者的順利到來做了大量的準備工作。特別是大會的兩位組織者該系系主任孫康宜教授和威士廉大學(Wesleyan Univ.)的魏愛蓮(Ellen Widmer)教授，從會議的具體安排到爭取外界的資助，全都盡了很大的努力。事情總算辦得很順利，她們最終為大會贏得了四筆捐贈，這些錢分別得自蔣經國基金會、德富基金會、美國高等教育基金會和國家人文學科基金會。我們完全可以想像，在金錢決定一切的當今世界，假使這些捐贈最終沒有爭取到手，今日的盛會就只能是兩個組織者當初的夢想了。

直到不久以前，在中國本土，還談不上有什麼關於婦女與文學的系統研究。自古以來，很多表彰才女的言論都出於男性文人之口，婦女從來也沒有建立起屬於她們自己的批評論壇。有關才女的記載和評價，往往是作為文壇佳話散見於各種形式的文字之中，狹隘的趣味本身就把所涉及的對象限定在邊緣的地位上。

倒是在中國以外的地方，我們一直忽視和輕視的問題反而受到關注，被列為研究的專題。這顯然與六〇年代以來美國高校內婦女研究的發展，女學者的隊伍不斷壯大有著必然的聯繫。至少，從大會的兩位組織者和多數與會者的性別即可看出，會議的成員基本上顯示了以女性為主體的陣容。從某種意義上說，這樣的陣容也正好顯示了當今北美各大學內從事明清文學研究的中青年女學者之實力。其中孫康宜和魏愛蓮已經以各自的專著在明清文學研究領域產生了一定的影響，其他如長期研究女性身體與中國古代醫學文本的夏洛特・弗斯(Charlotte Furth)、對明清文學中的女性聲音有其獨到分析的蘇珊・曼(Sussan Mann)和毛琳・羅伯遜(Maureen Robertson)，以及在明清婦女教育和《聊齋誌異》的研究上已有專著問世的高音頤和蔡九迪(Judith T. Zeitlin)，還有很多難以在此一一列舉其姓名的女學者，均以她們各有所見的論文引起了其他與會者的興趣。

也許是中國文化的滲透產生了一定的影響，大會的組織者並沒有像今日北美某些極端的女性主義學者那樣對男性學者一律採取排斥的態度，一些從事明清文史研究的男學者——如余國藩、林順夫、鄭培凱、張靜二和葉長海——也應邀出席了會議，而且以他們提供的不同視角豐富了大家共同感興趣的話題。這種溝通兩性之間交流的辦會方針顯然收到了良好的效果。例如，有一位素來反對男人介入女性集會的「女書」研究者便在旁聽了會議之後，對她見到的情景深表讚賞，以致最終修正了自己原先的立場。這自然是會議開得頗為成功的一個證明。

但是，作為一個來自中國大陸的與會者，更使我受到啟發的還是，會議上自始至終貫徹了今日西方學術界盛行的跨學科研究方向。在國內，古代文學討論會的參加者基本上都是中文系的教師，其論文也多局限於單純的文學研究。在這次會議上看到的情況卻有所不同，它發展了我們中國自古以來文史不分家的傳統，很多中國文學教授的論文表現出對其他知識領域的廣泛興趣，而不少專攻歷史、宗教和藝術的學者也顯示了他們對文學的深入了解。顯然，這種兼顧其他學科的人員安排，本身就避免了今日國內古典文學研究中那種鑒賞性的，唯辭章的單一方向。正如孫康宜所說：「我希望通過這次大會的召開，不只在中國文學研究領域，而且在歷史、婦女研究和比較文學等方面，都能引起重大的再認識。」

同時，大會的九個討論專題(panels)也明顯地體現了「再認識」的目標，其中每一個話題的展開都為我們的討論確立了新的切入點。

一、閨秀與名妓
二、婦女創作的戲曲和戲曲中的婦女
三、作為男性自我反映的女性形象
四、詩歌的程式、規格及其抒情聲音
五、女性的身體與抽離了軀殼的女性
六、明清文學中的英雄主義、女性主義和婦女的聲音
七、比較透視中的中國婦女
八、婦女與通俗文學
九、女作家與《紅樓夢》

這些問題已在與會者提交的論文和發言中得到了充分的討論，在此，我僅就自己思考得較多的幾點做一簡要的述評。

讓我們就從孫康宜預期的「再認識」談起。我以為，這首先是對長期以來很多模糊影響之說的再認識。通行的文學史慣於用每一時代最有影響的文學成就來代表該時代的文學面貌，如所謂唐詩、宋詞、元曲和明清小說的一概而論之談。由於過分強調了主要的方面，結果便導致了對其他不同方面的抹煞。按照此類文學史讀本的描述，明清兩代的詩歌創作自然只是一些重複的，甚至至雖有而若無的東西。不幸的是，明清婦女文學的主要成就正好體現於詩詞的創作，從整體上無

視明清兩朝的詩詞創作，自然從根本上排除了婦女在明清文壇上的地位。因此，一般的文學史讀本可能在唐代提到女詩人薛濤，在宋代提到女詞人李清照，而在明清兩朝，往往只留下一片女性的空白。「再認識」的工作便是在對成說提出質疑的同時，進而挖掘出被逐漸遺忘或有意埋沒的女作家及其作品。

眾所周知，在中國文學史上，編選活動始終決定著作品的流傳和效應，左右著接受和批評的方向，它引導趣味，形成風氣，甚至造就傳統。從「三百篇」的結集到《玉臺新詠》的成書，直到各種「婦人集」在不同時代的編輯，全都說明古代中國並非沒有保存婦女寫作的穩定機制，從某種程度上說，此類流行一時或傳之久遠的作品選集實際上就是古典意義上的文學史。在書籍的流通十分有限的古代社會，熟讀這些選集的內容，本身就構成了對文學史知識的學習。

但到了明代中期以後，隨著出版事業的繁榮，婦女詩詞選集的刊印出現了新的動向。在女性文本開始成為熱門讀物，因而它的出版變得有利可圖的情況下，各類「名媛詩詞」選集的大量湧現便不只是當時婦女文學創作繁榮的結果，而且也成了促使其更加繁榮的主要因素。對今日的研究者來說，衡量這些選集的價值，絕不能僅僅著眼於其中的作品，而應超出文學鑑賞的水平，聯繫到編者所寫的序跋、評點，以及作者的小傳和有關記載，從而認識女性文本產生的歷史情況。因此，依然讓了解的範圍停留在今人編選的幾個歷代婦女作品選的普及讀本上是遠遠不夠的，「再認識」的工作應該深入到故紙堆中，從那些曾流芳一時，而如今幾乎已經湮沒的各種選集中發現新的東西。關於這些問題，孫康宜在她的發微之作《明清婦女詩詞選集及其編選策略》中首先進行了廣泛的討論。參照胡文楷《歷代婦女著作考》提供的線索，該文的作者對她已經搜集到手和她認為比較重要的作品選集作出了詳盡的辨析，為我們一窺所謂「名媛詩詞」的概貌提供了書目學上的有益指導。

明清婦女詩詞創作繁榮的另一特徵是別集的大量湧現，有不少才女都在生前親手編定了自己的詩詞集，並為其命名和撰寫序跋。由此可見，在那個我們一般都認為「女子無才便是德」的觀念佔統治地位的時代，實際的情況與後世過分誇大的某些方面並不完全一樣。婦才固然始終受到抑制，但同時社會、家庭和從事寫作的婦女又非常讚賞女性的詩才。在〈轉變話題〉一文中，毛琳·羅伯遜對女詩人給自己的詩詞集所寫的序言作了有趣的分析，並以大量的引文及其詮釋展示她們的自我呈現(self-representation)和自我銘刻(self-inscription)。可以看出，該文的作者精於現代批評方法的操作，她對明清才女的透視頗能令人聯想到《閣樓上的瘋女人》一書解讀十九世紀英美女作家群的策略。如果說後者多少有點誇大了所謂的篡改詭計，羅伯遜則可謂比較中肯地描述了才女們如何從德才相通的立足點出發，進而自己給自己塑造了一副德才兼備的的形象。她認為，正是強調了文與道、才與德的統一，女作家才爭取到了寫作的合法化，她們才在序言中表現了比詩詞中更真實的自我。此外，在詩歌創作和批評言論中，她們還喜歡把自我同書齋、學問、自然景物等文人感興趣的對象聯繫在一起，或者說，她們在詩題的選擇和意境的追求上自覺地表現出對文人雅士的認同，從而偏離了男性文本中那種香豔的女性形象。正是通過追摹陶潛、杜甫等大詩人的風格，她們最終才維持了自己的寫作尊嚴。

對於章學誠那樣的衛道士，蘇珊·曼顯然持更為溫和的態度，她並不認為這位抨擊袁枚的幹將絕對反對婦女寫作。在她的論文〈婦女的聲音與十八世紀的復古之風〉中，通過對章氏〈婦學〉一文的分析，曼微妙地指出了章氏既重德、又不棄才的價值矛盾(ambivalence)。章氏最反對婦女炫才，他的說教旨在把婦才納入「四德」的規範，因而他虛構了一個理想化的「婦學」傳統。他所讚揚的「正始之聲」正好為提倡婦女作詩的言論帶來了援經之論的方便。所以曼認為「詠絮才高」的形象與「正始」的概念形似對立，實質上還是一致的。正如孫康宜所說，才德由對立的兩極開始轉向相互交融，「新傳統從而生焉」。(〈明清詩媛與女子才德觀〉李奭學譯，載《中外文學》，第二十一卷，第十一期，頁六六) 但必須指出，德對才的妥協同時也是它對才的限制和馴化，因此，閨秀詩人的寫作從來也沒有突破「文以載道」的總傳統。

有關個別女詩人生平及創作的專題研究也引起了與會者的極大興趣，如林玫儀和魏愛蓮的論文都討論了集「詩人」與「詩評家」於一身的王端淑，高音頤的論文重新審視了徐媛、陸卿子與青樓女子唱和的「同性之愛」文本。但比較而言，這次會議上最富有挑戰性的論題還要數清代農家才女賀雙卿其人其事及其詩，包括筆者在內，一共有三篇論文都圍繞著這個熱點展開了爭論。拙文〈邊緣文人的才女情結及其所傳達的詩意〉與方秀潔的論文〈構造一個十八世紀的理想女性：《西青散記》與雙卿的故事〉在大方向上基本一致，兩文都迴避了雙卿事跡是真是偽的實證主義爭論，而把目光轉向了故事的講述本身。比較而言，拙文更偏重討論詩詞與敘事文互為文本的文體，以及其中才子與才女的混合聲音。為了說明被文學軼事渲染的才女如何在漸進的接受過程中形成了所謂「作者」的概念，婦女詩詞的編選活動如何對讀者的接受起了導向的作用，拙文還詳細地比較了小青傳記與雙卿的軼事，並考察了《西青散記》以後各種版本的雙卿詩詞。

方文用不少篇幅討論了《散記》一書的框架、文體和複雜的內容，以及作者史震林的夢幻心態。通過辨析雙卿的故事在敘事上的破碎、斷裂、模糊，作者既讓我們看出了故事的某些破綻，又讓我們認識到，作為故事中的理想佳人，雙卿如何被剝奪了她自己的聲音，又如何被塑造成文人慾求的對象和道德教條的傳聲筒。根據方秀潔的分析，我們同樣可以看出，雙卿的含混形象顯示了德對才的限制，以及其間的衝突：她在現實生活中是一個任勞任怨的婦人，在她的詩詞中卻常常流露出薄命之怨；她一面處處躲避才子們的追逐，一面又與他們詩來詩往；她在貧困和勞瘁中的表現既被描寫成貞節的證明，而那種不幸的境況同時又被美化為值得欣賞的詩意。所有這些並列的對立因素都反映了才與德的矛盾。

值得在此一提的是，會議期間與我同住一室的羅溥洛(Poul S. Ropp)也是一個雙卿迷，早在臺灣學習漢語期間，羅先生便迷上了《西青散記》，並著手把其中有關雙卿的片段譯成英語，還撰寫了專題論文〈《史震林與女詩人雙卿》〉。更令人感到意外的是，就在這組論文宣讀的前一天，負責評判的林順夫先生正好收到了一本寄自香港的英文新書——《祈禱者之葉，清代農婦賀雙卿的生平與詩作》。此書作者(Esie Choy)業已完成的正是羅溥洛正在進行的工作。當林順夫在講台上向全體與會者出示這本新書時，關於雙卿的討論可謂達到了高潮。可以預見，隨著此書的問世，《西青散記》與雙卿其人其事及其詩還會在英語世界引起更多的「再認識」。

與閨中名媛對立的另一類人物是名妓，她們或以詩才聞名，或以奇情異行聞名，但更多的還是以色藝聞名。在〈明清青樓文化中的曖昧形象〉一文中，羅溥洛列舉了這一曖昧形象的各個方面，從才子與名妓的詩詞交往到他們的愛情糾葛，從秦淮風月的魅力到文人的懷舊情緒，直到賣笑生涯的屈辱和痛苦。特別值得肯定的是，該文以不少篇幅介紹了在妓院裡演唱的酸曲小調，與我們熟悉的香豔篇什相比，這些鄙俗的歌詞更真實地傳達了普通妓女的聲音。

對於妓院中的灰色場景，好談風流韻事的文人似乎向來都不感興趣，他們更喜歡渲染那些富有傳奇色彩的名妓形象，因為此類形象更符合他們的文化理想。在〈晚明名妓：一種文化理想的創造〉一文中，李惠儀重點討論了名妓的自我塑造(self-invention)和文人的文化懷舊情緒。可以明顯地看出，青樓女子的自我塑造和上述閨秀詩人的自我銘刻都同樣表現了女性在文化和人格上追求全面發展的熱情；所不同的是，閨秀詩人更重視才德兼備，而名妓則力求在文學、藝術和趣味的修養上顯示人格的魅力，抬高自己的身價。特別是在晚明這樣的特殊時代，缺乏行動能力的文人似乎普遍喜歡把自己的愛國熱情和英雄主義理想寄託在名妓的身上，因而在他們的筆下，很多名妓都表現出女中丈夫的氣概，她們與儒雅化的閨秀詩人都體現了所謂「雙性氣質的理想」(androgynous ideal)。

在此，我們可以看到一個耐人尋味的對比：在西方女性主義批評家的筆下，十八、十九世紀英美女作家普遍陷於「作者身份的焦慮」(anxiety of authorship)，她們在鏡子的背面看到了自我的呈現，她們索性將計就計，就以魔女的形象向男性中心文學挑戰。相反，明清才女與傳統文學的關係不但從來沒有這種對抗的性質，而且表現出明顯的男性認同，我們甚至可以說，她們的女性聲音正是通過從寫作到行動上對文人的模倣才得以釋放出來。

與名媛詩詞的研究相比，有關明清婦女和敘事文學的課題更少受到學術界的重視，在這次大會上，有不少論文填補了這方面的空白。

在綜述性的長文〈明清戲曲與女性角色〉中，葉長海全面評介了女作家創作的戲曲和戲曲中的婦女形象。按照葉文的劃分，女作家創作的戲曲主要有兩大主題，一類是寫才，一類是寫情。寫才的戲曲大都沿襲了花木蘭和黃崇嘏的故事模式，讓才女裝扮成男子進入追求功名的世界，或考中狀元，或建立武功，在充分地展示其被埋沒的才華之後，最終返回自己的閨房。很多女性的作者都明確表示，創作這樣的戲曲，是為了寄託夢想，「為蛾眉生色」。

在當時另一種更為通俗的敘事文學——彈詞——中，這種輝煌的閨夢也成了被反覆敷演的主題。樂黛雲的論文〈無名、失語中的女性幻夢〉重點分析了此類彈詞中最著名的長篇巨著《再生緣》。樂文從比較激進的角度對這部彈詞做了很高的評價。作者從現代的女性意識出發，對女扮男裝的敘事程式進行了深入的分析。她指出，「在男性社會中，女性自我只能處於一種無名、無稱謂、無身份、無表述語話的狀態，她要表達自己的夢，就只能借助於男性所創造的一切：名份、稱謂、身份、話語等。」

魏愛蓮的研究顯然更偏於描述這些文本產生的歷史情況。在〈明代忠君思想與女作家〉一文的後半部分，她還提到了候芝、梁德繩等其他創作彈詞的女作家，並對有關的問題做了詳細的考證。魏文提出了所謂「婦女彈詞」的概念。與一般的彈詞不同，「婦女彈詞」由女性創作，並且主要供女性的公眾欣賞。女扮男裝的故事之所以反覆在此類彈詞中出現，正因為女性公眾對它最感興趣。它不但把婦女朦朧幻想的生活具現為令她們羨慕的事跡，它還把女英雄的文績武功同最能贏得世俗讚賞的忠君思想結合在一起，使一種貌似顛覆了父權制秩序的行動浪漫化為實質上強化了其價值的佳話。才女的易裝癖完全成了一種戲劇化的動作，成了對才子佳人文學的戲倣。

從明清閨秀詩人的自我呈現和自我銘刻到青樓才女的自我塑造，直到婦女彈詞中的女扮男裝，我們可以明顯看出，在明清兩朝，隨著女作家創作意識的覺醒，有才能的婦女企圖在男人獨占的事業上表現自己的熱情也逐漸趨於強烈，其表現的形式便是照搬男性的模式。從詩歌的選題、風格、意境到自我戲劇化的姿態，直到喬裝混入男人的世界與男人競短長，才女的努力方向有一個明顯的特徵，即把淡化她們身上的脂粉氣奉為正面的美學價值。但是，這種美學上的非女性化飛昇始終撲打著沉重的翅膀，因為被讚許、被抬高的婦才依然緊緊地繫在「德」的紅線上。一個傑出的閨秀詩人必須也是模範的女兒、妻子、母親，而對於名妓，士大夫為之大發感慨的總是她們的俠義、剛烈和可愛的聰慧。比如在《柳如是別傳》中，作者陳寅恪最欣賞，也著墨最多的便是河東君的「風流放誕」和「雙性氣質的理想」。我們知道，對於這本書的寫作，陳寅恪不只滿懷一個史學家徵實求信的責任，同時還傾注了思慕一種女性形象的痴情。他明確告訴我們，此書的寫作最初僅僅緣於一顆紅豆。

才女於是被描繪成文人最鍾情的女性，而才也與情發生了密切的關係，並由此引起了才與情的危機。從策略上講，社會和家庭對婦才的貶抑實質上正是為了閑情。章學誠並不絕對反對婦女作詩，他主要擔憂由此帶來的混亂，如男女之間的文字交往對男女大防的破壞，閨秀與妓女之間界線的模糊等等。古人常說，詩所以道性情，正如寶釵警告的那樣，它也最能移人性情。在衛道士的「有色」眼鏡下，即使「正始」之聲也有可能產生誘惑的效果。他們的禁忌有時恰恰起了教唆的作用。例如，杜麗娘便是在學習了《國風》之後，忽然在後花園裡懷起了春。

才與德的對立實質上乃是情慾與禮教的衝突。

尤其在曹雪芹的時代，在大量的白話小說、戲曲和彈詞被籠統地貶之為「淫詞小說」的情況下，我們今日當作通俗文學欣賞的作品，在當時往往都背上了誨淫的罪名。如果說上述寫才的戲曲和彈詞由於宣揚了忠君思想，比較符合德才兼備的標準，因而較少受到輿論的指責，那麼《西廂記》、《牡丹亭》之類專寫男女私情的作品則遭到了不同的命運，被列為婦女絕對禁止接觸的讀物。富有諷刺意味的是，曹雪芹一面讓賈母發表演說，公開譴責敗壞子弟的風月筆墨，一面又寫她招來戲班子和說書人大搞家庭演出，甚至允許在大觀園內排演《牡丹亭》；同時，賈政儘管把詩詞視為雜學，元春娘娘卻在父親面前獎勵眾妹妹們的文才。文學藝術的娛情作用常常在才與德的衝突中起了調和的作用，以致對德的強調有時完全流於表面文章，甚至只是掩飾對才情的欣賞。關於這些有趣的問題，余國藩的長文《〈石頭記〉中的文學和慾望衝突》展開了深入的討論。

余文非常精闢地分析了曹雪芹在小說的敘述中穿插戲曲引文的作用。正如《左傳》上的記載告訴我們，春秋時期的貴族常常賦「詩」以言志，在《紅樓夢》中，偷看《西廂》的寶玉和黛玉也喜歡用美妙的曲文傳達自己的心事。余文描述了一種有趣的交流情境：小說中的人物在一起偷看「淫書」的場景與他們所讀到的場景並列在一起，平行地展開，閱讀活動成為排演，而曲文則發揮了傳媒的作用。

特別對於黛玉這樣敏感、多情的女子，閱讀的後果顯得更為可怕，當她聽到梨香院裡傳來的演唱聲，那些最動聽的曲文不只勾起了她的心事，還觸犯了她的心病。在此，審美的共鳴被描繪成疾病的感染，甚至被暗示為不祥之兆。才與情最終成了才女身上的妖孽，成了某種致命的東西。林黛玉的心病最後釀成了不治之症，直到臨死之前，她還痴心不死，她似乎通過焚稿來舉行自奠的儀式，企圖把自己才情的結晶帶到另一個世界。她與寶釵形成了明顯的對比，後者在早年便接受了長輩的教訓，摒棄了「淫詞小說」，最後成長為德才兼備的婦人。「可嘆停機德，堪憐詠絮才。」在文人的心目中，這兩個方面都是十分可愛的。尤其是薄命的才女，她的痴情、病痛、身體的柔弱經過了詩意的美化，簡直成為明清文學中最有魅力的女性形象。小青、黛玉和雙卿便是這樣的典型人物，凡是熟悉她們的故事的讀者大概都不會忘記，她們病倒或死亡的場景正是故事中最感人的一幕。在此，美麗的才女始終扮演製造悲涼之美的犧牲品，而多情的哀悼者則是男性的作者/讀者。

於是，人間的才女被進一步引向陰間，被改裝成才鬼。關於這種鬼氣型的女性美，蔡九迪的論文〈賦形幽冥：十七世紀中國文學中鬼和女性的呈現〉進行了饒有興味的討論。根據夏洛特・弗斯的研究，蔡九迪發現，鬼的文學再現與明清醫學文本中女性的象徵性表示有密切的關係。作為一種普遍的女性症候，「鬱結」也可以被理解為對女性處境的概括，甚至對墳墓世界的準確表述。它意味著活力和慾望的受壓，它使我們看到，病態和死亡正是女性處境的象徵。在蒲松齡的筆下，鬱結而亡的處女必須得到男人的精血才能起死回生，於是，她失去了童貞，然後重獲生命。女鬼的復活頗令人聯想到才女之作的命運。在整個古代，婦女的寫作幾乎毫無例外地通過男性中介者的傳播和解釋而被公眾接受，它不可避免地要喪失女性文本的原始性，成為經過處理的文本。就這個意義而言，被置於詩詞總集之後的「名媛」類顯然正處在近似於鬼詩的位置上。

蔡九迪認為「女鬼」一詞有同義反覆之嫌，在中國古代的文化語境中，鬼性正好對應於女性。

由此看來，今日的「再認識」確實是一種發掘幽壙的工作。不過，它不再繼續製造女性的神秘，而是致力於消解那個神秘，從而起到祛除妖魅(disenchantment)的作用。

四天的討論會始終在熱烈爭辯的氣氛中進行，幾乎每一個與會者都針對他人的發言暢談了自己的看法。自然，以上的綜述遠遠不能全面反映討論的內容。如夏洛特・弗斯的論文〈明清醫學和性別建構〉深刻地討論了即使中國學者也不十分清楚的問題，于君方的論文〈明清通俗文學中的觀音形象〉令人信服地解釋了明清時期盛行的割股療親之風，鄭培凱的論文〈晚期士大夫對婦女意識的注意〉匯集了這方面的豐富資料，在《紅樓夢》之前和之內的婦女寫作〉一文中，蘇源熙(Haun Saussy)提出了一系列發人深思的問題，要解答這些問題，恐怕得撰寫成十篇文章或另開一次研討會。美國著名的女性主義批評家南西・阿姆斯壯(Nancy Armstrong)也參加了這次大會，並作了題為〈從今日的角度看中國婦女〉的發言，在與會者之中再次掀起了爭相交鋒的高潮。

在我的印象中，像這樣由不同地區和不同學科的男女學者集中討論明清婦女與文學的會議，大概還是首次。很多與會者都表示欣賞這個良好的開端，並十分珍惜這次機會。我自己也正是懷著同樣的心情寫下了以上的體會。我希望我的綜述能在更大的範圍內引起重新認識明清才女的興趣。我還希望上述的問題能夠得到更深入的討論。

花外春來路，
芳草不曾遮。

載自《中外文學》，一九九三年四月

殘酷的美

童稚之年，身高不及成人的一半，自己的視線掃描經常偏低，目光便容易落到形形色色的腳上。尤其是那些與眾不同的小腳，最令人感到奇異和驚訝。所有的小腳統統都套在尖角形的小鞋內，由腳面到腳踝的部位大都高高隆起。從上向下看去，還以為那腳掌生得像高跟鞋的底子一樣，腳踵就是高起的後跟。

此後，隨著年齡日益增長，自己的身材不斷長高，視線也漸漸上移，遂轉向了神態各異的臉。不知不覺間，幾十年一晃而過，再回過頭來注目街頭巷尾的行人，才發現兒時常見的小腳已消失殆盡。再過不了幾年，最後一批纏足的女人即將全部謝世，往日的陋習留在人間的肉體殘疾也就要從中國大地上徹底絕跡了。

纏足的確是一種醜惡的國粹，婦女生活史上的一個傷疤，自從本世紀初以來，國人一直把它視為中華文明的恥辱。那長長的裹腳布似乎至今仍遺臭熏人，以致很少有人願意歷史地檢討這一奇異的文化現象，反省地回顧其起源及其心理動機。現代人往往喜歡站在自我優越的位置上俯視古人的某些奇風異俗，他們一味陶醉於自己的求新與崇洋，卻不知在他們的自戀衝動中還夾雜了十分濃厚的古代癖性。譬如，像「婦女為什麼要纏足」這樣的問題，就很值得我們重新審視一下。

關於這一點，最常聽到的一個成說是：男人為限制女人的行動，為確保自己的妻女足不出戶，因此倡導婦女普遍纏足。

這個想當然的說法既缺乏有力的證據，也難以在邏輯上成立。如果說纏足僅僅出於男性的詭計，何以會形成一種遍及朝野，綿延千年的頹風？如果說這樣一種性別壓迫的策略純屬從外部強加，為什麼會像傳染病一樣引起婦女群體地自殘，男人狂熱地拜腳？這應該有其內在的原因，肯定有更隱秘的動機。

讓我們的目光最好還是回到足部本身，從人類對待身體的基本態度談起。動物的軀殼只是一具「行屍走肉」，但對人來說，身體卻具有特殊的含義，不僅是血肉之軀，同時還是文化的產物。自古以來，習俗和禮儀始終頑固地支配著我們對身體的態度，比如哪些部位可以暴露，哪些部位必須遮蔽，何處應以何種形式裝飾起來，何處該施加人為的矯正；所有這一切在不同的文化和社會中都有不同的規定。我們心目中的體態、儀表之美便與這些規定有密切的關係。這樣看來，所謂的人體美既非純粹天生，也非一成不變，實際上是在歷史的過程中逐漸形成，又隨著時代的推移而不斷變化。我們甚至可以說，正是在人體發展的漫長過程中，人們人為地從形體上突出兩性的區別，人體才塑造得越來越美。

於是，相對於身體的自然狀態而言，這種施加於人體的人為手段就具有了扭曲身體的性質。正如園丁用繩的束縛和刀的修剪美化觀賞植物一樣，人對自身的修飾有時也很殘酷。從本質上講，人對美的渴求乃是一種使自己變形的慾望。以不同於本來面目的形象呈現自我，這正表現了人相對於動物的超越。動物的身軀就是其宿命，所謂「老虎下山一張皮」，生來是什麼樣，就注定是什麼樣。常言道，「天下烏鴉一般黑」，動物在外形上很少顯示出醒目的個體特徵，不少動物也缺乏明顯的雌雄之分。

當人開始在自己身上玩弄起人為的花樣，並以之吸引異性，人體美便在區分兩性和突出個體的方向上發展起來了。

因此，腳就不只是一個支撐軀體和使之運動的機械性器官，它還可以做出種種引人注目的動作，使自我呈現成為目的本身。比如跳舞，特別是跳比較性感的舞蹈，僅憑那式樣別緻、色彩鮮豔的舞鞋，迴旋蹁躚之際，一雙靈巧的腳便能生出千般風情，萬種韻味。早在纏足興起之前，漢魏文人就在詩文中表現出對於纖足及其鞋襪的視覺專注。如張衡賦盤舞，著眼「振朱屣於盤樽」；曹植詠洛神，最欣賞「凌波微步，羅襪生塵」。陶淵明甚至向他思慕的佳人發誓，說他甘「願在絲而為履，同素足以周旋」。一位靜穆的詩人竟發此奇想，已足以說明，女人的纖足在男人的眼中有其悠久的魅力。中國如此，西方亦然。從某種程度上說，芭蕾便可謂一種展示女性纖足之美的舞蹈。至於灰姑娘與水晶鞋的故事，其中足戀的意味更是昭然若揭。普希金也在詩中說他願化身為海浪，奔騰到海邊去親吻意中人的赤腳。

很多記載表明，不少民族在古代都視足部為生殖行為的象徵。如《詩經》中的周代史詩所說，周民族的老祖母姜嫄便是先在野外踩了一個巨大的腳印，然後懷上了后稷。隨著過多的性感日益固著在女性的纖足之上，雙腳的嬌小便漸漸成為女性美的重要標誌。

美的規律傾向於把一種普遍的特徵推向極端，進而奉之為標準。因為女人的腳小於男人，故腳小便奉為女性美的特徵。因為華夏婦女的腳小於異族女人，纖足便被奉為華夏婦女優於異族的特徵。纏足之風興起雖晚，但看重纖足的頑念則由來已久。

纏足最初起於帝王的宮廷，開始只是一種舞蹈藝術上的追求，我們不妨稱之為中國式的古典芭蕾。據說，南唐後主李煜有個寵妃名叫窅娘，生得身輕善舞。她用長長的布帶緊纏雙足，把腳纏得像彎彎的新月一般。她穿上素襪，站在六尺高的金蓮花上翩翩起舞，活像仙女從空而降。窅娘的舞足立即引起宮內婦女的豔羨和效倣，接著便傳到宮外，在民間風靡起來。

很多女人都喜歡把自己打扮成別人悅慕的樣子，她們的愛美之心深深植根於製造魅力的動機。當年楚王好細腰，楚宮內的嬪妃竟屢屢有為減肥而餓死者！由此可見，受到風氣的驅使，愛美者常會為追求形體之美而不惜摧殘自己的肉體。十八、十九世紀之際，歐洲貴婦好束纖腰，為使自己娉娉嫋嫋，竟在腰間束上刑具般的鯨骨緊身搭。結果弄得上流社會的女子一個個氣血虛弱，神經過敏，稍遇刺激，便尖叫一聲，昏倒在地。今天看來，簡直讓人感到滑稽，但在當年那才叫有風度。在形體美的成長史上，女人取得的某些成就的確是用痛苦的代價換來的。

時髦的樣式由中心向邊際傳播的過程中，拙劣的模仿往往呈現出變本加厲的趨勢，正如今日大都市流行的東西一旦傳到外縣，最終就由於過分地模仿而變得俗不可耐。

最初，後宮中纏出來的彎彎纖足僅為製造表演上的美感效果。宋代以後，中國境內的漢族婦女普遍開始纏足，往日的時髦之舉便日益墮落為陋俗，成了對天足的摧殘。降及明清，纏足成了每一個女孩長成婦人之前必經的大關。女人所搞的別出心裁之舉最後反坑害了自己，當男人越來越迷戀那三寸的金蓮，不纏足或足纏得偏大、失形竟成了身為女人的致命缺陷。為了女兒嫁得更好，在孩子七、八歲到十來歲的時候，母親只得親自動手為孩子纏足。她自己曾受母親的折磨，現在又轉過來摧殘女兒。

猶如欣欣向榮的枝條，孩子的雙腳此時正當活蹦亂跳之際，母親突然狠心用長布帶緊緊纏裹起來，那儼然是在給孩子施加酷刑。在長達數月的過程中，布帶越裹越緊，一直纏得把大腳趾逼彎，使其餘四趾曲向腳底，最後形成粽子一樣的尖角，把腳的主要部分向後壓迫到踝部。這一過程幾乎長達半年，半年內孩子日夜啼哭，腳骨也在火辣辣的疼痛中活活地給折斷。等到半年之後，腫脹漸消，折骨最終壞死，畸形的金蓮於是正好可以塞入尖尖的小鞋。此時，致殘的雙足尚不能下地，一般要在一年，甚至兩三年之後，纏足的女子才能邁起弱不禁風的蓮步，扭扭捏捏走起路來。

縫製鞋子本為護腳飾腳，可嘆小鞋一旦奉為美的楷模，腳反而得屈就小鞋，以致屈就到腳殘的地步。「削足適履」的笑話居然成了現實中的慘劇！然而在社會群體嗜好小腳的明清時代，很少有人發現此舉的愚蠢和殘忍。在對待身體的問題上要堅持異端態度，恐怕比在其他方面脫俗更為困難。

那麼，纏了足的婦女是否變得更易管束，更守規矩呢？這是一個很難證實的問題。我們可以明顯看到的最大損失是，婦女從此喪失了從事體育活動和跳舞的能力。從宋代以前的詩文和繪畫可以看出，漢族婦女曾創造過十分優美的舞蹈：如杜甫筆下的公孫大娘，一曲劍器渾脫舞，竟給大書法家的藝術注入了靈感。又如敦煌壁畫上的霓裳羽衣舞，那繽紛多彩的場面恍若把仙境帶到了人間。纏足最初也是為增進舞姿的優美，可惜天下的愚婦將之推向極端，結果害了自己的雙腳，也斷送了華夏婦女的舞蹈傳統。

漢族的日常生活日益變得缺乏藝術趣味，時至今日，中國境內的各少數民族都有自己的民族舞蹈，唯獨漢族沒有。明清以來，大概由於小腳女人不適於登臺演戲，於是男扮女裝的藝術得到了特殊的發展。在看客們的眼中，男人裝扮出的女性美似乎比女性本身更有魅力。

纏足的陋習早已消亡，但所植根的古代癖性並未徹底剷除。從某種程度上講，穿高跟鞋也可被理解為一種摩登的纏足。大街上常常有一些矮胖的女人，她們像踩高蹺一樣穿上高跟皮鞋，肉乎乎的腳面硬是被鞋幫擠得高高隆起，看到她們步履艱難的樣子，活像是目睹了小腳的再生。有時還可以看到一些在人行道邊身倚欄干的女郎，她們大概初試高跟，尚未磨練出來，因而一邊輪換地脫下鞋子，一邊用手撫摩自己夾痛的纖足。所有時髦的女鞋總是又尖又瘦，為女人的雙腳之美所設計的裝飾，依然意味著冷漠的物強迫地矯正有感覺的皮肉。

不僅腳如此，處理身體的其他部位也頗有類似。新興的美容術就是外科手術的一個分支：為了擴大目眶而割雙眼皮，為了性感而做隆胸術，為了腰細而敲掉肋骨，為了增白而把臉塗抹成脂粉的面具……為了在這個世界上維持光潔的外表，愛美的女人就是這樣硬著頭皮忍受了對自己的殘忍。只有她們自己最知道此中的甘苦與憂樂，我們局外人恐怕很難說清那痛與快混合在一起的滋味。

載自《當代》，一九九四年六月

重構通變的軌跡

八〇年代前期，美國學者孫康宜發表了她研究中國古典詩詞的兩本英文專著：《晚唐迄北宋詞體演進與詞人風格》和《六朝詩研究》。問世之後曾在北美的漢學界引起了一定的關注。最近，《詞》書的中譯本即將在臺灣出版，《六朝詩》已有人著手翻譯，可見兩書的學術成果也在中國本土開始引起注意。在此，我僅從個人的閱讀心得出發，對兩書中某些值得借鑑的方面作一評述，希望能引起國內的讀者對通行的文學史讀本所忽略的個別問題產生再思考的興趣。

古代文論很早就注意到社會變遷對文學發展的決定性影響，自從劉勰提出「文變染乎世情，興廢繫乎時序」的論斷，後世的文學史論著大都沿用這一模式描述歷代文學演變的狀況。文學的發展確實受到了社會現實的制約，但由於這種重視外部影響的文學史觀始終沒有同漢儒的政教詩學劃清界線，談起一代文學的正變和盛衰，論者往往習慣把對世風的道德評價作為對文風進行藝術評價的主要根據，一代文學的盛衰便被同某一文體的正變籠統地對應起來。如「漢賦、唐詩、宋詞、元曲」的一刀切框架，或所謂「秦無經，漢無騷，唐無賦，宋無詩」的以偏概全之論，在很大的程度上，一部中國文學發展史就是按這樣的文體分期論構造起來的。這種明晰的劃分的確突出了不同時代的主要文學成就，但同時也導致了把複雜的文學現象簡單化的傾向。例如，對不同文體之間的互滲，對文學史的不確定的和無序的諸方面，對促使文體演變的內在動力等問題，至今仍然缺乏充分的討論。而孫康宜的著作中的很多討論都有助於我們認識這些被忽略的問題。《六朝詩研究》一書重點討論了五個著名作家的作品，通過對比他們的異同，勾畫其間的聯繫，該書清晰地展示了從東晉後期到梁陳二百年間五言詩發展的脈絡。在文學史的這一斷代層面上，五個詩人中的每一個都被確定為里程碑式的參照點：一方面，他們的不同命運與各具特色的作品顯示了政治危機與詩歌獨創性之間的聯繫；另一方面，他們在詩歌上的創新與不足則被描述為一系列積累起來的互相作用之因素，在建安以來的一種文學新動向中構成了促使格律詩形成的動力。

眾所周知，文辭的由簡趨繁和由質趨文，本是古代文學發展的一個主要趨勢。就中古詩歌的情勢看，其明顯的特徵即陸機所謂的「詩緣情而綺靡」。綺靡到底是優是劣，本不宜作孤立而絕對的判斷，但傳統文論常從反對浮華文風的立場上發言，故習慣把「質」與「文」之間本來是互補和互動的關係完全對立起來。孫書的優點在於，放棄了用「浮華」、「綺靡」等帶有價值判斷的措辭來概括六朝文學新動向的泛泛之論，而選擇了「表現」和「描寫」這兩個詩歌寫作的構成因素來檢驗不同詩人的風格，進而從這兩個基本因素複雜的變化關係中顯示了詩歌抒情性生成的漸進過程。可以說，劉勰所謂「名理有常」，即可被理解為表現或描寫之類具體的寫作手法或個人的風格；而所謂「通變無方」，則可被理解為這些因素的複雜變化。說得更通俗一些，孫書所說的「表現」，就是古人常說的言志抒情，而「描寫」即寫景狀物。比較而言，前者更受到傳統文論的重視，被視為詩歌的基本功能，後者則是在詩與樂分家之後，文人開始有意為詩，詩歌的創作突破了狹隘的「美刺」，進而摹寫詩人自己的情感和視覺經驗時，才逐漸發展起來的。

表現的因素並不僅僅意味著直抒其情。直抒其情固然有明白曉暢的優點，但也有可能失之淺露和過於主觀化，因此抒情的強度並不總是與它的藝術感染力成正比的。在討論陶潛詩作的章節中，孫書特別注意陶詩的哲理沈思中流露的抒情聲音。陶潛在其詩作中表現得最強烈的抒情聲音是對生死的達觀，對固窮的自覺選擇。從某種程度上說，所有這些主題都涉及到儒道的典籍，而這些理論範疇的東西本身都是非抒情的。然而陶詩之所以依然在對人生無常的思考中保持著詩歌的抒情性，其主要的原因即在於，它在結構上富有彈性，在節奏變化上極為自由，同時經常在詩中使用問答的形式，製造了生動的現場性，從而使他的個性得到了自發的表現。這就是說，陶詩的抒情性主要得力於其獨特的遣詞造句和語調，而不僅僅是表達的衝動。由此可見，非抒情的內容不只可以入詩，而且有可能豐富表現的因素，使詩境得到拓寬。

對外部世界的關注也是陶詩的一個特徵，但陶詩主要表現的是人對自然的態度和反應，故他筆下的自然景觀大都簡單而不太具體。只是在偏愛描寫的詩人謝靈運的作品中，寫景狀物的技巧才得到了高度的發展。孫書著重就這位詩人的山水詩討論了有關「形似」或「巧似」這一被六朝文論反覆提到的概念。通過細心地分析這些山水詩的句法，孫書向我們指出了所謂「山水詩」的構成要素：其中大量的對偶句都呈現出山景與水景、山木山鳥與水草水鳥的並列。孫書認為，正是構造了這種由遠景到近景，從局部到整體的層次感，謝詩才使我們產生了身臨其境的幻覺。所謂「形似」，就是這一描寫手法的效果。謝詩中的對偶句還創造了一種寫景的模式。如在「崖傾光難留，林深響易奔」這樣的詩句中，景象的排列順序還呈現了其間的因果關係，這個統一而對稱的世界顯然也傳達了詩人獨特的視覺經驗。可見詩歌中的描寫完全有可能生發出表現的效果。與謝靈運「鑽貌草木之中」的探幽活動根本不同，身居下僚的鮑照更多的是在艱苦的行役中領略了驚心動魄的江湖風波。因此，他喜歡在寫景詩句中構造富有力度的視覺效果，他筆下的景物有著較多的主觀投射，有更多的表現因素。於是，他的興趣由描繪廣闊的山水面貌轉向刻畫細小的事物，最終轉向了詠物和女性美。他似乎可被視為一個過渡性的人物，從他的詩作可以看出，自然的寫實開始與重藻飾的艷情趣味發生了聯繫。

據孫書的統計，謝朓約有三分之一的詩作屬於五言八句詩，這些詩篇的形式已比較接近唐代的五言律詩。而且正好迎合了當時的文學風尚。首先，此類詩多產生於當時的文學聚會，短小的形式便於詩人們從事命題賦詩的遊戲。其次，當時的詩壇開始講究聲韻，五言八句為這種辨別宮商清濁的造句練習提供了理想的結構。這樣一來，對駢儷的偏愛自然也由冗長的排比漸趨凝煉和小巧，以致最終縮減成八句中間的兩聯。同時，這種日趨精巧的形式追求也對詩歌的內容起到了限定的作用。鍾嶸曾批評謝朓「微傷細密」，孫書指出，正是在謝詩構造的細密世界中，詩人「找到了一個把內容與形式聯繫在一起的滿意方法，從而造成了微型的結構。」它的特徵是：景物由大縮小，由野外退入華堂，彷彿由窗口看到的畫面，那優美的風景更像心境意緒的外化，而非對外部世界的再現。在此，我們看到了表現與描寫兩種因素趨於融合的跡象，一種情景交融的意境竟然在這一被貶之為浮華、綺靡的唯美追求中逐漸地醞釀出來了。

從謝朓開始，宮廷詩人追求形似的實驗轉向了詠物，此後，隨著宮體詩的風行，女人或與女性相關的事物成為所詠的主要對象。通過分析庾信的二十首詠畫詩，孫書饒有興味地討論了那個時代的一個文化現象：隨著畫中世界成為詩筆摹寫和競勝的目標，詩人企圖用語言媒介傳達另一異質藝術效果的努力出奇地開發了詩歌的表現潛力，詠畫的嘗試為開放的詩境增添了所謂「咫尺千里」的畫意。庾信的宮體詩於是有了對「宮體」的超越：宮體型的美人在庾詩所詠的畫面中僅占一個部分，美人被置於一個艷化的桃源世界中，山水與香艷的調子發生了融合，同時兩者也與詩歌的聲韻之美達到了統一。庾信的不少詩作實際上已十分接近唐代的格律詩，而那些逐漸凝聚成詩歌基本語彙的風花雪月和美人形象，也在表現與描寫兩種因素的互滲中生長出越來越豐富的抒情性。

在另一本論詞之書中，有關晚唐迄北宋詞體演進與詞人風格的討論依然貫串了表現與描寫兩個基本因素複雜的變化關係，同時也辨析了由此而涉及到的雅與俗、含蓄與直率等概念。交叉比較進一步在該書中得到了富有成效的發揮，西方現代語言學分析的方法也被適當地用於作品的細讀。我以為，特別值得指出的是，化主觀欣賞為客觀鑒賞的態度可謂此書的一大特色。

早期的文人令詞與唐代近體詩的密切關係是孫書一再論證的一個文學現象，它被確定為一種不同於民間俗詞的傳統。文人詞從一開始就是填詞的產物，作者更傾向於兼融表現和描寫的手法，以免顯得過於直露，因而有意迴避一種被渲染的戲劇效果。由此可見，文人的填詞最初固然與唐代的流行歌曲有密切的關係，其句讀不葺的形式固然受到曲調的限制，但作為一種新興的抒情詩，以五七言句式為主的早期文人令詞畢竟更接近唐人的絕句。並且從一開始即走上了有別於俗詞的詩化之路。

當然，這並不意味著文人詞從未受到俗詞的影響，通過考察五個著名詞人的作品，孫書進一步透視了這兩大傳統在詞體演進過程中複雜的變化關係。首先，溫庭筠和韋莊分別被確定為採用了兩種典型句式的代表。在一首溫詞中，每聯往往構成一個單元，其各聯間一般缺乏邏輯或敘述上的聯繫。這種各自獨立的並列句式結構自然很容易令人聯想到律詩中間的對偶句。我們甚至可以說，溫詞的特殊結構正是把近體詩中的律句推到極端的結果。溫詞的特殊形式至少說明，它為詩人所欲強化的香艷趣味提供了方便：用層層疊加的意象構成一幅香艷的鑲嵌畫。我們不難從這種被稱之為「畫屏金鷓鴣」的詞品中看到六朝宮體和晚唐詩風在早期文人令詞中的反應。

韋詞的形式更多地體現了複合句式的運用，由此可以看出它對敦煌俗詞和古詩傳統的繼承：如在遣詞造句上慣用「莫」、「須」等助動詞，以便突出表達願望和要求的語調；有意識地點明時間和地點，以便構成敘事的聯貫。孫書認為，正因為韋詞一方面強化了代言人的抒情聲音，一方面又虛構了富有真實感的場景，所以它既保持了俗詞的感染力，又為好談本事的閱讀期待提供了重構作者自傳的材料。就這一點來看，韋詞可謂兼有直率與含蓄之美。溫詞則由於毫無「事」的痕跡可尋，其意象與意象之間的斷裂，正好為好言寄託的讀者留下了發揮想像的餘地。歸根結底，兩種句式和兩種效果仍與表現和描寫兩個基本因素在其中所占的不同成分有關。

其實，真正用作詩的態度來填詞的詩人是李煜，從李煜開始，詞中的抒情主人公才從早期詞作中常見的女性代言人轉為作者本人，並且在詞中實寫自己的感慨和遭遇。只是在這一意義上，我們才有可能討論屬於詩的表現，以及古今評論家公認的李詞之特色——率真。孫書對所謂「率真」作出了令人甚感愜意的分析。因為詩歌的表達本質上是一種語言的藝術，它的魅力來自詩人所選擇的修辭方式和風格。因此，對所謂率真的討論應指向作為召喚結構的文學文本如何取得了感人的效果，而非探討詩人具體的寫作心態。孫書的這一視角把我們從通常所謂「風格即人」的意圖謬誤導向引入了語言學分析的細讀：諸如大量使用否定語氣和疑問句，習慣用明喻連接兩個不同的意象，長短句的交錯使用，特別是九字句的妙用，所有這些向來被人們反覆吟詠，卻只知其然而不解其所以然的名篇佳句，經過孫書的指點說明，其微妙的詩意和僅可在片刻間從語感上模糊領會到的韻味。均被一一剔抉出來。根據孫書的分析，李詞更為優越的地方在於，詩人從不放任自己的抒情衝動，相反，他善於在恰如其分的控制中完成自發的表現。確切地說，李煜筆下那些令人感到率真的詩句實際上是經過匠心處理的結果，是詩行節奏與感情波動的和諧使我們產生了率真的感覺。同時，在流暢的詩句中再穿插上強烈對比，詩人的自我表現也隨之上升為一種普遍性的抒情經驗。

我們通常習慣用字數的多少來判定小令與慢詞的區別，孫書則從詞體演進的角度對慢詞這一晚起的變體作出了新的界定。如上所述，小令的結構接近唐代的近體詩，在孫書的後半部分，作者反覆向我們指出，只是經過柳永等北宋詞人的努力，慢詞才發展成一種真正具備了詞格的新型抒情詩。柳永是首先借用民間俗詞的手法大量創作慢詞的作家，孫書用大量的篇幅討論了他對「領字」的獨特使用：「領字」在語氣上的停頓增強了慢詞特有的層次感和婉轉的情致，使詞中細膩的情感刻畫和詳盡的形象描繪得到了有秩序的組織。這樣一來，柳詞中儘管充斥了描寫和敘述的段落，但從它的總體效果看，這些本來屬於非抒情的因素毋寧說是富有抒情意味的。經過孫書的解剖，我們才終於看到，詩人到底在如何鋪敘，他所擅長的鋪敘到底具有什麼樣的構成因素。

柳詞的成就主要在於慢詞形式的創新，在於把俗詞的傳統納入了文人詞的創作。另一個寫慢詞的能手蘇軾進而使慢詞容納了更多的本來屬於詩的東西，使詞分擔了詩一貫發揮的部分功能。

孫書認為，就這一點講，說蘇軾「以詩為詞」，可謂有一定的道理。比如蘇軾用詞詠史、懷人、贈別、寫山水，擴大了詞的題材；在詞中大量用典，使單調的詞境更加豐富多彩，而同時也使它開始顯得不純。在承認蘇詞這一特徵的基礎上，孫書進而又對「以詩為詞」之說提出異議，通過對比蘇軾的慢詞與他的古詩，在辨析兩者差異的同時，孫書更充分地討論了蘇詞特有的抒情性。蘇集中有不少詞作和詩作分別嘗試了相同的題材，但由於各自的體制不同，詞比詩顯示出更純粹的抒情性：詞用更凝煉的句子表現了對自然景物的整體印象，詩則傾向於繁富的羅列；詩更偏於記實性的陳述，詞中的抒情聲音則常常是通過對那一聲音的客觀轉換流露出來的；宋詩（包括蘇軾本人的詩）好議論的風氣也在蘇詞中有所表現，但蘇詞中的論說因素在效果上卻是非論說的，它往往像幾句旁白，作為對抒情境況順便發出的評說，緩衝了表現的緊張，從而製造了敘述的距離感。蘇軾是陶潛的真誠的崇拜者，六百多年後，這位天才的詩人用比陶詩更自由的詩句，把陶潛的達觀發揮到淋漓盡致的程度，而且使之顯得非常風趣，帶上了幾分智慧的幽默。

孫康宜現在耶魯大學東亞語文系任教，從她所處的學術氛圍看，可謂面臨現代西方批評的前沿陣地，是很容易被新理論新術語轟炸得暈頭轉向的。令人最感欣喜的是，在她的兩本論詩之作中，她對自己並不陌生的西方理論在使用上始終十分謹慎和節制，並特別注意到與傳統文論的結合。綜上所述，我們基本上可以說，她的古典詩詞研究給劉勰的「通變論」賦予了現代的闡釋，不但從史的角度理清了文體與風格的密切關係，而且有助於我們對詩歌的抒情性進行更深入的理論探討。

載自《中國典籍與文化》，一九九四年第二期

從養生到荒誕

對於房中書，國內的學術界向來諱莫如深，只是在高羅佩的《中國古代房內考》中譯本出版之後，我們才知道那是一些屬於古代養生學的文本。然而，也許正是因為高羅佩對房中書給予了比較溫和的評價，原來一直被打入冷宮的此類文本一時間變得神奇起來，於是各種帶有注釋和評析的普及讀本相繼湧入書市，其中有很多評介房中書的言論都令人感到牽強附會，實屬溢美。因此，對房中書，有必要認真說說。

大約在房中書產生的漢魏時代或稍後，印度和羅馬也出現了性質相似的性愛手冊，其中最有影響者首推流傳至今的《性典》(*Kamasutra*)和《愛經》(*Ars Amatoria*)。只要對比一下這兩種書與房中書的內容，我們不難看出兩者的區別。兩種域外的性愛手冊顯然喜歡把「性」與「愛」聯繫起來談論，其中不乏對性體驗的微妙描繪和對情慾的深刻理解。房中書的內容則更局限於床上發生的事情，它列舉了大量可操作的經驗之談，卻幾無片言隻語道及心理感受和情緒性的東西。它確實可謂名副其實的房中書。《性典》和《愛經》幾乎涉及到男女關係的各個方面，作者往往以教訓的口吻向讀者散佈一種享樂主義的情愛觀。相比之下，房中書卻具有濃厚的醫學色彩，它所傳授的性技巧嚴格地服務於養生的目的，其中的告誡無不關係到身體健康，乃至性命安危的大事。房中書所關注的性關係範圍基本上限定在夫婦的閨房生活之內，因而其中所討論的任何性實踐都不存在觸犯一夫多妻制的道德問題。在這個大前提下，它對肉體持一種非道德化的生物學態度，性活動不是被理解為與心理和精神等因素相關的人性體驗，而是被描繪為在陰陽相感之下排泄精液或吸收精氣的過程。它的宗旨和它規定的性教條都深深植根於中醫的養生學。

中醫的養生學有兩個要點，一曰保養，二曰補養。保養的原則要求保存體內的元氣，盡量減少對它的消耗。一個善於保養身體的人總是堅持節制嗜欲，處處避免超過限度的活動。對於精力的任何消耗，他都堅持節省的原則，有時吝嗇到連一口唾沫都捨不得隨便吐掉，甚至話說得太多也怕傷了自己的元氣。烏龜的生存方式可能更符合他理想的形象，烏龜對保養論者的啟示在於，一個人要學習長生久視之道，首先應珍惜自身固有的、先天的東西，在機體的內部維持一種自足的平衡狀態。

補養的目的則把向外攝取滋補品的想法推到了近乎貪婪的地步。在補養論者看來，某些性質堅韌和生命持久的外物可能含有可以被人體吸收的有效成分，只要適當地選擇，經過提煉和炮製，然後攝入體內，即可產生有益於身體健康的作用。我們並不否認這種嘗試在飲食療法和中醫藥物學上的成效，但我們同樣不能否認，自古以來「服食求神仙，多為藥所誤」的慘劇，便是這種理論的巫術妄想所導致的消極後果。更為荒謬的是，有些江湖術士還招搖撞騙，聲言從某些含有精華更多的人體分泌物中可提煉出最佳的補品。其中尤為臭名昭著者要數明朝盛傳的紅鉛和秋石。紅鉛取自少女初潮的月經，秋石由童男的尿液煉成。此類臆想的滋補偏方早已無人相信，但它們所依據的理論並沒有得到清算。這一理論就是房中術的「以人補人」之論。

房中術就是把上述保養和補養兩大原則並行引入性生活領域的一種實踐。從保養的原則出發，它首先強調男人應以節省精液或陽氣為目的，爭取少泄或不泄，從而保證他能延長做愛的時間，進而盡可能多地御女。因此在所有的房中書中，射精總是被描述為可厭的、有損於身體的事情。相對而言，所謂的性技巧基本上都是基於這一擔憂的防禦措施。

房中書的固精論在很大的程度上反映了男人的性恐懼。因為男人性能力的根本弱點在於，只要達到高潮，便急劇跌入低谷，一種機能上的自動終止不只中斷了快感的延續，而且要重新起動也頗為困難。在一夫多妻制的古代社會中，上自后妃充斥後宮的帝王，下至一妻一妾的士人，如何在眾多的女眷中普施雨露，往往使多妻者很傷腦筋。孔子說：「不孝有三，無後為大。」宗法制的家庭最重視子嗣的延續，廣置姬妾從理論上講本為蕃衍後代，而非為了縱慾。因而對一個男人來說，輪番在他的妻妾中佈施性愛，實際上即在完成繁殖子嗣的使命。性愛的公平分配就是一種齊家的行動。漢儒鄭康成甚至本著這一精神為天子設計了在半個月內同一百多個女人睡覺的程序表，按照那個順序算下來，天子在十五天中的某些夜晚平均御女勢必達到九人次之多！要完成鄭康成的分配方案，其不堪設想的後果必如魏了翁所云：「雖金石之軀，不足支也！」正是基於這一特定的歷史背景，高羅佩對中國古代的房中術給予了比較溫和的評價。他認為，「沒有這類書的指導，一個大家庭的家長很難應付眾多的女眷而不精疲力竭。」他還認為房中術「對男人及其妻妾的健康至關重要的問題提出了總的說來是很明智的勸告。」高羅佩也許說出了房中術在實際應用中可能起到的作用，但是，一個男人要保持旺盛的性能力，進而要過多地分配他的性愛，是否僅靠一種可操作的方法就能解決問題，則是很值得懷疑的。因為作為古代養生術的一個分支，房中術最初只著眼於保養，清心寡慾是它的根本原則，所以傳說中活了七百歲的彭祖被奉為房中術的祖師。一旦它的固精法被用來滿足一夫多妻制的實際需求，就不可避免地誘發更多的虛幻慾念。為了迎合世俗的癖好，漢代以後的房中書大多宣揚御女的神奇功效。諸如「九淺一深」之法等按神秘數字設計的機械活動，其節奏、頻率和路數都被規定得如同氣功或拳術的操練一般，尤其誘人的許諾是，連抽送的不同次數，深淺的不同程度，全都一一對應著對不同疾病的療效。這些療效是虛是實，我們最好留給醫學去研究，但在此我們至少可以肯定，性生活的健康還與情感和心理因素有關，而房中術所規定的一系列操作程序卻對一種任何方式也難以保證操作者獲得快感的活動只採取了純技術的處理。

應該承認，房中書有關陰陽相感和陰陽互補的理論明顯地肯定了人的自然慾求，尤其是泄慾導情的主張，最能代表中國古代非壓抑的性文化的特徵。如陶弘景〈御女損益篇〉指出，「凡男不可無女，女不可無男。若孤而思交接者，損人壽，生百病，鬼魅因之共交，失精而一當百。」又如《玄女經》云：「陽得陰而化，陰得陽而通。一陰一陽，相須而行。故男感堅強，女動闢張，二氣交精，流液相通。」前者指出了人的性慾得不到正常發泄的不良後果，後者則強調了男女在性生活中互相滿足和互相受益的意義。但必須指出，所有的房中書都立足於男性中心的立場，其理論方法的傳授對象也全為男人，其中有關女性性慾的論述並不屬於女性的特殊研究，所有針對女性性慾的論述均關係到是否對男人有益的問題。透過那些重視女性性反應和性高潮之類的告誡，我們不難看到房中術真正的目的在於「採陰補陽」。

作為一種供男人使用的性策略，房中術的全部理論建立在一個基本的假設上，即男人的性能力是脆弱的，易受損傷；而女性的性能力則得天獨厚，具有優勢。如何使脆弱的一方免受損傷，進而從得天獨厚的一方竊取優勢，構成了房中術為之努力的目標。按照《周易》的觀點，陽代表積極、進取的力量或趨勢，但它的剛健含有自我消解的缺陷，它一旦強盛到接近極端，很快就會轉向它的反面。所以《易・乾卦》云：「亢龍有悔，盈不可久也。」對陽道來說，一個幸免的哲學就是向陰道學習。陰被認為是至柔而又至剛的力量，但柔的取值並非目的本身，古代崇拜陰道的道家實際上只把它視為手段或一種有利的姿態。陰柔之所以受到重視，是因為它對陽可以起到調節和限制的作用。《老子》云：「知其雄，守其雌。」只有模仿陰柔的姿態，才能保持陽剛的勢力。如上所述，房中術對肉體採取了一種非道德化的生物學態度，所以在談到縱慾和缺乏控制能力的問題時，房中書很少從倫理的角度對其進行批評，其中的告誡基本上都著眼於一種不利的後果。這就是說，縱慾本為獲得更多的快感，但實際上它只會加速快感的喪失。加強自控能力的意義在於，要與對立面相持下去，就必須盡量發揮將其拖垮的耐力。

房中術一般認為，女人的陰氣取之不盡，用之不竭，男人要維持陽氣的充盈，應學會從陰氣中索取補養的方法。按照房中書作者的想像，這種「氣」似乎就是一種物質存在，而且可以在性接觸中通過一定的方法從對方身上吸收過來。這就是古代方士一直向世俗兜售的「採補術」。在遠古時代，人們不明白性交的生理作用，將男女交媾與天地絪縕相比附，迷信生殖器的威力，把男女的精液視為珍寶。就其原始的巫術思維來看，所有這些妄念都有它自己的邏輯。但是當方士們把古人的幼稚想法神化為醫學的教條，並用以迎合世俗的貪欲時，就造成了妖言惑眾的影響。如果說固精的主張在最初還有其保養身體的意義，那麼到漢代以後，隨著固精的技巧被納入採補的目的，房中術便日益墮入性神秘主義的魔道了。儘管如某些現代的房中書研究者所言，房中書有關「五徵」、「五欲」和「十動」的記錄在準確性上達到了與現代性學的觀察差可比肩的水平，但必須看到，房中書記錄這些徵兆的目的並不在於加深對人類性活動的認知，而是為採陰補陽提供可以參照的經驗。因為房中書認為，女性的興奮程度密切地關係到她的陰氣被激發的程度，因而也準確地顯示了採補的火候。所有這些微妙的感受都被作為操作上的匠心點撥出來，都一再被說成是必須面授機宜的秘密。

房中書往往把進行採補的一整套操作比擬為道士煉丹的過程，因而在房中書的文本中，女性的性器官也被比擬為煉丹的鼎爐，或者就把供採補的女人稱之為「鼎爐」。這一稱呼明顯地表現了房中書對女性的態度，即只把她視為必須絕對把握的肉體，一個有使用價值的容器。既然對女人的評價著眼於是否有用和能否控制，房中書大都用一定的篇幅討論了「鼎爐」的選擇。在此，女人被分為「好女」和「惡女」兩種對立的類型。這一區分的關鍵在於鑒別一個女人的外形和神態，看她在與男人的性交中可能使他受益還是受損。關於「好女」的長相，《玉房秘訣》描繪道：「須取少年未生乳，多肌肉，絲髮小眼，眼睛白黑分明者，面體濡滑，言語音聲和調；而下者，其四肢百節之骨皆欲令沒，肉多而骨不大者；其陰及腋下不欲令有毛，有毛當令細滑也。」《素女經》也有類似的描繪。至於「惡女」，其特徵明顯與「好女」形成了強烈的對比：「蓬頭[illegible]面，槌項結喉，麥齒雄聲，大口高鼻，目精渾濁，口及頷有毫毛似鬢髮者，骨節高大，黃髮少肉，陰毛大而且強，又多逆生，與之交合，皆賊損人。」

從以上兩類女相的對比不難看出，房中書一面按照男人的偏愛誇大了男女性徵的基本差異，一面又對應於男人所好惡的對象編造醫學的教條，進而基於男人的幻想和恐懼，制定了房中術的審美標準，以及一系列有關身體健康的許諾和威脅。

自然並不是一個製造標準件的模子，無論是男人還是女人，其中總有一部分人生來就具有某些傾向於異性的顯著特徵，在一定的程度上，本無所謂正常與異常之分。女性的骨骼固然比男性細小一些，皮下脂肪也較男性豐腴幾分，但當「豐肉微骨」被偏愛地推崇為女性「正常的」性別特徵，並被提升為標準的女性美，以致成為男女共賞的理想形象時，「豐肉微骨」就成了強加在女人身上的變態。正是借助這種強迫的觀念，男女在身體上的生理差異才逐漸被人為地突出成兩性的本質區別，並被推向極端。與那些被推到極端的女性特徵相比，女人的長相上凡表現出男性化特徵的標誌自然就顯得不太正常，乃至很畸型了。「惡女」的長相即根據這樣的尺度。粗大的骨骼是強有力的標誌，在男人的心目中，一個體格強壯的女人顯然潛在著對抗性的力量。對於女人體毛過多的反感和神經過敏也源於同樣的動機。女權主義者認為，「毛髮好比獸皮，是一種獸性的標記，也表明了一種進攻性的特徵。男子蓄留毛髮是為了保持自己的競爭性和進攻性的本能，女子要去除體毛都是為了壓抑自己的各種本能衝動。」在很多古代文學作品的性描寫中，對房中書所謂「陰上無毛」的反覆玩味，正表現了男人的幻想和恐懼：希望女人以盡可能光潔的外表壓抑自己的本能衝動，而害怕她身上也長著同樣的獸性標記。至於「好女」的長相，房中書之所以強調其有益於男人身體健康的特徵，是因為成功的採補需要女人進行順從的配合。對年輕女子的偏好不僅說明房中書很重視女子身上的青春活力，而且說明它很欣賞女子身體發育的幼稚性。因為女子年齡越小，她的身體越有可塑性，也就越容易接受性操縱，越有希望被培養成合適的「鼎爐」。

然而，一個馴服的「鼎爐」能否保證採補的絕對成功呢？馴服並不意味著絲毫不存在顛覆的危險，房中書始終都很提防女人固有的性優勢。固精的努力有時會顯得十分被動，更為積極的防禦機制是對與之交歡的女人提高警惕，把她同時也當成交戰的敵手。在房中書中，成功的性交常常被理解為擊敗對方的勝利。更為確切地說，哪一方在性交中吸取了對方的元氣以補充了自己的元氣，哪一方就算獲得了最後的勝利。因為不只男人在採陰補陽，女人也可能採陽補陰。《玉房秘訣》還以神話人物西王母為例，把她描述成一個專門在男人身上進行性榨取的人物，說她「一與男交，而男立病損」，而她卻由此獲益，臉色始終豔如桃花。按照利器不可假人的原則，房中書還要求掌握了房中術的男人把這一制勝之道牢牢攥在自己手中，就像一個劍客嚴守秘傳的絕招一樣，絕不可讓女人看破底細。所以在談到有關「鼎爐」的選擇時，房中書很欣賞年齡偏小，缺乏性經驗的女子。《玉房秘訣》明確地建議，要想成功地採補，最好選擇「不知道之女」。這樣，男人就更容易採取以逸待勞的戰術，一方面利用對方的力量，一方面節省自己的力量。或者說，將對方的元氣逐漸耗損的過程，也正是逐漸使自己的元氣得到補益的過程。正如劍俠小說的作者總是讓他的英雄一連擊敗很多敵手，房中書所鼓吹的戰績是盡可能多御女。特別在漢代以後的房中書中，節房事的告誡越來越為「多御女」的誘勸所代替。因為按照新的理論，只要操作得法，多御女乃是大有補益的事情，而始終與同一個女人交媾，反而會耗損陽氣。縱慾和養生的衝突最終被方士們巧妙地消除了，兩者的統一甚至還被引向了成仙之道。連唐代著名的醫學家孫思邈也宣揚：「能御十二女而不復施瀉者，令人不老，有美色。若御九十三女而自固者，年萬歲矣。」像孫思邈這樣的名醫竟發此妄言，足見古人對房中術迷信的程度，也足見古代醫學摻雜的巫術成分之多。

房中術的末流固然與它的初衷相去甚遠，但我們不能不看到，自從房中術開始流行，它的主導精神便是成問題的。在一夫多妻制的古代家庭中，房中術的適當應用也許有可能協調夫婦的關係，但隨著方士們越來越神化它的養生功效，並以此趨勢媚俗，迎合世人的貪欲，各種各樣的縱慾享樂思想便在原始的性神秘主義中找到了滿足的捷徑。據晉代的煉丹大師葛洪記載，方士們甚至蠱惑人心地宣揚：「房中之事，能盡其道者，可單行致神仙，並可以移災解罪，轉禍為福，居官高遷，商賈倍利。」這些虛妄的許諾已完全墮落到原始人用性行為發揮巫術功能的水平上了。長期以來，人們對於性的奢求總是遠遠超出它可能給予的程度，房中術的末流就是把性濫用到荒誕地步的一種徒勞。

載自《讀書》，一九九五年二月

有關賣淫現象的話語變遷

很多香艷詩詞、冶遊回憶錄，以及後來的懷舊文學都告訴我們，賣淫業在中國曾有過相當輝煌的歷史。這些作品的作者更喜歡用「青樓」、「風月場」、「煙花巷」等富有詩意的名字來稱呼我們所說的妓院。而在那個時代的都市中，此類地方通常總是集性服務與其他娛樂項目為一體的場所。

性的享樂因而很自然地被融入了音樂、歌舞、宴遊、吟詩等具有藝術情趣的活動中，以致使妓院生活的魅力不但代表了都市繁華的主要方面，同時還象徵著某一朝代的盛世景象。身為嫖客的文人名士很少提到妓院生活中陰暗的一面。經過他們的詩飾，一個現代讀者也許很容易把那時候的妓院想像成令人銷魂的歌舞廳、可以在其中流連忘返的豪華酒店，或者是文藝愛好者的沙龍。而對於那些提供性服務的妓女，他們也更欣賞其多才多藝且多情的形象，因為他們去妓院裡似乎並非為了滿足一般的性慾，而是追求某種情調，企圖在妓女身上找到他們的妻妾所沒有的東西。

上述的美好情景肯定有不少浪漫化的成分，但我們依然可以從中看到一個值得注意的事實，即賣淫業在古代社會具有一些有待我們重新認識的功能。首先，在娛樂業尚未充分發展的古代，賣淫業兼營娛樂業，它的經營方向是把各種愉悅男人的表演和遊戲盡可能同發揮女色魅力的機會聯繫在一起。其次，在男女大防確立以後，當上古的淫風受到了禮教的禁止，賣淫業於是把野蠻的遺俗商業化，把它改造成了有償的性服務。妓女在其中承擔了多重角色，她是以色事人的歌女舞伎，是職業情婦，也是擴大著的姬妾隊伍的候選人。她們的存在並沒有使古代的良家婦女受到威脅，一個自信的妻子甚至在送別丈夫的詩中勸勉他說：「攀花折柳尋常事，只管風流莫下流。」

應該指出，只是在嫖妓作為一種合法的婚外戀形式存在的古代語境中，我們才可以界定「風流」一詞的香艷含義。而隨著青樓文化及其男女主角同古代社會一起消亡之後，上述的佳話或韻事統統都在「五四」的新話語中失去了原有的光彩。

賣淫嫖妓同抽大煙、纏小腳一起被指責為陋習和墮落，被同中國的衰弱、落後和統治階級的腐敗聯繫在一起。半殖民地的新興大都市上海代替了往日的揚州或秦淮，成為新的話語談論賣淫現象的典型背景。各種摩登的娛樂行業最終取代了妓院往日兜攬的業務。現在，那裡完全成了赤裸出賣肉體的地方。新的公眾把更大的興趣轉向了名伶、電影明星、酒吧裡的歌女或舞女；新文學運動中湧現了成批的女作家，青樓名妓曾兼有的眾多角色業已轉化到其他職業女性的身上。自由戀愛和愛情婚姻也成了年輕一代男女理想的生活方式，男人至少不必再到妓院裡去找紅顏知己了。

在通向最後一道手續的過程中不再有儀式、遊戲和情調，對妓女來說，就只剩下了用身體換錢的純生理行為。性服務成了一種辛苦的勞動，它使妓女的身體與性分離，使她們在接客的時候不得不把自己的身體視為一件非性的、非個人的東西，甚至把身體的某些部分作為從她們的整體割裂出去的東西供他人使用。現在，話語的製造者不再是身為嫖客的舊文人，新型的知識分子開始主持對賣淫大力抨擊的社會改革論壇。名士與名妓的風流韻事被代之以誤落風塵的弱女子受惡霸坑害、受鴇母虐待的故事。她們是被貧窮的父母出賣的女兒，惡劣的丈夫用來抵債的妻子，兇悍的大婦逐出家門的小妾，或被人販子拐賣的幼女，有時候則是為了養活兒女的寡婦。

總之，她們的賣淫並沒有被視為個人道德的問題，而是被當作社會腐敗和階級壓迫的明顯例證。幾乎所有的妓女都在妓院生活的折磨下變得憔悴、多病，以致早衰早夭。最令人感到可怕的性病也開始被歸咎於妓院內的雜交。賣淫業對社會的敗壞已達到必須被徹底剷除的地步。

到了五〇年代初期，新的政權終於宣佈賣淫為非法，所有的妓院都被關閉，妓院的老板隨之受到應有的懲罰，而賣身妓院的妓女也得到了真正意義上的解放。政府通過安排她們從事正當的工作和結婚而改變了她們的身分。從此，作為一種公開的經營，古老的賣淫業在中國大陸上絕跡了。當然，暗中的賣淫從來也未中斷，它轉變成男女雙方私下的交易，你很難斷定誰是真正的妓女。與此同時，各種娛樂性的服務和演出也在清除封建遺毒和資產階級影響的方向下，與可能導致色情嫌疑的東西劃清了界線。

生活在新政權下的中國公民確實曾一度為消滅了賣淫現象的社會感到自豪，不幸的是，他們很快就發現，全國人民也被剝奪了男女交往、藝術和娛樂享受上的很多自由。直到八〇年代初期，經過幾十年的政治禁慾，中國人民才開始艱難地恢復一些本與賣淫無關、卻動輒被扣上流氓罪名的東西。比如在八三年「清除精神污染」的運動中，很多青年男女僅僅因為參加了地下的迪斯可舞會，便被以流氓團伙的罪名逮捕、判刑，長期的禁錮使得鬱積在社會無意識深處的能量凝聚了對享受和性消費的過多渴望。一旦那禁錮出現了裂縫，就很容易造成人慾橫流、一發而不可收拾的局面。近年來屢禁不止的賣淫嫖娼之風，便是乘商業繁榮的大潮瘋長起來的。

從某種程度上說，這個正在摩登起來的古老行業依然帶有它的古代特徵。湧向深圳這樣的特區城市找工作的外地打工妹，往往是從歌舞廳、豪華酒店、按摩院裡廝混而走上賣淫之路的。從前是在妓院裡徵歌逐舞，現在則是在各種娛樂場所和服務設施中滲入把女性工作者性化(Sexualization)的內容。

從伴舞、陪坐、私人導遊到陪宿之間的界線是很模糊的。當此類行業的經營者存心用女色招徠顧客時，腐爛的草堆裡就飛出了成群的螢火蟲。這個世界如今就是用每一塊錢和每一分錢構築起來的。在中國社會再次面臨財產重新分配的關頭，人們都容易產生抓錢的衝動。眾所周知，現在凡是有職有權的人，都在盡量利用自己佔據的位子撈外快，連教師都吃起了學生。一無所憑的農民於是就靠山吃山，靠水吃水，而缺乏機會，也沒有職權可利用的個別女子便選擇了出賣自己的身體資源。她們的成分十分龐雜，有鄉下人，也有城裡人，有無業的或改行的，也有業餘兼營的。

世界整個脫節了，人都變得越來越不嫌丟人。在一個港臺富商、中共官倒和形形色色的謀取暴利者得逞一時的國度裡，提供性服務的靚女自然可以認為，從此類前來求歡的大款們手中分上一杯羹也不失為一條致富的捷徑。太多的不正當交易正在使更多的人仿效不擇手段的做法。妓女可以被視為無權的女人中樂於用性來控制男人的謀利者，正如美國的異端女權主義者佩格利婭(Camille Paglia)所說，妓女是「性王國的君主，男人若想入內，就必須付錢。」

走筆至此，我想起了我們陝西農民的一句俗話：「有個買啥的，就有個賣啥的。」這是對經濟學上所謂供需關係的樸素表達。佩格利婭所吹噓的性權力到底有多大，此處暫不討論，但正由於想入性王國的男人成群結隊，提供性服務的女郎才日益增多起來。

也許是我們的青樓文化使現代男人的性意識中仍然殘存著「風流」的癖性，也許是幾十年的政治禁慾弄得人們太好奇、太浮躁，也更容易在被批臭了的資產階級玩意兒前失去控制。前幾年，當內地才開始聽到賣淫的風聲時，深圳或海南就往往被描繪得像古代十里珠簾的揚州一樣充滿了獵艷的冒險。成倍的期待於是就把成批的躍躍欲試者引向了性王國的入口。對於共和國新一代的嫖客來說，那種刺激既意味著考驗，也有幾分風險，比如，報紙上近來就頻頻報導，某某首長或書記到風月場上初試身手，當場就出了醜，鬧得丟職罷官。

賣淫業的死灰復燃既有諷刺意味，也值得我們深思。現在的情況正在變得令當局感到尷尬，注射到歷史進程中的意識形態已被證明失效或無效。有時候漫步中國城市的街頭，年長者隱隱覺得「舊社會」突然以新面貌回到了自己的周圍，年輕人則發現這裡的景觀越來越變得像他們嚮往的港臺。

在冰冷的金錢面前，意識形態顯得空前地脆弱，而面對冰冷的性，男人也非常脆弱；當妓女慣於以職業的耐力把身體甩給她們的嫖客時，那情景往往有點滑稽：她們以自己的無性消解了男人太多的性。儘管如此，我們還是無奈地看到，婦女應該是什麼的正面理論同婦女實際是成為什麼的現狀之間，日益露出了矛盾。潘朵拉現在再次打開了她的盒子，面對蝗蟲般迴旋在九州大地上的誘惑，理論家的腦子正在枯竭，思考者也不由得感到一陣眩暈。

載自《明報月刊》，一九九五年十月

從走出家庭到重建家庭

小小環球，涼熱各異，號稱當代「婦運之母」，同時也是NOW（「全美婦女組織」）創辦人兼第一任主席的貝蒂．傅瑞丹(Betty Friedan)如今在她自己的國家差不多已被女界淡忘，在女權主義後起之秀的眼中，她的名著《女性迷思》好像也成了老掉牙的東西。然而在遙遠的臺灣，就在最近，該書的中譯本卻在它問世三十多年後被過遲地隆重推出，年老的傅瑞丹在美若有所知，落寞中該會有或多或少的慰藉吧！

一般來說，對於當今歐美學院中時興的高深理論，臺灣向來都有回聲一樣譯介的熱情，所以近來輸入的女權、女性論說，率多「後」字當頭的東西。那基本上都是個別專業人士獨自咀嚼的話語，與廣大婦女所面臨的現實問題相去既遠，也喪失了六〇年代婦女運動在美勃興之日的政治活力。

其實，就筆者近來在美的所見所聞，最年輕一代的普通婦女又開始討厭那些唾棄傅瑞丹的「後」

字輩及其偏激、怪誕之談了。她們在當今美國龐雜的女權思潮中看到了新的迷思，她們呼籲關注婦女的現實問題。儘管現在的問題同傅瑞丹當年在《女性迷思》一書中討論的問題已不完全相同，但二者期待於婦女運動的大方向則是一致的。就這個意義而言，傅瑞丹的舊作並未完全過時，她所開啟的方向在今日確實還有重新認識和進一步拓展的必要。

所謂迷思，乃是把我們習慣和接受了的現實予以合理化的種種說法，它使我們滿足於現狀，耽溺於這樣或那樣的困境。六〇年代美國的白種中產階級婦女處境與今日很不一樣，她們大都是整天圍著丈夫和孩子轉的家庭主婦，被美滿地麻痺在由舒適的市郊住宅和方便的購物中心構成的日常生活平庸之網中，向來缺乏自我實現的價值。而她們被灌輸的價值——從弗洛伊德學說到功能主義理論，直到高等院校傳播的主流話語——卻死死蓋在她們朦朧中有所缺憾的意識上。傅瑞丹用「女性迷思」這一措辭概括了她們的困境。她在自己的書中批判和消解了那些製造迷思的理論，同時還把她對各類女人的訪談詳盡地記錄下來，就普通人日常生活中最關切的方面列舉出生動的事例，以大量的事實來說明，個人的問題本是社會的問題。說破迷思如同引爆碉堡，傅瑞丹的社會宣言立即在美國女界引起了熱烈的反響，為當時在全美展開的婦女運動吹響了理論的號角。

七〇年代以降，當年苦於女性迷思的家庭主婦已紛紛在不同的社會工作中找到了自己的地位，她們自發地組織起來，以親自參與社會改革的行動爭取到了很多社會主義國家中由政府配給婦女的權利：在就業和受教育上與男人平等的權利。然而工作權與教育權的獲得並不意味著美國婦運的使命從此大功告成，為了在立法的保護下保證婦女在社會生活的各個方面擁有不可剝奪的權利，傅瑞丹及其老一代婦運先鋒領導廣大婦女進一步展開了更為深廣的社會改革運動。為此，她於一九八二年發表了《第二階段》這樣綱領性的著作，仍然像二十年前那本書一樣懷著為女人尋找出路的關切和熱情，就墮胎、小兒入托、社安福利、家務分擔等婦女普遍就業後遇到的新難題展開了建設性的討論。傅瑞丹在後來之所以受到婦運內部的批評，以致被逐漸甩到一邊，顯然是由於她在《第二階段》及後來的言行中一直反對把婦女問題和婦女運動性政治化的堅定立場。與仇視男人、把同性戀的性選擇拔高為鬥爭方式的激進派完全不同，傅瑞丹認為婦運第二階段的任務是超越性別角色的對立，建立「人性化的性」，把婦女、男人和小孩共享的利益確定為婦運的終極目標。

從走出家庭到重建家庭，從單方面地追求男女平等到在更高的層次上實現兩性和諧的新關係，這便是身歷兩個階段婦女運動的傅瑞丹為美國和全世界婦女勾劃的前進道路。因此我們可以說，她的書不只是為美國讀者寫的，也是為中國讀者寫的；不只是關於婦女運動的，也是關於人類命運的。這樣看來，對於我們中國的讀者，眼前這兩冊遲到的中譯還算是很及時的。

載自《明報月刊》，一九九六年一月

情慾的磨難

——安妮・厄努的《只是戀情》

寫小說的人大概可分為兩類，多數作者都習慣利用既有的敘事程式編造人們喜聞樂見的故事，但有些人卻缺乏像那樣講故事的興趣，他們只會寫自己經歷的事情。當代法國女作家安妮・厄努(Annie Ernaux)無疑屬於後者。八〇年代，她發表了《男人的位置》和《一個女人的故事》，這兩本以自敘形式回憶已故雙親的小書，至今在法國已銷售近百萬冊，且被作為當代典範之作選入了學校的教材。在最近出版的小說《只是戀情》(*Passion Simple*)中，仍然是出於想把個人的真實情況弄清楚和寫出來的真誠，仍然是沿用第一人稱的敘事方式，厄努毫無保留地講述了她與一個比她年輕的已婚男子之間的短暫戀情。

那是一個獨居的中年婦女的戀情，一段身和心俱受困擾的經歷，一種情和慾相煎熬的惱人糾纏。必要說明的是，此處所說的「情」並非通常意義上的浪漫、感傷情調或閨怨式的相思之情，所說的「慾」也非道德上貶斥的淫慾。與其把這兩個字完全對立起來，不如將其併為一詞曰「情慾」，用來泛指女人在性關係和性行為上的獨特反應。在這篇有關一個女人如何想男人的故事中，厄努力求傳達的便是很多女人都易陷入的情慾磨難。對很多男人來說，性常常是或主要是身體上的事情，它可以被視為一個有終止的、能不斷地重新開始的單一行動，隨著事過境遷，一個人轉身就會扮演生活中的其他角色。不幸在相當多的女人身上，事情似乎並非那樣簡單。做愛之後會有沒完沒了的餘波擴散下去，我們稱之為「情慾」的東西於是開始發揮它的作用，把性的匱乏釀造成一種瀰漫性的意念，讓惑於意念的女人在她的日常生活中時時處處都不由自主地想到她等待的男人。蠢然而動的男人可以一再重溫戀情的插曲，然後照常回到自己的日常事務中，女人卻甘願她的戀情之火焚及生活的其他領域，把尋歡的插曲延長為持續的受難，甚至就在那難得的片刻歡樂中，她還要怨怪、懷疑、猜測，還要不斷恐懼地想到即將到來的離別。女人從婚外戀情中可能得到的歡娛猶如從憂戚之海中以手掬水，旋得旋失，一場認真的遊戲，入迷的徒勞而已。到頭來她們才發現，自己所愛的男人原來都是完完全全的陌生人。

就這個意義而言，《只是戀情》一書中的男主角，即那個被稱為A的東歐客，似乎也可被視為現代女性已經看透了的男性之化身。他來去匆匆，行蹤不定，永遠是通過聲音空洞的電話來告知他來到的時間，而在短暫、稀少的幽會中，他幾乎總是以一個男人的軀體出現在她的身邊。在有關他的描述中，她常常非色情地提到他的陰莖，而且在如痴如獸地想念他時，也多次孤立地直呼那個器官的名字。顯然，對A的迷戀並沒有使她忽視A的男人本性之事實，而對這一事實的正視，同時也沒有絲毫削弱她作為女人難以幸免的痴迷。她一面無奈地陷入，一面又通過講述她的陷入來揭示她自己的，也是很多其他女人的複雜經驗。寫作於是成了在發現和確認的意義上再次經歷那一戀情的過程，其中並沒有什麼可以渲染或昇華的東西，用文字翻譯個人的經歷只是為了弄清事情的真相。

厄努直視人的生存境況之勇氣的確可與西蒙波娃(Simone de Beauvoir)相比，她的敘事上的簡樸和節制，以及對溫情的冷峻迴避則頗有卡繆(Albert Camus)之風。厄努在藝術上的追求向我們顯示，小說的寫作並不是一個敘事技巧和如何編造故事的問題，每一個人都有自己的故事，只要你渴求和敢於把自己知道的真相說清，你就能寫出不落俗套的小說。我們完全可以把紀實的文字當虛構的故事閱讀，因為從任何個人的經歷中都會發掘出很多人共有的體驗。越是真實地寫了自己，便越能揭示人類普遍的經驗。

載自《自由時報》，一九九五年九月一日

移根的況味

——論嚴歌苓的新移民小說

最近十幾年來，隨著沈重的竹簾漸次捲起，禁錮了好幾十年的中國老百姓才個別地碰到了走出國門的機會，出國開始成為某些中國人換一種活法，或進一步尋求個人發展的出路，出國也成了目前眾多大潮中的一股熱流。於是描寫大陸客在海外生活經歷的文學應運而生，給本來已經很夠勁兒的出國熱又平添了幾把火。幾年前我在西安居住的時候，聽說根據小說《北京人在紐約》改編的電視連續劇風靡千家萬戶的那個冬天，我們西安就有些窮極生瘋的老兄從王啟明的暴發受到了啟示，他們竟然也買回了織毛衣的機器，躍躍欲試那一條致富之路。這樣的事說起來當然會被人當成笑話，但由此也可以看出此類編造海外新傳奇的暢銷書走紅一時的原因及其轟動的社會效應了。此類書大都是剛出來不久的國人寫給急欲出來或根本出不來的國人去看的，它所投放的市場只能是被捂得躁動而太容易好奇的大陸公眾，越是膚淺地炫耀加鹽添醋的個人經歷，越是指導性地提供在異國生活的門道，便越能餵養大眾的夢想。隔海談天，浮光掠影，只不過用故事網起了生活表層的點點油花，那與真正的小說藝術確實是相去很遠的。

真正的小說家並不把個人的特殊經歷作為寫作的唯一根據，也不會全憑熱門的題材去吸引讀者。他們也寫熱門題材，但更熱中於探索自己夢想的講述形式。他們也寫自己的經歷，但懂得如何消失在自己的作品之後。對於真正的小說家，寫個人的經歷，絕不是為了向好奇的公眾及時報導聳人聽聞的事件，那只是一個發現的過程，是通過寫作摸到和揭示出存在的不為人所知的一面。嚴歌苓無疑屬於真正的小說家之列，只要你讀過她近幾年來發表的十來篇寫海外華人生活的小說，一眼便能看出這些自有其藝術魅力的作品與上述海外新傳奇的明顯不同：更傾向於諷世而非媚俗，更喜歡趁機自嘲而非處處自炫。海外新傳奇吊的是局外人的胃口，故只可能暢銷於大陸的書市。嚴著小說則寫盡了「同是天涯淪落人」的哀樂，每讀一篇，都令人想到「遠托異國，昔人所悲」那句古語所意味的很多東西。我想，大概正是因為嚴著小說具有這樣的藝術品格和個性特徵，它們才全部發表在海外的中文報刊上，才在海外的華人讀者中贏得了一致的好評。

嚴歌苓在小說集《少女小漁》的後記中把自己移居異國的生活比為樹木的移根另栽，身處這種一切都斷了茬的境況下，讓一個人感到最尷尬的首先是語言的障礙。華夏的雅言曾有過它悠久的自負歷史，孟子輕蔑地提到「南蠻鴂舌之音」，已經受降的李陵依然以拒絕的態度稱周圍的胡語為「不入耳之歡」。在華夏文明始終處於中心的情況下，說漢語的人群自然在語言的交流上滿懷母語的自豪。無奈今日的情勢已發生了諷刺的變化，對於任何一個投奔到發達國家求發展的中國人來說，迅速地熟悉所在國的語言，乃是移居生活的頭等大事。現實地講，這一過程並不存在放棄了什麼或屈從了什麼的問題，但就個人的心理感受而言，語言的障礙畢竟使一個人陷入了無能為力的境地。不管你本來多麼心靈口巧，多麼能言善辯，一旦你置身於你唯一會說的母語完全無效的地方，去面對操另一種語言的對話者，你立即就會顯得獃頭獃腦，好像一下子變成了聾啞人。你恨自己的遲鈍，怨對方的不知體諒，陌生的語言簡直是以一種絕不迎合的專橫使你在初入異國的日子裡嘗到了一連串的挫敗感。

嚴歌苓顯然對此類煩惱深有體會，綜觀她寫海外華人生活的十幾篇小說，語言的尷尬幾乎是她在不同的故事情節中見縫就插上一針的有趣情境。在〈簪花女與賣酒郎〉中，只會說「Yes」和「No」的齊頌與酒店夥計卡羅斯在櫃臺前萍水相逢，女的很單純，男的挺憨厚，兩人頗有相悅之意，無奈沒有可以溝通的共同語言。好像一個不識英文的考生在多項選擇的考題上憑直覺亂點一通，作者給她的人物安排了一個荒唐而富有獨創的回答方式，她讓有點顯得傻氣的齊頌對卡羅斯的問話輪番地回答兩次「是」和一次「不」。有時候她答得歪打正著，有時則讓對方完全摸不著頭腦，誤解中偶有妙解，艱難的交流中蹭出了只有在閱讀時才能領會到的諧趣。就這樣驢頭不對馬嘴地交談下去，同時又輔之以眼神和手勢，這兩個陌生的男女竟然模模糊糊地有了瞬間的相契。然而，語言的障礙畢竟是個鐵門檻，可以意會的點滴到頭來還是難以確定必須用言傳建立的理解。狠心的姨媽已在背後拍定了出賣齊頌的交易，就是因為不通英語，齊頌眼睜睜錯失了一個唯一可能得救的機會。自我表白最終成了自我歪曲的行動，想說出來的心願全都在接受的裂縫間漏得一乾二淨。作者本來要講的只是一個大陸妹在美國的悲涼遭遇，只是由於巧構了用一場語言的喜劇講述出來的方式，結果便講出了比故事本身更多的東西。

讓語言障礙的陰影把自己死死籠罩下去，那實在是一種太不聰明的自我囚禁，嚴歌苓似乎有置身局外來看自己怎樣胡說八道的興致。我相信她是一個有幾分自嘲能力的小說家，她喜歡在前言不搭後語的對話中構造兩個人自說自話的情境，通過這種語言的非交流狀態，她讓我們看出了兩個陌生的男女初次搭話時各自在期待上的明顯不同。〈栗色頭髮〉中的敘述者「我」是一個剛從中國大陸來到美國的年輕女子，她只會結結巴巴說幾句英語，當她獨行街頭，突然碰上陌生的美國男人前來主動搭話，她的態度自然傾向於保持警惕和盡量迴避。從這樣的期待出發，她心裡要說的話當然與對方試圖親近她的提問和讚美一點都沾不上邊。在嚴歌苓的筆下，兩個人的對話令人忍俊不禁的是，男方的話女方其實一句都沒聽懂，像很多聽力極差的新來者那樣，她只好憑自己的猜測及時做出反應，而猜測的取向則基於她心裡僅有的幾句套語。一場所答非所問的對話就這樣風趣而荒誕地展開了。這些不諧調的場面都不是旨在製造笑料，在這樣一種很難用論述性語言說清其妙趣的語境中，嚴歌苓的俏皮的敘述讓我們感到，女方在應對上的笨拙反而使她在驚奇的男方眼中顯得莫名其妙地可愛起來了。

女方的一再迴避和男方的痴情尋求構成了這篇小說的動力，作者顯然有意要藉兩人之間的糾纏來表現女主角心中兩種意念的衝突：一方面艱難的獨立生活使她易於接受來自男人的溫情和保護，另一方面女性的自尊又使她固執地拒絕來自那個白人男子的溫情和保護。自尊並不是一個抽象的姿態，一個人的自尊心通常總是建築在她所看重的價值之上。對於遠托異國的漂流者來說，個人的自尊首先建築在民族自尊心之上。因為你如今已一無所有，除了黑髮黃膚這一顯示你的種族的體徵，昔日在故國標誌著你的自我之獨特性的東西全都帶不到這個世界中來。這裡的人並不知道你姓啥為老幾，他們更喜歡用一種先入為主的尺碼(stereotype)來衡量你，比如提起中國人，他們總是容易想到，你是開飯館的，你愛吃狗肉，不刷牙等等。你的赤裸地易受傷害使你變得特別敏感，你的脆弱強化了你對你的種族的認同，你的立錐之地的處境迫使你就在那一丁點兒基地上硬紮下營盤。

尤其是女性，除了用民族的自尊給自己撐腰，還不能不固守其性別的自尊。一個來到異國的中國女人可能在情愛的選擇上時時漫過種族的界線，但在身體的接受和婚姻的考慮上，她往往在開始的時候總邁不出腳步。一種本能的羞恥心使她的自尊敏感到了過敏的程度。我想，這就是〈栗色頭髮〉中的女主角一再拒絕對方的原因。她一面躲避對方的溫情，一面去打工自討苦吃。好像是在欣賞最終陷入溫暖懷抱之前的優美掙扎，嚴歌苓把一個孤單女子的拒絕寫到了欲罷不休的地步。

嚴歌苓是一個具有現代意識的小說家，在她的筆下，自尊的敏感並非刻意要在人物身上雕鏤出甚麼可貴的美德，而是旨在表現人被置於某一境遇時的反應，是想寫出恐怕只有小說才能寫出的微妙感覺。比如，人在孤單而陌生的處境中容易變得軟弱，女人軟弱的一個奇怪癥狀就是感情的迷失。那是因一念之差而對自己失去了控制的狀態，好比斷了纜的小船，一個女人遂任自己泛泛於善惡美醜的浪濤之間，她一面渴求，一面恐懼，她甚至分不清她在一個男人身上所嫌惡和所喜愛的東西之間的界線。〈搶劫犯查理和我〉中的敘述者就是這樣一個在感情迷失的狀態下暗暗渴求受一點傷害的女人。那個被捏造出來的搶劫犯似乎只是一種試劑性質的人物，隨著他的時而兇惡時而溫柔，我們看到她心中潛伏的意念如何被觸發，如何使她迷失，以致一次次上癮一樣去受強暴之辱。

在美國街頭，來自東亞的女人通常總是最易受到攻擊的靶子。對於此類每日每時都發生的事件，嚴歌苓未必以為值得在她的小說中做紀實性的描寫。她說過她寫小說是為了藉以說夢，她似乎想通過這個杜撰的故事勘探暴力行動的另一種可能性，比如隱藏在溫文爾雅的舉止下的犯罪，如何用禮貌的手段剝奪別人的東西，坦誠的無恥如何散發出某種迷人的氣息，面對美貌與惡行的疊印，強暴同調情的迭相替換，一個女人如何在任人搶劫的同時還被偷走了心。真不知道，作者到底是在玩味暴力的某種詩意，還是帶著嫌惡和欣賞混在一起的趣味，把這樣的搶劫寫成某一種男女關係的隱喻。不管怎麼說，嚴歌苓總是喜歡讓她筆下那些有幾分「痴」意的女子走出常規的男女關係去動情或心軟，她們既不理會甚麼同性戀或異性戀的分類，也不在乎是在假結婚還是在真同居。在〈學校中的故事〉中，同美國老師較勁的女留學生忽然在老師的一副潦倒相中發現了使她動情的特徵，她欣賞他年輕的身體上過早出現的蒼老，還有他的頹唐特有的秀氣，直到她得知他是個同性戀者，並受到了女同學的譏笑，她還不想放棄她自己所謂的「那種無屬性的愛」。只要軟弱的人心常常有叵測的時候，愛就有很多的可能性。

對於自己的男性同胞，嚴歌苓在她的小說中似乎很少表現出甚麼好感。當一些人只想到出國的好處而不管以什麼方式出國都甘願一試的時候，出來之後就不可避免地要受洋罪。小漁的故事讓我們了解到，有人為獲得定居富國的權利，竟有耐心走一條如此迂迴的彎路：他把自己的女人從國內接來嫁給專做假結婚生意的老外，在她獲得身分後又通過同她復婚而使自己也獲得身分。女人和婚姻成了兩個各有所圖的男人做交易的中介，成了溝通出賣與購買的橋樑。太能夠容忍他人的小漁就這樣被夾在了兩個男人的無恥之中，而她的容忍也成了量度他們無恥的標尺，她越是懷著無怨的善意把自己交給他們利用，他們的自私便愈加暴露出來。自私乃是佔有者的本質特徵。佔有者的過分自私往往把依賴他的女人逼得不再對他繼續容忍，最終站在了同他對立的一面。

在另一類以結婚為出國搭橋的故事中，通過頗有幾分俄底浦斯情結嫌疑的渲染之筆，嚴歌苓寫出了男性佔有者和女性依賴者在家庭關係上的衝突。衝突的一方是帶著親生兒子改嫁到外國的中年婦人，另一方則是早已在此定居而變得富有的孤老頭。婚姻的性質決定了母子倆只能是靠人養活的人，他們有了依賴就免不了看人臉色，受人管束。既寄居別國，又寄人籬下，雙倍的陌生和異己自然加深了母子相依為命的關係。而正是這種在外人看起來似乎已經過了頭的親暱，使得兒子成了繼父的眼中釘。這是一種相互作用的衝突：男方越冷漠，母子越親熱；越是引起他的排斥和嫉妒，他們越是靠得緊。男方在很大的程度上把母子逼到了不得不把他當第三者看待的地步，孤立和敵意就這樣強化了他們的親情。比如拿〈約會〉和〈紅羅裙〉兩個短篇中的故事來說，在作者有意無意的點染下，母子間不適當地延長了的親密關係已經露出了危險的跡象。嚴歌苓的不少短篇小說都不是只用單一的主題就可以涵蓋的，作者把她的敘述的觸角伸得很遠，伸到很多隱秘的角落，每每在寫到得意的地方就有了意想不到的細節旁溢出來，讓我們在故事的主線外還能感觸到其他隱秘的枝枝節節。因為母親身上畢竟還風韻猶存，而兒子也快長成青年，處於這種臨界的情況下，如母子倆偷偷摸摸在咖啡館見面的那種氣氛，母親把閨房內本該由丈夫或情人替她去做的服務毫不顧忌地交給兒子，他們身體某一過敏部位的無意接觸，以及一瞬間有失常態的聲調和眼神，總之，所有這些有嫌疑的情境隨時都會蹭出新的可能。小說家的戲筆並非全是閒筆，常常就是在故事寫得十分離譜的地方，我們忽然敏感到了存在的不為人所知的一面。

那件紅羅裙的反覆出現簡直產生了一個魔物的作用，它喚醒了海雲身上殘留的青春，也刺激了三個無法消受她的美麗的男人，彷彿圖畫中的亮部(highlight)，那一塊好像要燃燒起來的紅一下子把一個普通的寄人籬下的故事點染得十分精彩，使我們品出了更多的模糊含義。〈女房東〉中那飄乎而頗有肉感的內衣，還有〈屋有閣樓〉中父親每天晚餐都要精心調治的鮮湯，也都是這樣的魔物。作者很會玩這一手，每一個魔物都是一條貫串故事的紅線，都像敘述的一根筋，每抽它一下，就生出緊張、跌宕和層層的波瀾。老柴是不是有戀物癖？中沐清是不是在他同女兒的關係上有嚴重的心理問題？中煥和保羅的性生活是不是存在著一個施虐－受虐的結構？小說中都沒有做明確的交代，都寫得影影綽綽，如夢似幻，好像虛擬了一個準備動作的姿態，到底會做出甚麼動作，則留給了讀者的猜測。但我們至少可以肯定地說，作者的目的既不是為了寫變態心理，也不是想寫謀殺犯罪，從作品的效果看，那些魔物和虛擬的姿態全都有助於營造一種氛圍，讓老柴、中沐清之類的人物在這樣的氛圍中呈現出他們的孤立、無奈、委瑣、呆鈍。而他們的人格之所以有此疵瑕，自然是初來異國生活，在很多方面受到了壓抑的結果。女房東自始至終的隱而不現，女兒的男友在家中的倨慢無禮，所有來自洋人一方的態度都把老柴、中沐清之類的畸零人貶到了一種外在於自己的處境中。君子居以養氣，一個由於貧窮而只能租住陰暗的地下室，或由於礙眼而被塞上閣樓的人，他的發霉的感覺怎能對世界產生準確的反映！於是他就想入非非，幻聽幻視，他的病態的敏感就把一點點被歪曲了的信息成倍地放大，最終讓自己著了魔。

每一個來自中國的移民在他後來所達到的輝煌之處背後，都有爬著跪著挺過來的經歷，嚴歌苓的小說可謂寫盡了這一艱難移根過程中的況味。在我看來，這正是她的作品遠遠優於上述那些海外新傳奇的地方。

載自《中央日報》，一九九六年十月十五～十六日

滄海叢刊書目（二）

國學類

書名	作者
先秦諸子繫年	錢　　穆　著
朱子學提綱	錢　　穆　著
莊子纂箋	錢　　穆　著
論語新解	錢　　穆　著
周官之成書及其反映的文化與時代新考	金春峰　著
尚書學述（上）、（下）	李振興　著
周易縱橫談	黃慶萱　著
考證與反思——從《周官》到魯迅	陳勝長　著

哲學類

書名	作者
哲學十大問題	鄔昆如　著
哲學淺論	張　　康　譯
哲學智慧的尋求	何秀煌　著
哲學的智慧與歷史的聰明	何秀煌　著
文化、哲學與方法	何秀煌　著
人性記號與文明——語言・邏輯與記號世界	何秀煌　著
邏輯與設基法	劉福增　著
知識・邏輯・科學哲學	林正弘　著
現代藝術哲學	孫　　旗　譯
現代美學及其他	趙天儀　著
中國現代化的哲學省思——「傳統」與「現代」理性結合	成中英　著
不以規矩不能成方圓	劉君燦　著
恕道與大同	張起鈞　著
現代存在思想家	項退結　著
中國思想通俗講話	錢　　穆　著
中國哲學史話	吳怡、張起鈞　著
中國百位哲學家	黎建球　著
中國人的路	項退結　著

中國哲學之路　項退結　著
中國人性論　臺大哲學系主編
中國管理哲學　曾仕強　著
孔子學說探微　林義正　著
心學的現代詮釋　姜允明　著
中庸誠的哲學　吳怡　著
中庸形上思想　高柏園　著
儒學的常與變　蔡仁厚　著
智慧的老子　張起鈞　著
老子的哲學　王邦雄　著
當代西方哲學與方法論　臺大哲學系主編
人性尊嚴的存在背景　項退結編著
理解的命運　殷鼎　著
馬克斯・謝勒三論　阿弗德・休慈原著、江日新　譯
懷海德哲學　楊士毅　著
海德格與胡塞爾現象學　張燦輝　著
洛克悟性哲學　蔡信安　著
伽利略・波柏・科學說明　林正弘　著
儒家與現代中國　韋政通　著
思想的貧困　韋政通　著
近代思想史散論　龔鵬程　著
魏晉清談　唐翼明　著
中國哲學的生命和方法　吳怡　著
孟學的現代意義　王支洪　著
孟學思想史論（卷一）　黃俊傑　著
莊老通辨　錢穆　著
墨家哲學　蔡仁厚　著
柏拉圖三論　程石泉　著
倫理學釋論　陳特　著
儒道論述　吳光　著
新一元論　呂佛庭　著

宗教類

佛教思想發展史論　楊惠南　著
佛教思想的傳承與發展
——印順導師九秩華誕祝壽文集　釋恆清主編

佛經成立史	水野弘元著、劉欣如譯
圓滿生命的實現（布施波羅密）	陳柏達 著
薝蔔林・外集	陳慧劍 著
維摩詰經今譯	陳慧劍譯註
龍樹與中觀哲學	楊惠南 著
公案禪語	吳怡 著
禪學講話	芝峰法師 譯
禪骨詩心集	巴壺天 著
中國禪宗史	關世謙 著
魏晉南北朝時期的道教	湯一介 著
佛學論著	周中一 著
當代佛教思想展望	楊惠南 著
臺灣佛教文化的新動向	江燦騰 著
釋迦牟尼與原始佛教	于凌波 著
唯識學綱要	于凌波 著
從印度佛教到中國佛教	冉雲華 著
中印佛學泛論 ——傅偉勳六十大壽祝壽論文	藍吉富主編
禪史與禪思	楊惠南 著

社會科學類

中華文化十二講	錢穆 著
民族與文化	錢穆 著
楚文化研究	文崇一 著
中國古文化	文崇一 著
社會、文化和知識分子	葉啟政 著
儒學傳統與文化創新	黃俊傑 著
歷史轉捩點上的反思	韋政通 著
中國人的價值觀	文崇一 著
奉天承運 ——古代中國的「國家」概念及其正當性基礎	王健文 著
紅樓夢與中國舊家庭	薩孟武 著
社會學與中國研究	蔡文輝 著
比較社會學	蔡文輝 著
我國社會的變遷與發展	朱岑樓主編
三十年來我國人文社會科學之回顧與展望	賴澤涵 編

社會學的滋味　蕭新煌 著
臺灣的國家與社會　徐正光、蕭新煌主編
臺灣的社區權力結構　文崇一 著
臺灣居民的休閒生活　文崇一 著
臺灣的工業化與社會變遷　文崇一 著
臺灣社會的變遷與秩序（政治篇）（社會文化篇）　文崇一 著
鄉村發展的理論與實際　蔡宏進 著
臺灣的社會發展　席汝楫 著
透視大陸　政治大學新聞研究所主編
寬容之路
——政黨政治論集　謝延庚 著
憲法論衡　荊知仁 著
周禮的政治思想　周世輔、周文湘 著
儒家政論衍義　薩孟武 著
制度化的社會邏輯　葉啟政 著
臺灣社會的人文迷思　葉啟政 著
臺灣與美國的社會問題　蔡文輝、蕭新煌主編
自由憲政與民主轉型　周陽山 著
蘇東巨變與兩岸互動　周陽山 著
教育叢談　上官業佑 著
不疑不懼　王洪鈞 著
戰後臺灣的教育與思想　黃俊傑 著
太極拳的科學觀　馬承九編著
兩極化與分寸感
——近代中國精英思潮的病態心理分析　劉笑敢 著
唐人書法與文化　王元軍 著
C 理論——易經管理哲學　成中英 著

史地類

國史新論　錢穆 著
秦漢史　錢穆 著
秦漢史論稿　邢義田 著
宋史論集　陳學霖 著
宋代科舉　賈志揚 著
中國人的故事　夏雨人 著
明朝酒文化　王春瑜 著

劉伯溫與哪吒城
——北京建城的傳說　陳學霖 著
歷史圈外　朱 桂 著
歷史的兩個境界　杜維運 著
近代中國變局下的上海　陳三井 著
當代佛門人物　陳慧劍編著
弘一大師傳　陳慧劍 著
杜魚庵學佛荒史　陳慧劍 著
蘇曼殊大師新傳　劉心皇 著
近代中國人物漫譚　王覺源 著
近代中國人物漫譚續集　王覺源 著
魯迅這個人　劉心皇 著
沈從文傳　凌 宇 著
三十年代作家論　姜 穆 著
三十年代作家論續集　姜 穆 著
當代臺灣作家論　何 欣 著
史學圈裏四十年　李雲漢 著
師友風義　鄭彥棻 著
見賢集　鄭彥棻 著
思齊集　鄭彥棻 著
懷聖集　鄭彥棻 著
憶夢錄　呂佛庭 著
古傑英風
——歷史傳記文學集　萬登學 著
走向世界的挫折
——郭嵩燾與道咸同光時代　汪榮祖 著
周世輔回憶錄　周世輔 著
三生有幸　吳相湘 著
孤兒心影錄　張國柱 著
我這半生　毛振翔 著
我是依然苦鬥人　毛振翔 著
八十憶雙親、師友雜憶（合刊）　錢 穆 著
烏啼鳳鳴有餘聲　陶百川 著

語文類

標點符號研究　楊 遠 著

訓詁通論	吳孟復 著
入聲字箋論	陳慧劍 著
翻譯偶語	黃文範 著
翻譯新語	黃文範 著
翻譯散論	張振玉 著
中文排列方式析論	司琦 著
杜詩品評	楊慧傑 著
詩中的李白	楊慧傑 著
寒山子研究	陳慧劍 著
司空圖新論	王潤華 著
詩情與幽境——唐代文人的園林生活	侯迺慧 著
歐陽修詩本義研究	裴普賢 著
品詩吟詩	邱燮友 著
談詩錄	方祖燊 著
情趣詩話	楊光治 著
歌鼓湘靈——楚詩詞藝術欣賞	李元洛 著
中國文學鑑賞舉隅	黃慶萱、許家鶯 著
中國文學縱橫論	黃維樑 著
漢賦史論	簡宗梧 著
古典今論	唐翼明 著
亭林詩考索	潘重規 著
浮士德研究	李辰冬 譯
十八世紀英國文學——諷刺詩與小說	宋美瑾 著
蘇忍尼辛選集	劉安雲 譯
文學欣賞的靈魂	劉述先 著
小說創作論	羅盤 著
小說結構	方祖燊 著
借鏡與類比	何冠驥 著
情愛與文學	周伯乃 著
鏡花水月	陳國球 著
文學因緣	鄭樹森 著
解構批評論集	廖炳惠 著
細讀現代小說	張素貞 著

續讀現代小說　張素貞　著
現代詩學　蕭蕭　著
詩美學　李元洛　著
詩人之燈
——詩的欣賞與評論　羅青　著
詩學析論　張春榮　著
修辭散步　張春榮　著
修辭行旅　張春榮　著
橫看成嶺側成峰　文曉村　著
大陸文藝新探　周玉山　著
大陸文藝論衡　周玉山　著
大陸當代文學掃描　葉穉英　著
走出傷痕
——大陸新時期小說探論　張子樟　著
大陸新時期小說論　張放　著
大陸新時期文學（1977～1989）
——理論與批評　唐翼明　著
兒童文學　葉詠琍　著
兒童成長與文學　葉詠琍　著
累廬聲氣集　姜超嶽　著
林下生涯　姜超嶽　著
青　春　葉蟬貞　著
牧場的情思　張媛媛　著
萍踪憶語　賴景瑚　著
現實的探索　陳銘磻　編
一縷新綠　柴扉　著
金排附　鍾延豪　著
放　鷹　吳錦發　著
黃巢殺人八百萬　宋澤萊　著
泥土的香味　彭瑞金　著
燈下燈　蕭蕭　著
陽關千唱　陳煌　著
種　籽　向陽　著
無緣廟　陳艷秋　著
鄉　事　林清玄　著
余忠雄的春天　鍾鐵民　著

吳煦斌小說集	吳　煦　斌　著
卡薩爾斯之琴	葉　石　濤　著
青囊夜燈	許　振　江　著
我永遠年輕	唐　文　標　著
思想起	陌　上　塵　著
心酸記	李　　喬　著
孤獨園	林　蒼　鬱　著
離　訣	林　蒼　鬱　著
托塔少年	林　文　欽　編
北美情逅	卜　貴　美　著
日本歷史之旅	李　希　聖　著
孤寂中的迴響	洛　　夫　著
火天使	趙　衛　民　著
無塵的鏡子	張　　默　著
關心茶 ——中國哲學的心	吳　　怡　著
放眼天下	陳　新　雄　著
生活健康	卜　鍾　元　著
文化的春天	王　保　雲　著
思光詩選	勞　思　光　著
靜思手札	黑　　野　著
狡兔歲月	黃　和　英　著
老樹春深更著花	畢　　璞　著
列寧格勒十日記	潘　重　規　著
文學與歷史 ——胡秋原選集第一卷	胡　秋　原　著
晚學齋文集	黃　錦　鋐　著
天山明月集	童　　山　著
古代文學精華	郭　　丹　著
山水的約定	葉　維　廉　著
明天的太陽	許　文　廷　著
在天願作比翼鳥 ——歷代文人愛情詩詞曲三百首	李　元　洛輯注
千葉紅芙蓉 ——歷代民間愛情詩詞曲三百首	李　元　洛輯注
鳴酬叢談	李　飛　鵬編纂

秩序的探索
——當代文學論述的省察　周慶華　著
樹人存稿　馬哲儒　著

美術類

音樂與我	趙琴　著
爐邊閒話	李抱忱　著
琴臺碎語	黃友棣　著
音樂隨筆	趙琴　著
樂林蓽露	黃友棣　著
樂谷鳴泉	黃友棣　著
樂韻飄香	黃友棣　著
樂海無涯	黃友棣　著
弘一大師歌曲集	錢仁康　著
立體造型基本設計	張長傑　著
工藝材料	李鈞棫　著
裝飾工藝	張長傑　著
人體工學與安全	劉其偉　著
現代工藝概論	張長傑　著
藤竹工	張長傑　著
石膏工藝	李鈞棫　著
色彩基礎	何耀宗　著
當代藝術采風	王保雲　著
都市計劃概論	王紀鯤　著
建築設計方法	陳政雄　著
古典與象徵的界限——象徵主義畫家莫侯及其詩人寓意畫	李明明　著
民俗畫集	吳廷標　著

～涵泳浩瀚書海　激起智慧波濤～